D1009753

MANUEL SECO

Gramática esencial del español

ESPASA
de bolsillo

MANUEL SECO

Gramática esencial del español

Introducción al estudio de la lengua

ESPASA CALPE

ESPASA DE BOLSILLO

Director Editorial: Javier de Juan y Peñalosa
Director de Diccionarios y Enciclopedias: Juan González Álvaro
Editoria: Marisol Palés Castro
Diseño de Colección: Víctor Parra

© Manuel Seco Reymundo
© De esta edición: Espasa Calpe, S. A., Madrid 1994

Depósito legal: M. 7.907-1994
ISBN 84-239-9206-3

Impreso en España/Printed in Spain
Impresión: UNIGRAF, S. L.

Editorial Espasa Calpe, S. A.
Carretera de Irún, km. 12,200. 28049 Madrid

ÍNDICE

IV. EL USO

INTRODUCCIÓN

Este libro se propone iniciar al hablante de lengua española en el conocimiento *reflexivo* de esta. Supone en él, como es lógico, un previo conocimiento práctico, una capacidad de usar el idioma: nadie puede reflexionar sobre una cosa que desconoce. Pero supone también un previo desconocimiento teórico, que no significa necesariamente ignorancia total de la gramática, sino un simple mal conocimiento de ella. Y supone también, sin duda, un interés en el lector hacia esta función respiratoria de su mente que es el idioma.

Como no es un libro de texto ni está destinado a especialistas, hay en cada párrafo un esfuerzo para acercarse al lector. Todo está escrito en el lenguaje más transparente y sencillo, rehuyendo, hasta donde es posible, el tecnicismo. Naturalmente, es inevitable emplear un mínimo vocabulario técnico; pero se ha procurado que sea siempre el más accesible.

Conviene advertir, sin embargo, que la utilización de ciertos términos tradicionales *(sustantivo, sujeto, predicado, complemento indirecto,* etc.) pocas veces significa conformidad con las doctrinas tradicionales. Por eso es importante, para el buen entendimiento de estas páginas, asegurarse de cuál es el valor que aquí se explica para cada una de las etiquetas gramaticales empleadas, no solamente las que puedan parecer nuevas, sino las que puedan parecer conocidas.

Este libro no es un compendio de ninguna gramática «oficial», ni tampoco pretende una síntesis más o menos armonizada de las varias doctrinas gramaticales circulantes. Es, en sus modestas dimensiones, una visión general de la lengua española, por fuera y por dentro, donde cada una de las piezas ha sido pensada de nuevo a la luz de un sistema unitario. Para obtener esa imagen coherente, el examen de la lengua se ha efectuado desde un punto de vista *sincrónico,* aplicando la lupa al tiempo presente. Y se ha seguido, en la descripción de los hechos del lenguaje, un criterio uniforme, tomando como punto de partida la manera de actuar cada elemento dentro del conjunto y analizando, para cada uno, sus tres dimensiones: forma, función y sentido.

Aunque la estructura del idioma (sonidos, frases y palabras) constituye el punto central de atención del libro, ese entramado se enmarca dentro de una serie de capítulos que sirven para situar con exactitud el fenómeno «lengua española» a través de distintas perspectivas. Tras unas nociones generales sobre el lenguaje, se expone la situación actual del idioma español en el mundo y el panorama lingüístico de España en el pasado y en el presente, en tanto que un último capítulo plantea algunas cuestiones principales de sociología de la lengua. Con todo ello, aunque sea en forma muy somera, se ofrece una visión suficientemente amplia de todo aquello que interesa saber al hablante de lengua española que se acerca, curioso, a conocerla un poco más en su intimidad.

* * *

La presente edición de bolsillo de la GRAMÁTICA ESEN-
CIAL DEL ESPAÑOL contiene el texto íntegro de la última
edición en formato grande, de 1991. Solamente la biblio-
grafía, que en aquella era bastante extensa, se ha redacta-
do aquí de nuevo, reduciéndola a un mínimo número de
títulos indispensables, bien por su importancia intrínseca,
bien por su utilidad para el lector a quien va dedicado este
libro.

                                                      Madrid, 1994.

I. LA LENGUA

1. EL LENGUAJE Y LA LENGUA

1.1. La comunicación

No estamos solos. Cada uno de nosotros no está solo. No comemos, no dormimos, no caminamos, no trabajamos ni nos divertimos separados por completo de los demás seres humanos. Es verdad que alguna vez estamos apartados de ellos, que no siempre tenemos a nuestro lado a otra persona; pero lo normal es que todos los días, y no una, sino muchas veces, estemos en compañía de padres o hermanos, de amigos o compañeros, o, simplemente, tan solo en presencia de otras personas que nada tienen que ver con nosotros. Tenemos que considerar que, con nosotros, existen los demás; esto es, que vivimos en sociedad.

Pero vivir en sociedad no consiste precisamente en que otras personas estén o pasen cerca de nosotros, sino en que nos relacionemos de algún modo con ellas. Esta relación se produce gracias a la *comunicación.*

«Comunicar» es hacer saber a otro lo que uno piensa, lo que uno siente o lo que uno desea. La manera más corriente de comunicarse es hablando. No solo es la más corriente, sino la más importante. Pero no es la única.

1.1.2. *El signo*

¿Cómo nos hace saber el guardia de tráfico que no debemos cruzar la calle en este momento? ¿Habla? ¿Nos dice: «Esperen un poco»? Podría hacerlo; pero no lo hace. Simplemente nos presenta un gesto con la mano abierta. Y nosotros lo entendemos, y esperamos. ¿Cómo les hace saber el capitán a los soldados que deben tomar la posición de firmes? Podría decirles esta palabra: «¡Firmes!»; pero normalmente hace que el corneta toque unas determinadas notas musicales. Los soldados, al oírlas, se ponen en actitud de firmes. ¿Cómo contestamos que no a una pregunta que nos dirigen? Podemos, sencillamente, pronunciar la palabra «no»; pero muchas veces nos limitamos, sin decir nada, a mover la cabeza a derecha e izquierda, o a hacer lo mismo con el dedo índice. La persona que nos preguntó entenderá perfectamente nuestra respuesta. ¿Cómo le indican al automovilista que tiene que seguir una dirección determinada? Normalmente, no se le pone un gran letrero que diga: «Dirección obligatoria a la izquierda»; sino una simple flecha que le señala esa dirección.

La flecha, el gesto nuestro, el gesto del guardia, el toque de corneta «comunican» algo en cada caso. Esto quiere decir que no son simplemente una flecha, unos movimientos o un sonido, sino que son unos medios de que nosotros, los humanos, nos hemos valido para «hacer saber algo a alguien». Por eso los llamamos *señales*. Una señal es una realidad física que «quiere decir» algo. La asociación mental de esa realidad con lo que «quiere decir» es un *signo*. Todo signo tiene, pues, dos caras: la «señal», o cosa sensible (flecha, gesto, sonido), que se llama *significante;* y lo que se hace saber por medio de esa cosa sensible, y que es el *significado*. Para que exista signo es preciso que existan dos seres que previamente hayan convenido en atribuir un determinado significado a un determinado significante. Si para el automovilista no existiese ninguna relación entre el disco rojo y la prohibición de pasar, de nada serviría que esa relación sí existiese en la mente del que colocó el semáforo.

Por tanto, en el acto de la comunicación, o *mensaje,* se dan necesariamente estos elementos: 1.º, el *emisor* (la persona que emite o dirige el mensaje); 2.º, el *receptor* (la persona que recibe o entiende el mensaje); 3.º, el *signo* (asociación de un *significado* determinado a un *significante* determinado, previamente convenida por el emisor y el receptor).

1.1.3. *La comunicación humana*

No debemos pensar que la comunicación sea exclusiva de los seres humanos. También se transmiten mensajes los animales, por medio de gritos o de movimientos. Y a veces estos mensajes son de una gran precisión, como ocurre con la especie de danza con que las abejas exploradoras indican a sus compañeras el lugar exacto donde han descubierto el néctar. Precisamente gracias a que los animales se comunican entre sí existe también en ellos una forma de sociedad, en algunos casos con cierta organización, como ocurre en las abejas o en las hormigas. Pero nunca estas sociedades animales alcanzan el desarrollo que la sociedad humana.

¿Y a qué se debe este mayor desarrollo de la vida social en los hombres que en los animales? Si admitimos que la sociedad nace de la comunicación, tendremos esta respuesta: el mayor desarrollo de la sociedad humana se debe a que también es más desarrollado su sistema de comunicación. Porque el hombre no solo se puede comunicar con sus semejantes mediante gritos y movimientos o gestos, sino, principalmente, por medio del *lenguaje*.

1.2. El lenguaje

1.2.1. *La inteligencia humana y el lenguaje*

Tanto los animales como los hombres tienen inteligencia. La «inteligencia» consiste en la aptitud para entender y dar sentido a las cosas, y en la aptitud para adaptarse a las situaciones, actuando con arreglo a ellas. Claro que no en todos los animales se dan estas aptitudes en el mismo grado. Además, en el hombre se dan en medida muy superior (aunque también con distintos grados: unos hombres son más inteligentes que otros). Y en él existe otra capacidad, que no tienen los animales: la de juzgar y decidir. Esta capacidad es lo que se llama «razón». Por ella se dice que el hombre es un «ser racional».

La superior inteligencia y la razón han hecho posible que el hombre *progrese* (cosa que no ocurre en los animales) y que sea capaz de seguir progresando. Esta posibilidad está unida directamente a su capacidad de *convivir*, y esta, a su vez, está unida (como hemos visto) a su capacidad de *comunicarse*. La capacidad humana de comunicarse está precisamente muy por encima de la de los animales, porque solo la inteligencia del hombre ha sido capaz de inventar un medio de comunicación tan perfecto como es *el lenguaje*.

1.2.2. *Caracteres del lenguaje. Su producción*

Utilizando unos órganos —pulmones, garganta, boca, nariz— cuyo primer papel es muy otro, el hombre creó el sistema de comunicación más completo que se conoce. Mediante él, combinando una serie muy limitada de sonidos en conjuntos de forma y extensión muy variadas, es capaz de comunicarlo todo, cosa que no ocurre con ningún otro sistema de signos.

El lenguaje es, pues, un medio de comunicación en que las señales son sonoras, es decir, que se perciben por el oído. Esas señales están formadas por sonidos que se producen en la garganta, en la boca y en la nariz aprovechando el aire espirado por los pulmones.

1.2.3. *La doble articulación y la productividad*

Los sonidos por sí solos no son significativos; solamente lo son las combinaciones de los mismos llamadas *palabras*. Las palabras, que en nuestro hablar son las unidades «separables» más pequeñas dotadas de significado, se dice que son las *unidades primarias* del lenguaje; los sonidos, carentes de significado en sí mismos, pero que son indispensables para la formación de las unidades significantes —palabras—, son las *unidades secundarias*. Este doble sistema de unidades (o *doble articulación*) es una de las características del lenguaje. Las unidades secundarias, limitadas en número, pueden combinarse entre sí de tal manera que resulte posible un número ilimitado de unidades primarias. Por otra parte, las unidades primarias o palabras pueden combinarse unas con otras, según una serie de reglas de juego, formando mensajes distintos, también en número ilimitado. Dentro de una misma lengua, cada uno de sus hablantes es capaz de inventar y de interpretar una cantidad indefinidamente grande de estos mensajes, sin que para ello haya necesitado oírlos ni una vez; simplemente le basta conocer un cierto número de unidades primarias y un número razonable de reglas de juego. Esta capacidad característica del lenguaje es lo que se llama su *productividad*.

De las unidades secundarias hablaremos en la segunda parte de este libro; de las primarias, en la parte tercera.

1.3. La lengua

1.3.1. *La lengua*

Así pues, los hombres se comunican entre sí, y de los distintos procedimientos de que pueden valerse para ello, el más importante es el lenguaje.

Pero, aunque para todos los hombres el lenguaje sea lo mismo —un medio de comunicación por signos sonoros formados con el aire de los pulmones—, no todos los hombres lo emplean de la misma manera. Unos grupos humanos se valen de unos signos, otros se valen de otros diferentes. Llamamos *lengua,* o también *idioma,* al sistema (o conjunto organizado) de signos de lenguaje utilizado por un grupo humano. Las frases, las palabras y los soni-dos que al hablar emplea un español son diferentes de los que emplea un alemán y de los que emplea un ruso. Esos signos de lenguaje empleados por el español son la *lengua española,* mientras que los que usa el alemán constituyen la *lengua alemana* y los del ruso forman la *lengua rusa.* Todos los hombres tienen una lengua como suya, que es la del grupo humano (nación o región) a que pertenecen.

Hay muchas personas que hablan no una, sino dos o más lenguas diferentes. Pero todas ellas tienen una de esas lenguas como *la suya,* que es la primera que aprendieron. Esa primera lengua de cada persona se llama su *lengua materna.*

1.3.2. *Lengua y mente*

A través de su lengua, cada hombre aprende a conocer el mundo, las cosas que existen y las cosas que ocurren. El saber el nombre de una cosa es una manera de conocerla y de distinguirla de las otras. Además —y esto es aún más importante—, gracias a las palabras, que son representaciones de las cosas, podemos pensar relaciones entre unas cosas y otras; esto es, *razonar.* La lengua es, por tanto, un valiosísimo auxiliar del pensamiento. El que conoce bien y sabe usar bien su lengua, es decir, el que la domina, tiene mejores armas para su mente que el que posee un conocimiento y un uso deficientes de aquella.

1.3.3.   *Lengua y convivencia*

Pero no es solo por esto por lo que importa estudiar la lengua. Como vivimos en una sociedad, necesitamos comprender bien a los que nos rodean y a la vez hacernos comprender bien por ellos. Si no existe entre ellos y nosotros una adecuada comunicación, nuestra convivencia será difícil o, incluso, imposible. Es preciso saber bien lo que se dice y a quién se dice, y de acuerdo con esto hay que mirar cómo se puede y cómo se debe decir. Para esto hace falta un conocimiento a fondo de las posibilidades y de los peligros que se encierran dentro del idioma.

La comunicación con los demás a través de nuestra lengua ensancha el horizonte de nuestra mente hasta el infinito. Gracias a la lengua no solo vivimos apoyados en nuestra propia experiencia, sino también en la de los demás, que nos transmiten la suya a través de la palabra. A poco que reflexionemos, caeremos en la cuenta de que un noventa por ciento de lo que conocemos no lo hemos adquirido directamente por medio de nuestros sentidos, sino porque nos lo han transmitido otras personas. Y no se trata solo de los hombres que viven en torno nuestro, aquellos con quienes tenemos un trato personal, aquellos a quienes vemos y oímos; son también los que viven a miles de kilómetros de nosotros, y los que ya murieron, hace años, incluso hace siglos. Las *letras* que representan gráficamente los «ruidos» del lenguaje hacen que nos beneficiemos de un caudal inmenso de experiencias, las de millares de seres humanos, que se suman a la nuestra. Este inagotable enriquecimiento de nuestras potencias solo es posible gracias al lenguaje.

Pero todo instrumento poderoso —y el lenguaje lo es—, si es manejado por manos inexpertas, puede causar grandes daños. Muchas discusiones, muchas rupturas son consecuencia de una comunicación defectuosa, por culpa del que habla o del que escucha. Es necesario, para obtener el mejor rendimiento de este instrumento, dedicarle una gran atención, observar su funcionamiento general y sus piezas una por una.

1.4.   El individuo ante la lengua

1.4.1.   *La lengua, pacto social*

Precisamente el hecho de vivir en medio de nuestros semejantes es la primera vía de que cada uno de nosotros dispone para aprender su lengua. El nombre de *lengua materna* que corrientemente se da a la que aprendemos en nuestra infancia se debe al concepto simplificado de que nuestra primera maestra es nuestra madre. Sin embargo, son todas las personas que rodean a un niño, que hablan en torno suyo, las que poco a poco van haciéndole comprender que esos ruidos que constantemente salen de sus bocas representan cosas, y que es posible representar todas las cosas por medio de esos ruidos.

Día a día, especialmente a partir del segundo año de su vida, cada ser humano va aprendiendo a comunicarse mejor con los demás. Pronto descubre que esos sonidos que representan cosas pueden a su vez ser representados por medio de unos rasgos negros en un papel, los cuales permiten que una persona entienda el mensaje tan perfectamente como si lo oyese.

Según va ensanchando su comprensión y su utilización del lenguaje, el niño va incorporándose más y más a la vida de la comunidad. Se produce entonces un fenómeno de doble sentido: por un lado, cuanto más domina el lenguaje, más integrada está la persona en la sociedad y más capacitada para actuar dentro de ella; por otro lado, cuanto más sumergida en esta, más intenso es el enriquecimiento del lenguaje de la persona.

Es decir, que el lenguaje es algo que va íntimamente enlazado con el vivir en sociedad; tanto, que la sociedad lo tiene como cosa característicamente suya. Es una especie de pacto o convenio establecido entre los hombres que forman parte de una comunidad (nación, país, región): todos están de acuerdo en dar a determinados signos determinados valores; el intercambio de estos signos entre unos hombres y otros hace posible la vida en común. El que viene al mundo tiene que unirse a una sociedad humana, y para ello necesita «firmar» ese pacto con las demás personas que le rodean; tiene que hacerse poco a poco con el mayor número posible de signos para poder intercambiarlos con los demás en su vivir cotidiano.

Podemos decir, pues, que la lengua desempeña en la vida colectiva una función parecida a la del dinero: unos rectángulos de papel con una figura y un color determinados tienen un determinado valor dentro de un país *porque así han acordado* todos reconocerlo. Si una persona dispone de pocos papeles de esa clase, o de ninguno, le resultará sumamente difícil vivir en comunidad, y de nada le servirá fabricar él por su cuenta otros papeles parecidos. Solo valen los que «todo el mundo» dice que valen.

1.4.2. *Lengua y habla*

La comparación con el dinero nos permite comprender las dos caras que presenta en realidad el lenguaje. Hay en un idioma un conjunto de sonidos, un conjunto de palabras y un conjunto de combinaciones posibles de estas, los cuales «pueden» ser usados por cualquier hablante de ese idioma. Con seguridad no los usa todos, ni siquiera la mitad, ni aun la cuarta parte de ellos; y, desde luego, tampoco los entiende todos. Pero, a fuerza de atención, de esfuerzo o de estudio, puede aumentar el número de los que entiende y de los que usa. Es decir, no están todos esos signos *en su poder,* pero están *a su alcance,* pues con más o menos trabajo puede conseguir aumentar el caudal de los que le pertenecen. Así como el dinero es un sistema de valores que toda la gente —dentro de un país— reconoce como bueno, pero del cual cada persona solo posee y usa una parte (para unos grande, para otros mísera), así también la lengua que habla una comunidad es un sistema de signos que todos aceptan como medio de comunicación, pero que cada cual utiliza de manera muy parcial. La utilización que cada uno de los hablantes hace de la lengua es *el habla.*

No es lo mismo, pues, *lengua* que *habla.* La primera es lo que podemos hablar; la segunda, lo que hablamos. Sin embargo, tampoco son dos cosas realmente distintas y separables. Si no existieran las hablas individuales, no existiría la lengua; si no existiera la lengua, no existiría el uso que de ella hace cada hablante. Es lo mismo que ocurre, por ejemplo, en el ajedrez. El reglamento de este juego no significaría nada si no existiesen unos jugadores dispuestos a ponerlo en práctica; pero, al mismo tiempo, esos jugadores no podrían jugar al ajedrez si no existiera el reglamento.

1.5. La gramática

1.5.1. *El conocimiento de la lengua*

Ahora que hemos visto la diferencia que hay entre lo que podemos hablar (la *lengua)* y lo que hablamos de hecho (el *habla),* estamos en condiciones de darnos cuenta de que nuestra adquisición de la *lengua* se realiza a través del contacto con el *habla* de los demás, contacto que nos permite convertirnos en otros *hablantes.* Todos los hablantes de una lengua poseen un conocimiento práctico e intuitivo de esta. Ya hemos dicho que ese conocimiento incluye la *productividad,* es decir, la capacidad de crear y de comprender una cantidad indefinidamente grande de mensajes, aunque no se hayan oído nunca antes. Lo único que necesita el hablante es poseer un caudal de palabras y una serie de reglas de juego.

Pero esa posesión es muy distinta en cantidad y en calidad, según las personas. El pastor que pasa días enteros en la soledad del campo poseerá un idioma de medios más limitados que el periodista que tiene por misión oír, hablar, leer y escribir. Por otra parte, un jardinero sabrá muchas más palabras relacionadas con las plantas que un profesor de matemáticas, aunque este tenga un dominio general más amplio de la lengua. Cada uno ha aprendido lo que su ambiente y género de vida le han dado.

Ahora bien, el hombre no suele detenerse en eso «que le han dado». El trato con los demás, en la conversación, en la audición o en la lectura, enriquece constantemente su capacidad de hablante, lo que lleva consigo su desarrollo mental y el desarrollo de sus posibilidades de vivir en la comunidad.

1.5.2. *La reflexión sobre la lengua*

Ese enriquecimiento también puede llevarse a cabo por medio de un *estudio* directo de la lengua. ¿No se aprenden los idiomas extranjeros, no solo por la conversación, sino por libros y discos, cintas y películas destinados expresamente a enseñarlos? Sí; esos libros y discos, cintas y películas no nos dan solamente las «piezas» del ajedrez, sino las «reglas de juego» para que sepamos cómo hemos de usar tales piezas con provecho. Con la lengua materna no ocurre exactamente lo mismo, pues todos hemos aprendido más o menos las reglas de juego con la práctica, de la misma manera que el niño pequeño aprendió a andar andando. Sin embargo, podemos perfeccionar nuestra propia habla si nos remontamos sobre ella, reflexionando sobre cómo está organizada y cómo funciona. Esta reflexión se llama *gramática* [1].

La gramática no enseña a hablar; enseña a reflexionar sobre el hablar, y por tanto indirectamente puede ayudar a hablar mejor (es decir: pensar mejor y comunicarse mejor). La gramática examina los elementos que constituyen la lengua, y la organización y funcionamiento de todos esos elementos. Viene a ser como el plano de una ciudad:

---

[1] No debe confundirse la *gramática,* estudio del «sistema» constitutivo particular de una lengua, con la *lingüística,* que, o bien estudia todos los aspectos de una lengua —de los cuales la gramática es solo uno—, o bien se remonta del examen de las lenguas particulares a la consideración del lenguaje en general (y en este caso suele llamarse *lingüística general).* Con todo, como se ve, la conexión entre una y otra es muy íntima. Este libro es fundamentalmente —así lo dice su título— una *gramática,* pero varios de sus capítulos, como podrá observar el lector, estudian aspectos *lingüísticos* que, rebasando el estrictamente gramatical, sirven para enmarcar este y darle sentido.

no nos lleva de la mano a través de sus calles, pero nos dice cómo está trazada y dónde se encuentra cada edificio. Nos transporta más allá de nuestra *habla* para mostrarnos el sistema o engranaje en que esta se mueve: la *lengua.*

2. LA LENGUA ESPAÑOLA

2.1. La lengua española en el mundo

2.1.1. *Extensión del español*

Antes de examinar el plano de una ciudad, el hombre que se propone visitarla habrá examinado un mapa para conocer su situación exacta. Nosotros, antes de desplegar el plano de la lengua española, vamos a mirar qué lugar ocupa en el mapa lingüístico de la humanidad.

Ya hemos visto en el capítulo anterior que una lengua es un sistema de signos de lenguaje utilizado por un grupo humano. ¿Qué grupo humano es el que utiliza la lengua española?

El nombre nos da una primera idea. *Lengua española* será la «lengua de España». Pero, aunque esto es verdad, no es toda la verdad. No es solo la lengua de España: también lo es de la Argentina, del Uruguay, del Paraguay, de Chile, del Perú, de Bolivia, del Ecuador, de Colombia, de Venezuela, de Méjico, de Guatemala, de Honduras, del Salvador, de Nicaragua, de Costa Rica, de Panamá, de Cuba y de la República Dominicana. Además, se habla en Puerto Rico (estado libre asociado a los Estados Unidos),

en Nuevo Méjico y otras regiones del Suroeste de Estados
Unidos, y en cierto número de comunidades hebreas *(sefardíes)* de las costas del Mediterráneo. Ya en escasa medida, en Filipinas.

Son en total unos 300 millones de personas las que
hablan esta lengua; de ellas, solo 40 millones (un 13,3 por
100) habitan en España. ¿Por qué es precisamente este
país el que ha dado nombre a la lengua? Por una razón
sencilla: porque es el primero donde se empezó a hablar,
y de él irradió a todos los demás. Es el mismo caso del
inglés y el portugués, cuyos hablantes de fuera de Inglaterra y Portugal son muchísimo más numerosos que los de
dentro.

2.1.2.   *«Español» y «castellano»*

No es el de *lengua española* (o *español)* el único nombre
que recibe este idioma. También se llama *lengua castellana* (o *castellano),* por haber nacido en el antiguo reino de
Castilla y haber sido solo lengua de este antes de que
existiese la nación española. Esta segunda denominación
(castellano) suele usarse por pura tradición; sin embargo,
muchos la justifican alegando que la primera (español) no
es exacta, ya que no menos «españolas» son las otras
lenguas habladas en España. A esto se puede responder
que, siendo la castellana la lengua oficial de la nación,
hablada en toda ella, parece natural darle el nombre de
española por excelencia, del mismo modo que en todos los
países se ha dado el nombre de la nación (francés, inglés,
alemán, italiano...) a aquella de sus lenguas que alcanzó el
rango de idioma oficial; no hay motivo para que en esto
nos apartemos del uso general. El nombre de *español*
conviene más adecuadamente a la lengua común de los
españoles (y de los hispanoamericanos) que el de *castella-*

no, el cual designa con propiedad la variedad regional del español hablada en Castilla. En cualquier caso, ninguna de las dos denominaciones es repudiable[1].

2.1.3. *Importancia de la lengua española*

Por el número de sus hablantes, el español es la quinta de las grandes lenguas del mundo; solo la aventajan el chino, el inglés, el indostaní y el ruso. Pero la importancia de una lengua no se mide solo por el número de personas que la hablan; cuentan más decisivamente la fuerza política y económica y el relieve cultural del pueblo o pueblos que la tienen por suya. Por ejemplo, el indostaní (lengua común de la India), muy superior en número de habitantes al francés, está muy por debajo de él en cuanto al papel que desempeña en el mundo actual. Aunque hoy el español —junto con el francés, el inglés, el chino y el ruso— es lengua oficial de los grandes organismos internacionales, la importancia que se le reconoce solo podrá mantenerse si los pueblos que la hablan alcanzan un verdadero desarrollo cultural, político y económico.

---

[1] La Constitución Española de 1978, artículo 3, apartado 1, dice: «El castellano es la lengua española oficial del Estado». En este extraño enunciado se vislumbra un intento de aparentar que en él están recogidas las dos denominaciones corrientes de la lengua; claro es que solo se quiere reconocer la de *castellano.* Esta elección se debió a presiones de ciertos grupos nacionalistas. La razonable propuesta de la Real Academia Española, *español* o *castellano,* fue desoída por las Cortes Constituyentes. De todos modos, el término utilizado en la Constitución podrá imponerse, a lo sumo, en los usos administrativos; los hablantes españoles, como los hispanoamericanos, siguen siendo dueños de elegir *español* o *castellano,* según su costumbre o su preferencia personal o regional.

2.1.4. *La unidad del español*

El reflejo de ese desarrollo en la lengua es la unidad y la riqueza del *nivel culto* de esta. Es sabido que, hablando todos español, no hablan de igual manera un argentino, un español y un mejicano; ni, dentro de España, un sevillano y un madrileño; ni, dentro de Madrid, un albañil y un arquitecto. La suma de las hablas de todos es la que integra la lengua; pero en las distintas ciudades, en las distintas regiones y en los distintos países, el habla de las gentes menos instruidas es sumamente variada, mientras que la de las personas más cultas presenta una notable uniformidad. De aquí se saca una conclusión muy natural: cuanto más abundante sea en cada país, y en todos los países, la clase inculta, más prevalecerá la variedad de hablas; y cuanto más se desarrolle esta variedad, más grave será el peligro de que se rompa la unidad del idioma. En cambio, la existencia de núcleos importantes de personas cultas y la densidad de la comunicación entre ellos contribuirán a consolidar esa unidad. Véanse más detalles sobre esta cuestión en el capítulo 16.

2.2. El español en los países hispánicos

2.2.1. *El elemento popular*

En este sentido, la situación de nuestro idioma en los distintos países es muy variada. En las naciones hispanoamericanas existen formas de hablar locales que, nacidas en los niveles incultos, unas veces se han mantenido dentro de los límites del uso popular y familiar, pero otras veces se han generalizado y han llegado a ser normales dentro del país. He aquí un elemento disgregador del idioma.

2.2.2. *Factores históricos*

No hay que olvidar el factor histórico. En los países de América empezó a hablarse el español a finales del siglo XV, y la lengua que en ellos se habla hoy presenta abundantes rasgos que fueron normales en la lengua de España de aquellos años. Hay que considerar, además, que esta lengua penetró en aquellos territorios a través del habla de hombres a menudo poco letrados que llevaban consigo sus peculiaridades populares y regionales, con predominio de las del español meridional.

2.2.3. *Contacto con lenguas indígenas*

Otra fuente de diferencias entre el español de unos y otros países es el contacto con las distintas lenguas indígenas, que ha dejado en aquel huellas más o menos profundas. Hay un caso, el del Paraguay, en que al lado del español es usada como lengua familiar y corriente una de esas lenguas indígenas, el guaraní.

2.2.4. *Inmigración*

También pueden ser origen de particularidades en algunos países el crecido número de inmigrantes procedentes de diversos países europeos y de África y, sobre todo, la relación cultural muy intensa, en un plano de subordinación, con los Estados Unidos.

2.2.5. *El español en Filipinas, Puerto Rico y Estados Unidos*

Por otra parte, las circunstancias políticas hacen que no en todas partes sea fuerte la situación del español. En Filipinas, nuestro idioma, tras haber sido lengua oficial al

lado del inglés y el tagalo, hoy solamente es hablado por
grupos reducidos de personas. Puerto Rico, «estado libre
asociado» a los Estados Unidos de América, tiene el español como lengua general, pero bajo la presión de la lengua
oficial —el inglés— y el fuerte influjo cultural y político
norteamericano. Esto ocurre también, naturalmente, y de
manera mucho más decidida y grave, en aquellas zonas del
Sur de Estados Unidos donde todavía se habla español,
entre las que destaca Nuevo Méjico y en las cuales la
presencia de nuestro idioma —hoy en trance de desaparición— es proclamada todavía por una serie de nombres
geográficos, como *California, Nevada, Colorado, Tejas,
Florida, San Francisco, San Diego, Los Ángeles, Sacramen-
to,* etcétera.

2.2.6. *El judeo-español*

El español que se habla en algunas comunidades hebreas de diversas ciudades esparcidas por la zona del
Mediterráneo —en Marruecos, Grecia, Bulgaria, Yugoslavia, Turquía, Israel— se encuentra en una situación muy
especial. Sus hablantes son descendientes de los judíos que
en el siglo XV fueron expulsados de España, y por eso se
llaman *sefardíes* —palabra hebrea que quiere decir «españoles»—. Esta lengua judeo-española, hablada durante casi
quinientos años en territorios de lengua muy diferente, y
sin comunicación ninguna con el español de nuestra Península, ha conservado vivos muchos rasgos de la lengua
que se hablaba en la España de los Reyes Católicos; de tal
modo que se asemeja más a aquella lengua que a la de hoy.
Pero la creciente uniformación cultural de los países en
que viven los grupos sefardíes hace que la lengua de estos
se encuentre cada vez más arrinconada y se reduzca de
año en año el número de sus hablantes.
    Existen también comunidades sefardíes, resultantes de

emigraciones secundarias, en Estados Unidos, Argentina y otros países; pero su integración cultural y lingüística en el medio en que viven es ya casi total.

2.3. El español en España

2.3.1. *Dialectos*

Acabamos de ver cómo el español no es idéntico en todos los lugares en que se habla, por razones geográficas y sociales muy variadas. También sabemos —lo recordábamos antes— que las diferencias son mayores en las gentes de nivel cultural bajo que en las de nivel alto. Todo esto es, claro está, válido para España. Por ejemplo, hay diferencias —no muchas, desde luego— entre el español hablado en León y el de Ciudad Real; un contraste mayor entre el habla de Burgos y la de Badajoz o Murcia, y mayor aún entre aquella y la de Granada o las islas Canarias.

Las variedades que una lengua presenta según las regiones en que se habla se llaman *dialectos*. Los principales dialectos del español son el andaluz, el extremeño, el murciano, el canario. Pero las diferencias con respecto a la lengua general son sobre todo de pronunciación; son escasas las que afectan al vocabulario, a la forma de las palabras y a la construcción de las frases. Por eso, más que de dialectos habría que hablar de modalidades del español.

2.3.2. *Lenguas territoriales*

En otras áreas no se habla un dialecto o variedad de la lengua oficial, sino una *lengua territorial* que coexiste con esta última. Estas lenguas son el gallego, los bables asturianos, el vascuence y el catalán —este, con sus dialectos balear y valenciano—. De todas ellas nos ocuparemos después (§ 2.4).

2.3.3. *El español común*

Según esto, en líneas generales, la zona donde se habla el español de manera exclusiva y sin variedades o matices dialectales de importancia comprende solo las dos Castillas, la región leonesa, Navarra (en su mayor parte), Aragón y Albacete. Y aun dentro de esa zona no se habla de idéntico modo en todas las provincias y comarcas, ni se habla igual en el campo que en la ciudad; ni tampoco, en la misma capital, en el centro de la Meseta castellana, hablan igual los distintos grupos sociales. Pero este es un fenómeno perfectamente normal en todos los idiomas y no afecta en modo alguno a su verdadera unidad. La unidad de un idioma ha de mirarse en el habla de las personas cultas. En este nivel, es evidente la uniformidad del español en todas las regiones del país. Los españoles cultos (sean catalanes, gallegos, vascos, extremeños, andaluces, canarios o castellanos) hablan una misma lengua española —el *español común* o *general*— exenta de particularidades regionales. Es este español común o general el que normalmente se entiende por «lengua española» y el que usan la radio y la televisión de alcance nacional, los periódicos y los libros.

Este español común, salvo en la pronunciación y en pequeños detalles de otro tipo, es el mismo de los países hispanoamericanos. Las modalidades de la lengua hablada en cada uno de ellos solo tienen relieve en los niveles popular y coloquial. En el nivel culto —que incluye, en general, el uso escrito— esas modalidades particulares carecen de importancia. (V. § 16.3.4.)

A esa lengua común, y no a sus particularidades locales, se refieren siempre las gramáticas. A ella se refiere también este libro.

2.4. Las lenguas españolas

2.4.1. *Las lenguas españolas*

Ya hemos dicho que, aunque hay una lengua que se llama *española,* no es la única que se habla en España. Hay territorios donde la mayoría de los hablantes tiene una lengua materna que no es la oficial de toda España y donde esta ha de ser aprendida como segunda lengua. En algunos casos la lengua territorial disfruta de gran vitalidad, de alto aprecio social y de cultivo literario bastante intenso. En otros casos, en cambio, se tiende por sus propios hablantes a despreciar como rústica e inculta la lengua particular y se da acogida preponderante a la lengua general. La creciente amplitud de las migraciones interiores y el gran desarrollo de los medios de comunicación modernos (radio y televisión) apoyan la difusión del español general en todas partes, incluso allí donde más fuerza tiene la lengua de la región.

Sin embargo, este proceso natural se ve refrenado por la política de los Gobiernos de algunas comunidades autónomas en que la lengua territorial tiene carácter co-oficial. Partiendo de la creencia romántica de que la «identidad» de un pueblo tiene su principal fundamento en una lengua propia, invierten importantes partidas de sus presupuestos en fomentar la lengua particular como vehículo de comunicación usual en todos los órdenes de la vida dentro del respectivo territorio. En esta línea de búsqueda de la diferenciación lingüística, en algunas comunidades autónomas se ha forjado una lengua unitaria mediante el acoplamiento de elementos tomados de la diversidad de dialectos locales que han sido o son hasta ahora la única realidad lingüística peculiar. Así, en el País Vasco se ha creado el *euskera batua* («vasco unificado»;

pronúnciese /batúa/) con el propósito de convertir los
siete dialectos vascos —difícilmente inteligibles entre sí—
en una lengua de cultura. Y en Asturias, donde el español
es la única lengua oficial, se ha elaborado la llamada
llingua asturiana con el intento de reducir a unidad los
numerosos bables aldeanos y sustituir el español general
en que se entienden todos los asturianos por un nuevo
idioma de propiedad exclusiva de aquel territorio. No deja
de llamar la atención el hecho de que, en ese fomento de
las lenguas territoriales, aparte de la financiación de los
Gobiernos autónomos, se cuente con la ayuda del Gobierno central, mientras que el mismo Gobierno central —al
revés de lo habitual en los países cultos— carece de una
política idiomática respecto a la lengua nacional, con des-
cuido de su enseñanza, estudio e impulso dentro y fuera
de España.

2.4.2. *El catalán*

La más vigorosa de estas otras lenguas españolas es, sin
duda, la *catalana,* que se sustenta sobre una brillante tradición literaria, hoy muy viva, y que no solo es la lengua
de las cuatro provincias de Cataluña, sino que se extiende,
en variedades dialectales, por las islas Baleares y —con
desigual intensidad— por las provincias del antiguo reino
de Valencia. Hay además pequeños reductos del catalán
fuera de España: en el dialecto de la ciudad de Alguer, en
Cerdeña; en Andorra, y en Rosellón y Cerdaña, en el
Mediodía francés. (V. § 3.3.6.)

2.4.3. *El gallego*

También cuenta con una producción literaria importante la lengua *gallega,* hablada en las cuatro provincias de
Galicia, una de las ramas actuales —la otra es el portugués— de la antigua lengua galaico-portuguesa. Su vitali-

dad en nuestros días, sin embargo, es menos potente que la del catalán, pese al indudable renacimiento de los últimos cien años. (V. § 3.3.6.)

2.4.4. *El vascuence*

El catalán y el gallego, junto con el *bable* —conjunto de los dialectos hablados en el principado de Asturias y último resto precario del antiguo asturiano-leonés (v. § 3.3.6)—, son lenguas hermanas de la castellana o española. Esta calificación de «hermanas» no se debe a su condición de lenguas compatriotas, sino a que todas nacieron de una misma madre, la lengua latina, que se habló en la Península desde el siglo III antes de Cristo hasta la época de la dominación visigoda (siglos V al VIII).

No puede llamarse hermana en ese sentido la lengua vasca, o *vascuence*[2], cuyo origen es ajeno al latín, pues es la heredera actual de una lengua que ya existía en el territorio peninsular antes de la dominación romana. La lengua más vieja de España se habla en las provincias de Vizcaya y Guipúzcoa y en una parte de Navarra. También hay una rama francesa, en la región de Gascuña. (V. § 3.1.3.)

2.4.5. *La unidad de las lenguas territoriales*

Ninguna de estas lenguas territoriales presenta una gran unidad en sus respectivos territorios, a pesar de la limitación de estos. Ya hemos visto las tres grandes ramas del catalán; pues bien, cada una de ellas presenta variedades —por ejemplo, son distintos el mallorquín y el menor-

---

[2] Se la conoce también con el nombre de *euskera,* que es el que recibe en su propio idioma; pero no parece justificado usar ese término hablando en español, del mismo modo que, expresándonos en nuestra lengua, no llamamos *english* al inglés ni *deutsch* al alemán.

quín; son distintos el catalán oriental y el occidental—. El bable se divide en tres grandes zonas, que abarcan multitud de hablas locales, y en el vascuence se señalan también varios dialectos. Es el gallego, entre todos estos idiomas, el que ofrece una mayor uniformidad, sin que carezca, naturalmente, de numerosas variantes comarcales.

No obstante, es válido para estas lenguas lo que ya hemos dicho para el español general: es el nivel culto, el hablar de las personas instruidas, el que determina la verdadera unidad de cada idioma, y las diversidades y matices locales se aminoran y se apagan bajo la presión de la cultura.

Todas estas lenguas cuentan hoy con organismos subvencionados oficialmente que tienen como misión su conservación, su unificación y el fomento de su cultivo literario.

3. EL PASADO DEL ESPAÑOL

3.1. Las viejas lenguas

3.1.1. *¿Desde cuándo se habla el español?*

Ya sabemos que el español no se habla solo en España, sino en numerosos territorios de otros continentes. En todos ellos se habla nuestra lengua desde una época relativamente reciente, la de su respectiva colonización (en algunos casos, muy posterior a su descubrimiento) por los españoles, lo cual ocurrió, en general, a lo largo de los siglos XVI y XVII. Pero la verdadera y definitiva implantación del español se llevó a cabo en el siglo XIX, después de la independencia de la gran mayoría de las colonias (1810-1830). Antes de la difusión de nuestro idioma se hablaban en aquellas tierras infinidad de lenguas indígenas, que, en su mayoría, fueron barridas poco a poco por la de los españoles, aunque subsisten hoy muchas habladas por los indios de diferentes países. Ya hemos visto cómo en algunos lugares el español no solo no llegó a borrar la vieja lengua, sino que hubo de limitarse a compartir con ella el uso general; así ha ocurrido con el guaraní en Paraguay y con el tagalo en Filipinas [1].

Sabemos también que el judeo-español se habla en algunas ciudades del Mediterráneo oriental y del Norte de África solo desde que lo llevaron allí los hebreos españoles expulsados por los Reyes Católicos a finales del siglo XV.

Y en España, ¿se ha hablado siempre el español? Si entendemos por «España» la nación española, tal como hoy la conocemos, podemos contestar que sí, pues cuando se consumó la unidad nacional ya hacía muchos años que en una gran parte de su territorio se hablaba esta lengua. Pero, si con el nombre «España» nos referimos al suelo español, desde luego diremos que no siempre se ha hablado en él la lengua que unimos a ese nombre.

3.1.2. *Lenguas primitivas de la Península*

Los primeros habitantes de la Península Ibérica de que se tiene noticia, pueblos de diversas procedencias, hablaron lenguas también diversas —célticas, ligures, ibéricas, etc.—; pero el conocimiento que tenemos de ellas es muy escaso y confuso. En algunas zonas del Sur y de Levante, donde los fenicios (desde el siglo XI a. C.) y los griegos (desde el VII a. C.) fundaron una serie de colonias, fueron habladas las lenguas de estos dos pueblos.

En el siglo VII a. C. un nuevo pueblo fenicio, el de la poderosa ciudad de Cartago (en el Norte de África), tras establecer una colonia en la isla de Ibiza, inició una larga dominación en el Sur de la Península. Esta dominación, cuando los cartagineses lucharon contra los romanos y fueron vencidos por ellos, trajo como consecuencia un

---

[1] El español en Filipinas hoy está en trance de extinción.

acontecimiento de importancia fundamental para la futura nación española: la presencia, en el suelo ibérico, del
pueblo, la cultura y la lengua de Roma.

La Península Ibérica fue romana desde finales del siglo III a. C. hasta los comienzos del siglo V d. C. Tan hon-
da fue la huella que en esta tierra dejó la civilización
romana que no solo quedó casi totalmente olvidado lo
anterior, sino que resultaría definitivamente marcado por
ella todo lo que vino después.

3.1.3. *El vascuence*

De todas las lenguas que existían en la Península antes
de la dominación romana —y que por ello llamamos
prerromanas— solo una quedó en pie y ha llegado viva a
nuestros días: el *vascuence* (el nombre de *euskera* no es
propiamente español, sino vasco), que, como ya dijimos
en páginas anteriores, se habla hoy, fragmentado en siete
dialectos poco inteligibles entre sí, en las provincias de
Vizcaya y Guipúzcoa, en parte de Navarra y en la región
francesa de Gascuña. La razón de que esta lengua se
salvase en medio del naufragio general fue, seguramente,
la independencia y el aislamiento que sus hablantes consiguieron mantener durante largos siglos frente a todos los
pueblos que, procedentes del Norte o del Sur, fueron
adueñándose sucesivamente de la Península. Naturalmente, el vascuence actual no puede ser el mismo que se
hablaba por los años en que pisaron estas tierras las primeras legiones romanas. Una lengua, en más de dos mil
años, sufre forzosamente muchos cambios. Hoy el vocabulario vascuence contiene un porcentaje alto de voces
procedentes de las lenguas que durante cientos de años
han sido sus vecinas —primero el latín, después el castellano, principalmente—. No hay que olvidar, además, que el
español convive desde hace siglos con el vascuence en

todo el territorio español en que este se habla. A pesar de ello, el vasco conserva intactas sus características gramaticales, muy diferentes de las de las lenguas que lo rodean. Hay que añadir que el vascuence ha ido perdiendo terreno: ya no se habla en la Rioja, ni en buena parte de Navarra, ni en otras regiones vecinas. En Álava había desaparecido prácticamente; su actual resurgimiento allí es consecuencia de la política lingüística del Gobierno autónomo vasco, encaminada a la difusión del «vascuence unificado» o *batua*. (V. § 2.4.1.)

3.1.4. *La huella del vascuence en el castellano*

Por otra parte, el vascuence no ha dejado de influir algo sobre la lengua castellana. Algunos rasgos fonéticos y algunos elementos morfológicos de esta parecen ser de origen vasco: en el vocabulario, se señalan como vasquismos voces como *izquierdo, boina, de bruces, aquelarre, pizarra, cencerro, chistera, chabola* (aunque algunas, como estas dos últimas, habían sido previamente importadas a su vez por el vascuence).

3.1.5. *Huella de las lenguas prerromanas desaparecidas*

También de las lenguas desaparecidas han quedado reliquias aisladas dentro del vocabulario español. Algunas de las palabras que se suelen citar como vasquismos pudieran proceder realmente de esas lenguas, de donde pasaran juntamente al vascuence y al castellano. Entre las voces españolas de origen prerromano figuran *perro, manteca, vega, braga, balsa, losa, páramo, barro...* A ellas hay que añadir algunos sufijos, como *-arro, -orro, -urro, -asco, -iego (guijarro, baturro, peñasco, labriego),* así como la terminación *-ez, -az, -oz* de los patronímicos *(González, Díaz, Muñoz)*. Además, ciertas particularidades fonéticas de nuestra lengua son explicadas como una herencia de sus antepasados remotos.

Donde más abundante es el recuerdo de esas viejas lenguas es en los nombres fósiles de la geografía. *Asturias, Álava, Soria, Huelva, Salamanca, Zamora, Córdoba, Duero, Tajo, Jarama...*, infinidad de regiones y comarcas, de ciudades y aldeas, de ríos y de montañas, han conservado a través de más de dos mil años los nombres que ya tenían cuando empezó a existir en la historia esta Península. Son de origen fenicio, entre otros, los nombres de *Cádiz, Málaga, Cartagena, Mahón, Ibiza,* y tal vez el que designó toda la Península, *Hispania;* ligures, los de *Toledo, Badajoz, Carabanchel, Ledesma;* celtas, los de *Sigüenza, Segovia, Segorbe, Osma, Begoña, Coruña, Palencia;* de idiomas más o menos emparentados con el vascuence, *Aranjuez, Valderaduey, Elvira;* griegos, *Denia, Ampurias, Rosas...* Esta muchedumbre de nombres prerromanos que pueblan el mapa de España son, en la historia del lenguaje, como las pinturas de las cuevas prehistóricas que nos dan testimonio, muchas veces indescifrable, de épocas remotas de las que apenas sabemos nada.

3.2. El latín, nuestro idioma

3.2.1. *Los romanos en la Península*

En el año 218 a. C. desembarcó en Ampurias un ejército romano que venía a combatir contra los cartagineses, en la guerra que la ciudad de Roma sostenía contra estos. Así comenzó una dominación que había de durar más de seis siglos.

Hispania fue declarada en seguida provincia romana, y sus conquistadores, dotados de gran sentido práctico y talento organizador, fueron colonizando la mayor parte del territorio y explotando sus recursos humanos y naturales. Los hispanos, que se vieron incorporados al modo de vida implantado por los que ahora tenían el poder, hubieron de aprender, entre otras muchas cosas, el idioma de estos. Aunque las viejas lenguas prolongaron su vida en algunos lugares durante muchos años (y un testigo excepcional es, como hemos visto, el vascuence actual), fueron poco a poco replegándose ante las ventajas que ofrecía el uso de una lengua común de intercambio, que a la vez era indispensable para la relación con los dominadores.

3.2.2.   *La lengua latina*

¿Qué lengua hablaban los romanos? Como la ciudad de Roma está situada en la región del Lacio o *Latium* —que fue la primera frontera de la expansión romana—, su lengua se ha llamado siempre *latina.*

El latín es una de las lenguas *itálicas,* grupo de lenguas hermanas habladas en la península de este nombre unos siglos antes de Cristo, variedades de una lengua anterior, el itálico, la cual solo conocemos a través de sus hijas. El itálico, a su vez, era una rama del antiquísimo tronco *indoeuropeo.* Todo lo que sabemos de la lengua indoeuropea es también a través de sus descendientes: se conoce su existencia —que hubo de ser en época muy remota, anterior en milenios a la invención de la escritura— por las numerosas semejanzas que se descubren en una serie de lenguas aparentemente muy distintas y hoy geográficamente muy alejadas entre sí, semejanzas que solo son explicables suponiendo un origen común. Así se sabe que, al lado del latín —con toda su descendencia— y las otras lenguas itálicas, son indoeuropeas las lenguas *célticas* —tanto las que se hablaron en la Hispania prerromana como las que hoy perviven en Bretaña (bretón) y en las Islas Británicas (irlandés, galés, escocés)—, el *griego,* el *albanés,* las lenguas *germánicas* —el desaparecido gótico, los modernos alemán, inglés, holandés, las lenguas escandinavas—, y las lenguas *eslavas* —ruso, polaco, checo, búlgaro, serbocroata (de Yugoslavia)—. Casi todas las lenguas de Europa pertenecen, pues, como el latín, a la familia indoeuropea. (Solo quedan fuera, aparte de algunas lenguas ya muertas —como el etrusco—, el finlandés, el lapón, el estoniano, el húngaro y nuestro vascuence.) Si consideramos que, fuera de Europa, también pertenecen a esta familia el persa y el grupo de lenguas indias antiguas y modernas —del que, por cierto, deriva el *gitano* o *caló*—, resulta que una porción muy importante de la humanidad actual tiene un mismo antepasado lingüístico.

Dentro de este frondoso árbol genealógico, el latín tuvo un destino singular. Empezó siendo la lengua de una comarca en el centro de la Península Itálica y llegó a ser, tras la expansión del poderío romano, la lengua del mayor imperio conocido en la antigüedad. No se impuso, sin embargo, en toda la extensión de este, pues en casi toda la mitad oriental —desde la actual Yugoslavia hasta el Cáucaso— se sostuvo el griego como lengua de la cultura y del comercio. Ni tampoco llegó a arraigar con igual intensidad en toda la mitad occidental: las Islas Británicas y las tierras del Norte de los Alpes no se latinizaron nunca de manera profunda.

3.2.3. *Pervivencia del latín*

Hoy el latín vive, bajo distintas formas de evolución, en Portugal, en España, en Francia, en Bélgica, en Suiza, en Italia y en Rumanía, y también, fuera de Europa, en los extensos territorios adonde lo llevaron los españoles, los portugueses y los franceses.

Un hecho religioso importante, el establecimiento de los pontífices cristianos en la ciudad de Roma, dio lugar a una larga pervivencia del idioma del Imperio romano —desde el siglo III hasta nuestros días— como lengua universal de la Iglesia católica. Sin embargo, los decretos del Concilio Vaticano II (1962-65), por los que se establecía en la liturgia el uso de la lengua viva de cada país en lugar del latín tradicional, han supuesto un duro golpe para la larga existencia de este como lengua sagrada.

Por otra parte, la lengua latina alcanzó un fino pulimento literario bajo el influjo que la gran cultura griega ejerció sobre las clases letradas de Roma, y sirvió de vehículo a una importante producción científica. Como consecuencia de esto, mucho después de la desaparición del Imperio romano, una larga época de la cultura moderna —del siglo XV al XVIII—, vueltos los ojos al latín y a las obras maestras de la poesía y del saber antiguo en él escritas, revitalizó el estudio de este idioma y su cultivo, que ya venía de la Edad Media, como lengua universitaria y científica.

3.2.4. *Las lenguas románicas*

Pero esta vida del latín como lengua de la ciencia y como lengua eclesiástica es completamente artificial, a diferencia de la verdadera perduración que son las lenguas *neolatinas,* es decir, las «nuevas lenguas latinas», que también se llaman *románicas* o *romances.* Estas formas nuevas del latín son el *francés,* el *occitano* (también llamado *lengua de oc,* o *provenzal),* el *italiano,* el *retorrománico* o *romanche* y el *rumano,* además de las lenguas que ahora se hablan en la Península Ibérica (a excepción del vascuence) y de que ya hemos hablado en el capítulo anterior. Por eso, estudiar hoy latín es contemplar una fase pasada, la primera y fundamental, de nuestra propia lengua.

3.3. El nacimiento del romance

3.3.1. *El latín vulgar*

En ninguna lengua habla igual el nacido en una región que en otra, ni un hombre culto habla igual que un analfabeto, ni tampoco se habla igual que se escribe (v. capítulo 16). Estas diferencias —que podemos observar fácilmente en nuestra experiencia de todos los días— son más notables en unas lenguas que en otras. Y en el latín eran mayores que lo son en el español de hoy. Se llama *latín vulgar* la forma hablada por el pueblo de Roma y de las diversas provincias y colonias. Y es este latín, no el usado por los escritores —*latín clásico*—, el que fue evolucionando poco a poco en todos esos territorios hasta llegar a las actuales lenguas románicas.

Pero el latín vulgar presentaba modalidades distintas según los lugares. La fecha del comienzo de la conquista de un territorio determinaba que su lengua tuviese rasgos más arcaicos —como ocurrió en Hispania— o más modernos —como ocurrió en Galia—. Otro factor influyente era la procedencia de una u otra región itálica que predominase en los soldados o en los colonos que ocupaban el país. Otro era la mayor o menor distancia, la mejor o peor comunicación con la metrópoli. Otro era, naturalmente, la lengua nativa de los habitantes sometidos, que introducían algunos de sus hábitos de pronunciación y parte de su vocabulario en el latín que ellos hablaban.

3.3.2. *Las invasiones germánicas*

Estos factores de dispersión eran frenados por la comunicación regular de las distintas provincias con la metrópoli y por la existencia en ellas de núcleos culturales de cierto relieve. Pero al llegar el siglo V, la invasión de todas las provincias romanas de Occidente por los pueblos germánicos redujo casi a cero las comunicaciones y el peso de los focos de cultura. Cada provincia se aisló de las demás, y en ella fueron tomando más fuerza las formas vulgares del latín hablado allí.

De todos modos, en los lugares donde más arraigo habían tomado la lengua y la civilización latinas, fueron estas abrazadas por los conquistadores. Hispania fue uno de los sitios donde ocurrió esto. El pueblo germánico que con más firmeza se afincó en la Península, los visigodos (cuya monarquía duró hasta el siglo VIII), si bien no abandonó muchas de sus antiguas costumbres, se romanizó bastante intensamente, sobre todo a partir de su conversión oficial al catolicismo (finales del siglo VI).

3.3.3. *El elemento germánico en el latín de Hispania*

Pero, como suele ocurrir en la mezcla de dos culturas, la influencia no solo se produjo en un sentido. Si los visigodos adoptaron el latín vulgar hispánico no fue sin teñirlo, de algún modo, de su lengua germánica, que lógicamente no abandonarían de la noche a la mañana ni nunca de una manera total. Por otra parte, también era inevitable que los hispano-romanos adquiriesen, en la convivencia con los nuevos dominadores, no solo usos nuevos, sino también voces nuevas. En realidad, ya antes de las invasiones del siglo V el latín general del Imperio había tomado de los pueblos germánicos una serie de palabras que aún viven en las lenguas románicas (como, en la nuestra, *guerra, ganar, guardar, sala, jabón, rico, blanco*). A ellas se unieron en la Península otras varias en esta época de dominación visigoda, entre ellas palabras tan corrientes como *tapa, parra, brotar, agasajar, ropa, ataviar, espía, ganso*. Sin embargo, hay muchas voces españolas de origen germánico que no se puede determinar si pertenecían ya al latín peninsular cuando empezaron a delinearse los dialectos románicos, o si fueron incorporadas a estos a lo largo de la Edad Media, procedentes de otros idiomas —como el francés o el occitano— que ya las tuviesen asimiladas. (V. también § 15.2.2.)

3.3.4. *Nacimiento de los dialectos peninsulares*

Durante la época visigoda se inició en Hispania el crecimiento del vulgarismo en el latín hablado en ella, como consecuencia de los dos factores que lo favorecieron en toda la Europa romana invadida por los germanos: el descenso de nivel cultural y el aislamiento. Pero no solo se produce una evolución en el sentido de un mayor divorcio respecto al latín clásico (malamente recordado ya por los doctos), sino que esa evolución emprende caminos diferentes según las regiones. A partir de ahora se puede hablar de la existencia de unos *dialectos* del latín hispánico —el cual, a su vez, podía considerarse ya como un dialecto del latín general—. Es el nacimiento de las lenguas romances de la Península.

3.3.5. *El mozárabe*

Sin embargo, hasta pasados varios siglos no empiezan a aparecer dibujados con alguna claridad los rasgos que distancian entre sí a los dialectos peninsulares. Alrededor del año 950, dos tercios de la Península están en poder de los musulmanes. En todo ese territorio —el Ándalus— la lengua oficial es la de los dominadores, el árabe, pero los hispano-godos dominados, que son la mayoría de la población, hablan su latín vulgar, su «habla rústica» —como por entonces se llamaba al naciente romance—. Como estos hispanos que habitan territorio árabe se llaman mozárabes, *mozárabe* es el nombre que se da también a su lengua. En ella están redactados los primeros textos literarios que se conocen en lengua romance: las *jarchas*. Más adecuado que hablar de lengua mozárabe es, sin embargo, hablar de *dialectos mozárabes;* si no había unidad en el romance de la España cristiana, tampoco era de esperar que la hubiera en el romance de la España musulmana.

Los dialectos mozárabes fueron desapareciendo poco a poco a medida que sus hablantes, al avanzar sobre sus tierras la Reconquista, eran incorporados a los reinos cristianos del Norte y fundían sus lenguas con las de estos, las cuales eran otros romances no muy distintos de los que ellos mismos hablaban. No es exacto, pues, hablar de una «extinción» del mozárabe, sino de su asimilación natural a los hermanos romances de la España cristiana.

3.3.6.   *Los romances del Norte*

Esos romances del Norte eran el *gallego-portugués,* el *asturiano-leonés,* el *castellano,* el *navarro-aragonés* y el *catalán.* Todos ellos, a medida que se expandieron sus territorios, se extendieron hacia el Sur, a expensas del mozárabe y del árabe. No creció, en cambio, el vascuence (lengua no románica, como sabemos), que quedaba detrás de ellos, y entre ellos definitivamente emparedado.

La suerte de esos primitivos dialectos no fue igual: unos se extendieron territorialmente, se perfeccionaron y maduraron, y recibieron un cultivo literario importante;

otros quedaron cortados en su marcha hacia el Sur, fueron cohibidos por la pujanza de otros vecinos suyos y quedaron al fin, en buena parte, absorbidos por ellos.

El *gallego-portugués,* que dio una importante producción literaria, tuvo una fortuna ambigua. Tras la constitución del reino de Portugal, en 1139, se bifurcó en sus dos ramas actuales. Pero, mientras el gallego quedó limitado a la región de Galicia, el portugués, lengua del nuevo reino, siguió su camino hacia el Sur y luego se extendió por distintas regiones de África, de Asia y de América.

El *asturiano-leonés* fue la lengua de la primera monarquía de la Reconquista, cuya capital estuvo primero en Oviedo, luego en León. A pesar del ímpetu con que los reyes asturianos y leoneses avanzaron hacia el Sur musulmán, pronto la iniciativa política y militar pasó a manos de los castellanos, que ya no la dejaron. Esto tuvo un claro reflejo en el terreno de la lengua. El leonés fue retrocediendo ante el empuje del castellano, y, con pobre vitalidad, hoy solo sobrevive en los *bables* de Asturias.

Algo parecido ocurrió con el *navarro-aragonés.* El progreso de las conquistas del reino de Aragón hacia el Sur extendió el dominio de este idioma, y la importancia política del reino prolongó la existencia del mismo hasta el final de la Edad Media. Pero la supremacía de la política de Castilla y, sobre todo, la evidente superioridad del castellano como lengua de cultura minaron al navarro-aragonés, primero contaminado y después absorbido por el castellano. Hoy solo se hablan dialectos aragoneses en la zona del Pirineo de Huesca.

El *catalán* tuvo una personalidad más fuerte, a pesar de que la historia política de Cataluña estuvo durante la Edad Media bastante subordinada a la de Aragón. En la expansión del reino aragonés, en la que los catalanes desempeñaron un importante papel, estos llevaron su lengua hasta el extremo meridional de la costa levantina y la extendieron a las islas Baleares. En todos estos territorios, con variedades dialectales, se sigue hablando en nuestros días [2]. El catalán es, de todos los romances peninsulares nacidos en los albores de la Edad Media, el que con más tenacidad ha resistido el impacto de su hermano el castellano.

El *castellano,* el dialecto de «un pequeño rincón» de la frontera oriental del reino leonés, zona militar batida por los asaltos de los musulmanes, empezó siendo un bárbaro lenguaje que suscitaba las risas de los cortesanos de León. Castilla, primero condado dependiente de los reyes leoneses, después estado soberano, asumió la iniciativa de la Reconquista en la Meseta y acabó asimilando políticamente a León. El dinamismo castellano no solo avanzó hacia el Sur musulmán, sino que desplegó su influencia sobre el Oeste y el Este cristianos. Esta irradiación es visible en la expansión del idioma, que invadió el terreno del leonés y del navarro-aragonés hasta su casi total absorción.

3.4. Del castellano al español

3.4.1. *Aparición del dialecto castellano*

El primer vislumbre que tenemos de la existencia de un dialecto castellano corresponde al siglo X. Era al principio solo el dialecto que se hablaba en unos valles

---

[2] La variedad valenciana, aunque ya desde la Edad Media recibe tradicionalmente el nombre de *lengua valenciana,* no es una lengua autóctona, como con argumentos poco científicos han sostenido algunos. Es cierto que presenta algunos caracteres propios frente al catalán oriental u «oficial», y que en siglos pasados ha sido vehículo de una producción literaria importante; pero no por ello deja de ser una modalidad dialectal del catalán, desarrollada en las tierras del antiguo reino de Valencia como consecuencia de realidades históricas bien conocidas.

al Nordeste de Burgos, lindantes con la región cantábrica y vasca.

¿Cómo creció desde su humilde cuna hasta llegar a ser una de las grandes lenguas del mundo? La particular situación de aquella primera Castilla, tierra de fortalezas, línea defensiva de los reyes de León, expuesta constantemente al peligro del enemigo moro, constituida por gentes que —a diferencia de sus señores, los asturiano-leoneses— no se sentían ligadas a una tradición romano-visigoda, dio a los castellanos un espíritu revolucionario, independiente y combativo, que se reflejó en su conducta política, en sus costumbres y en su lenguaje.

3.4.2. *Personalidad del castellano*

El dialecto castellano presenta una personalidad muy marcada frente a los otros dialectos peninsulares. Se formaba en una zona más débilmente romanizada que la de estos, y por tanto estaba más vivo en él el recuerdo de las viejas lenguas, alguna de cuyas hijas todavía se hablaba en las comarcas vecinas. Un rasgo heredado de ellas era la pronunciación de la /f/ inicial de palabra como [h] aspirada (igual que la *h* inglesa); así, el latín *fumum,* que los leoneses pronunciaban *fumo* y los catalanes *fum* —como los italianos *fumo* y los franceses *fumée*—, era *humo* (con aspiración de [h]) para los castellanos.

Otras singularidades del dialecto no eran todas ajenas a otros dialectos romances, pero en conjunto, con ellas, se soltaba mucho más que estos del primitivo latín vulgar. He aquí algunas:

a)   donde, del latín *multum,* el gallego-portugués decía *muito* y el catalán *molt* —compárese el italiano *molto*—, el castellano decía *mucho;*

b)   donde, del latín *factum,* decían el gallego-portugués

y el leonés *feito,* el navarro-aragonés *feito* o *feto,* el catalán
fet —como el francés *fait* y el italiano *fatto*—, el castellano
decía *hecho* (supliendo, además, como hemos comentado
antes, la /f/ inicial por [h] aspirada);

   c)   donde, del latín *ianuarium,* el gallego-portugués decía *janeiro,* el catalán *gener,* el mozárabe *yenair* —compárese también el italiano *gennaio* y el francés *janvier*—, el
castellano abandonó el sonido palatal del comienzo y dijo
enero;

   d)   donde, del latín *filium,* decían el gallego-portugués,
el mozárabe y el aragonés *fillo* y el catalán *fill* —compárese
el francés *fils* y el italiano *figlio* [fiḷo]—, el castellano decía
hijo, con una *j* que sonaba como la *j* francesa actual y que
siglos más tarde se convertiría en la actual *j* del español.

Mientras en el romance de otras regiones pesaba una
cultura latina que, aunque muy pálida ya, había sido intensa y duradera y por tanto no era fácil de borrar, el
castellano, que nacía en una tierra agreste y mal comuni-
cada, en boca de gentes bárbaras que solo tardía y super-
ficialmente habían llegado a romanizarse, no se veía ligado a una tradición letrada que frenase o cohibiese su
evolución. Esta es la explicación de la presencia en él de
unas características más avanzadas, más de abierta ruptu-
ra con la lengua madre, el latín, frente a la relativa uniformidad conservadora que se mostraba en los otros dialectos romanos que lo rodeaban por el Oeste, por el Sur y
por el Este.

3.4.3.   *Asimilación de otros dialectos*

Pero, a medida que la preponderancia política cada vez
mayor de Castilla y el progreso de la Reconquista en sus
manos ensanchaban el terreno de su revolucionario dialecto, este iba incorporando a su propia sustancia abundantes
elementos de los dialectos a los que se superpuso, los

cuales, en lugar de ser eliminados, venían a integrarse con él, enriqueciéndolo. Esto ocurrió, sobre todo, con el mozárabe, que además fue seguramente la principal vía de penetración de uno de los ingredientes que mayor originalidad han dado al castellano (aunque también, en menor dosis, a las otras dos grandes lenguas romances de la Península) frente a los idiomas románicos de fuera: *el arabismo.*

3.4.4. *El mozárabe, vía de penetración del arabismo*

La presencia en la Península Ibérica de los musulmanes durante casi ocho siglos (711-1492) [3] necesariamente había de dejar una huella de su lengua, lengua que fue oficial en los territorios por ellos dominados, a pesar de la conservación, por parte de los cristianos residentes, de sus dialectos mozárabes. El mayor peso del árabe sobre los dialectos romances del Norte —directamente, o indirectamente a través del mozárabe— debió de darse en los primeros siglos de dominación, cuando los invasores ocupaban la mayor parte del país y su cultura era incomparablemente superior a la de los pobrísimos reinos cristianos. Todavía hoy, numerosas palabras tomadas del árabe dan a nuestro idioma un matiz exótico en medio de las otras lenguas románicas. Tienen este origen voces tan corrientes como *azucena, alhelí, alférez, atalaya, tambor, aceite, arroz, alfiler, almacén, ajedrez, alcantarilla, alcalde, fulano, cenit, azul, almohada, ojalá,* la preposición *hasta...* Se han calculado en unos 4.000 —cifra considerable, aunque tal vez algo inflada— el contingente de arabismos dentro de la lengua española. (V. también § 15.3.3.)

---

[3] Estas fechas corresponden a su presencia *política;* en cuanto comunidad, con su lengua propia, pero ya como grupo social sometido, todavía duraron hasta 1609, año en que fueron expulsados por Felipe III.

3.4.5. *Disgregación e integración*

Vemos, pues, que el castellano llevaba a cabo una doble acción, contradictoria en apariencia. Por un lado era *disgregador,* en el sentido de que producía con sus peculiaridades una quiebra en la uniformidad que, hasta cierto punto, presentaban los dialectos romances españoles del centro y del Sur, de oriente y occidente. Pero al mismo tiempo era *integrador,* puesto que su crecimiento se producía acogiendo modalidades y caudal de los dialectos y hablas locales a los que se sobreponía.

3.4.6. *Mayoría de edad del castellano*

Esto era consecuencia del desarrollo de Castilla como potencia política. Pero la consecuencia más destacada de este desarrollo fue el surgir de una producción literaria importante, que trajo consigo la creación de una «forma literaria» del castellano y, por tanto, la fijación de este dialecto como lengua de cultura. Esta mayoría de edad puede fecharse en el siglo XIII. Hasta entonces la literatura castellana solo contaba con los cantares de gesta, que se difundían oralmente (el único de estos que conocemos bien hoy, el *Cantar de Mio Cid,* aunque escrito en el siglo XII, lo leemos en una copia del XIV). Al ser recitados en tierras muy diversas, estos poemas estaban redactados en un idioma que se buscaba que fuese accesible para todos, en un idioma que tenía que carecer de particularismos locales (lo que los lingüistas llaman una *koiné).* Este lenguaje de los cantares de gesta fue el primer paso firme hacia el establecimiento de un castellano que reduciría a verdadera unidad la acumulación de pequeños elementos dialectales de variada procedencia que lo integraban.

Pero el momento decisivo de la unificación y fijación del castellano llega en el reinado de Alfonso X el Sabio

(1252-1284). Si los cantares de gesta eran una literatura eminentemente popular —y a ello respondía precisamente el que estuviesen compuestos, no en latín, sino en el dialecto «vulgar»—, las obras literarias y científicas producidas en la corte de Alfonso X eran de carácter culto, y por eso mismo debían haberse escrito en latín, única lengua culta que toda la Europa cristiana había reconocido hasta entonces. Fue una auténtica revolución que un rey de Castilla se lanzase a dirigir una nutrida serie de obras de alta cultura redactadas en un idioma que hasta aquel momento las personas letradas habían desdeñado usar en sus escritos por ser demasiado plebeyo. Esto significó la dignificación definitiva del castellano, que desde entonces se codeaba ya en igualdad con el latín, respetado por todos los doctos.

El hecho de utilizar el castellano como lengua «oficial» de la cultura, es decir, de convertirlo en una lengua culta —yendo más allá del simple uso para la vida corriente—, llevaba consigo un enriquecimiento de su vocabulario y de sus medios expresivos, al mismo tiempo que una depuración y una selección entre muchas formas vacilantes. A partir de esta época el castellano ya era un instrumento rico y eficaz para cualquier tipo de expresión escrita, y la literatura de los dos siglos que siguieron, que culminó con *La Celestina* (1499), no hizo sino llevarlo a una perfección cada vez mayor.

3.4.7.   *El castellano, lengua de los españoles*

Este *desarrollo interno* del castellano era simultáneo del *desarrollo externo.* Al terminar el siglo XV pertenecían a la corona de Castilla no solo el antiguo reino de León (que incluía también Asturias y Galicia), sino Extremadura, todo el reino de Toledo —que después se llamaría Castilla

la Nueva—, el reino de Murcia, toda Andalucía y las islas
Canarias. Por estos años acababan de descubrirse las
tierras del Nuevo Mundo. Antonio de Nebrija había escrito ya la primera gramática del castellano (1492), el cual,
con esto, se convertía en la primera lengua romance estudiada científicamente.

Es casi por estos años cuando comienza a difundirse el
nombre de *español* como sinónimo de *castellano.* Acababa
de consumarse la unidad nacional, y ya empezaba a ser
llamada «española» la lengua castellana; empezaba a serle
reconocida la categoría de lengua general en que podían
entenderse todos los españoles. Y, en efecto, a partir de
entonces fueron muchos los escritores peninsulares no
castellanos —incluso portugueses— que utilizaron esa lengua en sus obras. Las lenguas regionales que habían tenido literatura en la Edad Media iniciaron una época de
apagamiento de la que no despertarían hasta mediados del
siglo XIX.

3.4.8.   *La vitalidad del español*

En el siglo XVI, momento culminante del poderío político español, nuestra lengua siguió ganando terreno. En
un sentido literal, se extendía por un nuevo continente. En
un sentido figurado, se había adueñado de las cortes de
Europa, pues en todas partes se consideraba necesario
estudiarla. Además, en este siglo y en el siguiente se produce una de sus cumbres literarias. Son los años de los
grandes clásicos: de Garcilaso de la Vega, del *Lazarillo de
Tormes,* de San Juan de la Cruz, de Cervantes, de Lope de
Vega, de Góngora, de Quevedo.

Los siglos posteriores han dado a la lengua española
valores literarios de no menor relieve que los clásicos.
Pero no basta la calidad del cultivo artístico para asegurar
la salud y la supervivencia de un idioma. La literatura no

es, en realidad, un puntal de esa buena salud, sino un brote natural y al mismo tiempo un remache de ella. En otros tiempos se pensó, ingenuamente, que la vitalidad y la perfección de la lengua (o su «limpieza», su «fijeza» y su «esplendor») se podrían conservar y fomentar con una buena dirección dictada por organismos dedicados a ese fin. Pero una lengua no existe sino en los labios de sus hablantes, y su vitalidad y su potencia no son más que un espejo de la vitalidad y la potencia de la comunidad a la que sirve.

Hoy, la lengua española, hablada por cientos de millones de personas, es como un río caudaloso que trae sus aguas de muy atrás, pero que corre el riesgo, en su desembocadura, de formar un delta que lo fragmente en diversos brazos. Se repetiría con nuestro idioma la suerte del latín si se repitieran las circunstancias que provocaron la partición de este en los dialectos medievales: el descenso de nivel cultural y el aislamiento de los países hablantes. Tal situación no es una suposición demasiado fantástica: ni los pueblos de lengua española están en primera fila en la civilización actual, ni su comunicación mutua es muy intensa. Un desarrollo *serio* de la educación en los distintos países —ejecutado y no simplemente proclamado—, un fomento efectivo de la ciencia en todos los órdenes, al lado de un auténtico progreso político y económico, serán la garantía de la fortaleza y la supervivencia de la lengua española.

II. LOS SONIDOS

4. DE LA VOZ AL FONEMA

4.1. La materia prima de la lengua

4.1.1. *La lengua, hecho sonoro*

La lengua tiene un cuerpo y un espíritu. Ya hemos dicho que la lengua es un sistema, o conjunto organizado, de signos. Y que signo es la asociación de un significante —cosa perceptible por los sentidos— con un significado —cosa que se quiere decir—. Pues bien, es a esa entidad «perceptible por los sentidos» a la que nos referimos cuando hablamos del «cuerpo» de la lengua.

La lengua, para ser capaz de entrar por los sentidos, ha de estar hecha con algo que tenga una realidad física. Esa materia prima es el *sonido,* y el sentido al que impresiona es el *oído.* Hay, a través de otro sentido, una vía secundaria de penetración de la lengua: la *escritura,* que transmite a nuestro cerebro un mensaje de lengua a través de la *vista.* Pero este medio gráfico es solo una representación del primero, el *auditivo,* que es el que verdaderamente forma parte esencial de la lengua.

4.1.2. *La voz*

Los sonidos están siempre producidos por la vibración de algún cuerpo, la cual es transmitida, desde el cuerpo que vibra hasta el oído que la percibe, por el aire; ya que este, en contacto con el cuerpo vibrante, se pone también en vibración y, en ondas, la lleva hasta la membrana del tímpano, en el oído. De esta manera se produce tanto el ruido de un martillazo como el sonido de un violín o de una flauta. Y también el sonido que ahora nos interesa a nosotros: *la voz.*

4.1.3. *Producción de la voz*

La voz es la materia prima del lenguaje, como el mármol o el barro es la materia prima de la escultura. ¿De dónde obtenemos este material que nos es indispensable para hablar? De la vibración de unos pequeños músculos elásticos alojados en nuestra garganta, que se llaman *cuerdas vocales.* Estos músculos, situados en el conducto que lleva el aire de la respiración desde los pulmones a la boca y la nariz, se pueden replegar a los lados, dejando al aire pasar libremente; o pueden cerrarse, juntándose, con lo cual el aire se ve obligado a salir presionando por el resquicio que dejan en su juntura. Cuando las cuerdas vocales están abiertas, recogidas a los lados —esto es, cuando el aire tiene vía libre—, es cuando simplemente respiramos. Pero, cuando están cerradas, el aire que sube de los pulmones choca con ellas antes de encontrar la estrecha salida que le dejan, y ese choque provoca una vibración, la cual, a su vez, produce un sonido, que es la voz. Ese sonido producido por la vibración de las cuerdas vocales es llevado al exterior (donde será percibido por los oídos de los demás) por el propio aire espirado que causó la vibración.

4.1.4. *Cualidades de la voz*

De la misma manera que una cuerda de guitarra, cuando está tensa, produce un sonido agudo, y cuando está distendida, un sonido grave, también la distinta tensión de las cuerdas vocales produce distinto *tono* de voz, más grave o más agudo, que cada hablante puede obtener y variar a voluntad. No hay que confundir el tono con la *intensidad,* que es la fuerza con que la voz es emitida, ni con el *timbre,* que es el matiz característico por el cual se distinguen dos voces de igual tono y de igual intensidad. Por último, al igual que los sonidos musicales, la voz también se caracteriza por su *cantidad,* que es la duración, larga o corta, de su producción.

4.1.5. *Insuficiencia de la voz*

Pero, a pesar de esta variedad de posibilidades que la voz posee, sería muy pobre instrumento de comunicación si no contara más que con ellas. La capacidad de expresión del hombre no dispondría de más medios que la de los animales. La voz, sola, es para el hombre apenas una materia informe, que para convertirse en un instrumento perfecto de comunicación debe ser sometida a un cierto tratamiento. Esa manipulación que recibe la voz son las *articulaciones.*

4.2. Las articulaciones

4.2.1. *Las articulaciones*

El aire expulsado de los pulmones, después de atravesar la laringe —donde están alojadas las cuerdas vocales— sube por la faringe para salir por la boca o por la nariz. En estas tres cavidades o espacios, sobre todo en la boca, tiene lugar una serie de movimientos de distintos órganos de los cuales resultan sonidos o resonancias acompañantes del aire espirado y de la voz que con él sale. Esos movimientos productores de sonidos son las *articulaciones,* y los órganos que intervienen en la producción de estas se llaman *órganos de articulación.*

4.2.2. *Los órganos de articulación*

El principal de estos órganos es la *lengua,* músculo sumamente móvil que con su flexibilidad interviene en la mayor parte de las articulaciones. Con razón ya desde la antigüedad muchos pueblos han llamado con el mismo nombre de este órgano al idioma, estimando que una y otra «lengua» van íntimamente unidas. También desempeña un importante papel la posición de la *mandíbula,* de los *labios* y del *velo del paladar.* Con los movimientos de estos cuatro órganos y con el contacto de la lengua y los labios entre sí o con otras partes de la boca —dientes incisivos

1, cuerdas vocales; *2,* lengua *(a,* ápice; *b,* predorso; *c,* mediodorso; *d,* postdorso); *3,* labios; *4,* dientes incisivos superiores; *5,* dientes incisivos inferiores; *6,* alvéolos; *7,* paladar *(e,* prepalatar; *f,* mediopalatar; *g,* postpaladar); *8,* velo del paladar; *9,* úvula o campanilla; *10,* cavidad nasal.

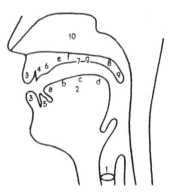

Producción de la voz y de las articulaciones

superiores e inferiores, alvéolos (encías) superiores, paladar, velo de este— se forma una nutrida serie de articulaciones, suficientes para servir de soporte material a todo
un idioma.

4.3. Sonidos y fonemas

4.3.1. *Sonidos ideales: los fonemas*

Los *sonidos* que se pueden producir con los órganos de
articulación son variadísimos y muy numerosos, puesto
que son muy numerosas y variadas las posiciones posibles
de dichos órganos. Pero, en la práctica, cada idioma ha
seleccionado una serie limitada de «sonidos ideales» acep-
tados por todos para su uso en el habla. El establecimiento
de esa serie de «sonidos ideales» tiene una ventaja doble:
ante todo, es «limitada», es un número no muy grande de
sonidos —en español no llega a treinta—, y por tanto no es
difícil de aprender, retener y percibir; por otra parte, está
formada por sonidos «ideales», lo cual quiere decir que,
aunque yo pronuncie *casa* con una /s/ distinta de como la
pronuncias tú, y aunque tú, a tu vez, la pronuncies de
manera diferente que Juan, y aunque incluso yo mismo
pronuncie tres distintas eses cuando digo *casa, desde* y
cántaros (y estas diferencias ocurren constantemente en la
realidad), en todos los casos tanto tú, como Juan, como yo
hemos tenido la sensación firme de haber dicho y haber
oído un mismo sonido /s/. Es decir, se trataba de varios
sonidos diferentes en realidad, pero «valían» todos como
si fuese un mismo sonido. Este sonido ideal, reconocido
por todos como único, aunque ejecutado de distintas maneras, se llama *fonema,* y las distintas maneras de ejecu-
tarlo se llaman *variantes* de ese fonema.

A veces ocurre que, sin darnos cuenta, utilizamos un mismo sonido para diferentes fonemas. Cuando decimos (en pronunciación normal, no pausada) *compás* y *con pan,* pronunciamos ante el sonido [p] un sonido [m] en los dos casos; y, sin embargo, en el segundo «creemos» haber dicho [n]. Con una frecuencia mucho mayor ocurre, inversamente, que para un mismo fonema utilizamos, sin darnos cuenta, sonidos que normalmente sirven para fonemas distintos. En la palabra *con* hay un sonido [n] cuando decimos *con agua,* y un sonido [m] —como hemos visto— cuando decimos *con pan* [kompán], aunque en uno y otro caso tenemos la idea de haber dicho [n].

En la lengua lo que importa es lo que tiene *un valor igualmente aceptado* por el que habla y por el que escucha. Por eso, en la producción de los sonidos lo que cuenta es lo que el hablante «piensa» que dice y lo que el oyente «piensa» que oye, siempre que ambos coincidan. Esta coincidencia solo es posible si, dentro de la idea que cada uno tiene del fonema emitido, hay un margen de comprensión suficiente para que un cierto número de variantes sean consideradas como realizaciones de un mismo fonema [1].

4.3.2.   *Fonología y fonética*

Los *sonidos ideales* o *fonemas* se representan entre barras oblicuas: /m/, /b/, etc.; mientras que los *sonidos reales* se representan entre corchetes: [m], [b], etc. Cada uno de estos aspectos del sonido corresponde a una de las dos vertientes del lenguaje. El sistema de los sonidos ideales o fonemas pertenece a las reglas de juego, a la *lengua,* y es objeto de un estudio especial llamado *fonología;* la

---

[1] Las distintas variantes o realizaciones de un fonema se llaman *alófonos* de ese fonema. Así, en el ejemplo *con pan* [kompán], el sonido [m] y el sonido [n] son alófonos del fonema /n/.

serie de los sonidos reales corresponde a la actuación real
del hablante, el *habla,* y es estudiada por la *fonética.*

4.3.3. *Fonemas del español*

Ya hemos dicho que, mientras los sonidos reales son
infinitos, los ideales constituyen en cada idioma un sistema fijo, con un número limitado de elementos. En español
los fonemas son veinticuatro:

Fonema abierto: /a/.
Fonemas labiales: /b/, /p/, /f/, /m/.
Fonemas dentales: /d/, /t/, /θ/.
Fonemas alveolares: /l/, /r/, /r̄/, /s/, /n/.
Fonemas palatales: /e/, /i/, /y/, /ḷ/, /ĉ/, /ñ/.
Fonemas velares: /o/, /u/, /g/, /k/, /x/ [2].

Puede observarse que en este cuadro, como en todos los
sistemas usados por los lingüistas para la representación de los
sonidos y de los fonemas, se emplean signos tomados, en general, del alfabeto ordinario; pero con la particularidad de que en
tales sistemas todos los signos son unívocos, es decir, cada uno
corresponde a un fonema, y siempre al mismo, y viceversa; cosa
que no ocurre con las letras del alfabeto corriente, como veremos
después (§ 4.4).
El signo /θ/ representa el sonido castellano de la letra *z* en *paz,*
o de la *c* ante *e* o *i* en *cera, cine* (sonido que también existe en
inglés: *th* en *thin, strength).*
El signo /r̄/ corresponde a *rr* en *perro,* o a *r* en *ropa.*
El signo /ḷ/ representa el sonido castellano de *ll* en *valla, callo*
(sonido que también existe en italiano: *gli* en *voglio, maglia).*

---

[2] Estos 24 fonemas corresponden al español estándar de España. Pero
en el de América y en el de algunas variedades del de España, el sistema
se limita a 22 fonemas, al reducirse /θ/ y /s/ a uno solo, /s/, y /ḷ/ e /y/ a
uno solo, /y/.

El signo /ĉ/ corresponde a la pronunciación del grupo *ch* en *chino, pecho.*

El signo /x/ corresponde a la *j* de *teja, jefe* o a la *g* ante *e* o *i* de *general, regir.* (No debe confundirse con la letra *x* de la escritura corriente, que se transcribiría /ks/.)

El signo /g/ representa solamente la pronunciación de la letra *g* ante *a, o, u,* como en *gana, goma, gusto,* o la de la combinación *gu* seguida de *e* o *i,* como en *guerra, guisa.* (Para la letra *g* de los casos *ge, gi,* que se pronuncia igual que la letra *j,* está el signo /x/.)

Los restantes signos de la lista no ofrecen ninguna dificultad.

En el cuadro precedente, llamamos fonema *abierto* al que se realiza sin contacto ni aproximación alguna entre dos órganos de articulación, con separación entre la lengua y el paladar y con gran abertura de la boca. *Labiales* son aquellos fonemas en cuya realización intervienen los labios. En los *dentales* hay un contacto (a veces no completo) entre la punta de la lengua y los dientes incisivos. En los *alveolares* ese contacto de la lengua es con los alvéolos o encías superiores. Son *palatales* los fonemas en que la lengua se aproxima al paladar o lo toca. Y *velares,* por último, son aquellos que se realizan con aproximación o contacto de la lengua respecto al velo de paladar.

4.4. Fonemas y letras

4.4.1. *Las letras*

El *alfabeto* normal, las *letras* de la escritura corriente, tratan de representar en forma visual esos *fonemas* o sonidos ideales, no los reales, puesto que son aquellos y no estos los que forman parte del significado y los únicos que, por tanto, cuentan verdaderamente en la lengua. Pero la representación que las letras del alfabeto hacen de nuestros fonemas no es perfecta, a pesar de que la correspondencia entre letras y fonemas es en nuestro idioma mucho más estrecha que en la mayoría de los demás. Así, mientras para algunos fonemas disponemos de varias letras diferentes, otras veces ocurre que una misma letra representa distintos fonemas según las circunstancias, o que una sola letra representa la suma de dos fonemas, o que un solo fonema es representado por la unión de dos letras.

4.4.2. *Desajustes entre fonemas y letras*

He aquí el muestrario de estos desajustes:

1.º   Fonemas que pueden ser representados por letras diferentes.

Fonemas	*Letras*	*Ejemplos*
/b/	b, v	*sabe* /sábe/; *nave* /nábe/.
/θ/	c (ante e, i); z	*recé* /r̄eθé/; *rezaste* /r̄eθáste/.
/k/	c (ante a, o, u o consonante); qu (ante e, i); k	*casa* /kása/; *cosa* /kósa/; *crema* /kréma/; *quema* /kéma/; *quita* /kíta/; *kilo* /kílo/.
/g/	g (ante a, o, u o consonante); gu (ante e, i)	*garra* /gár̄a/; *gorra* /gór̄a/; *guerra* /gér̄a/; *seguí* /segí/.
/x/	g (ante e, i); j	*cirugía* /θiruxía/; *cirujano* /θiruxáno/.
/i/	i, y	*patinando* /patinándo/; *cal y canto* /kálikánto/.
/s/	s; x (solo ante consonante)	*estrecho* /estréĉo/; *extremo* /estrémo/.
/r̄/	r; rr (solo entre vocales)	*rabo* /r̄abo/; *barro* /bár̄o/.

2.º Fonemas diferentes que son representados por una misma letra.

Fonemas	Letras	Ejemplos
/θ/, /k/	c	*cesar* /θesár/; *casar* /kasár/.
/g/, /x/	g	*goma* /góma/; *gimo* /xímo/.
/i/, /y/	y	*buey* /buéi/; *bueyes* /buéyes/.
/r/, /r̄/	r	*mira* /míra/; *risa* /r̄ísa/.

3.º Suma de dos fonemas, representada por una sola letra.

Fonemas	Letras	Ejemplos
/k + s/	x	*examen* /eksámen/; *relax* /r̄eláks/.

4.º Fonemas simples, representados por la unión de dos letras.

Fonemas	Letras	Ejemplos
/l̮/	ll	*calle*, /ká l̮e/.
/r̄/	rr (entre vocales)	*barro* /bár̄o/.
/ĉ/	ch	*pecho* /péĉo/.
/k/	qu (ante *e, i*)	*queso* /késo/; *quiso* /kíso/.
/g/	gu (ante *e, i*)	*guerra* /gér̄a/; *seguí* /segí/.

4.4.3. *La letra* h

Por último, se usa en la escritura una letra que no tiene ningún valor, pues no representa ningún fonema: la *h.* Palabras como *hombre, hueco, rehacer, ahogo, inhumano,*

¡ah!, que se escriben con esa letra, se pronuncian sin poner
ningún fonema en el lugar que ella ocupa: /ómbre/,
/uéko/, /r̄eaθér/, /aógo/, /inumáno/, /á/. (V. § 4.8.1.)

4.5. La ortografía

4.5.1. *La norma gráfica*

De todas estas ausencias de acoplamiento entre los
fonemas que decimos y las letras que escribimos nacen los
errores de escritura que se llaman *faltas de ortografía*. La
lengua, como sabemos, es un acuerdo entre muchos para
hablar de una misma manera. Pero este acuerdo no solo
recae sobre lo que se habla, sino también sobre la representación gráfica de eso que se habla. Según ese acuerdo,
cada palabra debe escribirse siempre en una determinada
forma aceptada por la comunidad de los hablantes. Esta
escritura obligada es lo que se llama *ortografía*. Todo lo
que se escribe sin ajustarse a ella es considerado incorrección en el uso de la lengua, y quien la comete es mirado
—igual que quien comete cualquier incorrección de lengua— como persona de cultura poco sólida.

Como vemos que la ortografía no se acomoda exactamente a los fonemas, es necesario que cada hablante dedi-
que una atención especial a las formas que la lengua ha
establecido como correctas en la escritura. Algunas de las
condiciones de la escritura correcta son generales y se
pueden aprender como reglas (más adelante hablaremos
de ello); pero, en su mayor parte, no pueden aprenderse
más que por la experiencia, por el conocimiento directo
de las formas escritas y el trato constante con ellas. Leer
mucho y observar bien lo que se lee es el mejor procedimiento de adquirir la ortografía, del mismo modo que el

buen conocimiento de la lengua hablada solo se adquiere
a fuerza de oírla y escucharla con atención.

4.5.2. *La infidelidad de las letras*

¿A qué se deben esos desajustes entre los fonemas y las
letras? ¿Por qué no escribimos transcribiendo exactamente los fonemas que decimos? ¿Para qué perder tiempo
aprendiendo a escribir «correctamente» las palabras? La
falta de correspondencia entre los fonemas de que están
hechas físicamente nuestras palabras, y las letras con que
se trata de representarlos, tiene una explicación. En los
trece siglos (más o menos) que lleva de vida nuestra lengua, sus fonemas no han sido siempre los mismos: algunos
empezaron por ser confundidos con otros parecidos y
acabaron igualándose totalmente con ellos; otros vieron
cambiada su primitiva articulación por otra nueva muy
distinta; otros llegaron a desaparecer sin dejar rastro alguno en la pronunciación. Como todos estos cambios se han
producido siempre (y se siguen produciendo) muy lenta-
mente, a lo largo de muchos años y sin que se den cuenta
apenas los propios hablantes, llega un día en que la letra
que representaba un determinado fonema representa ya
un fonema distinto, que tal vez se confunde con otro que
ya tenía su propia letra. En algunos casos, el sentido
común —comenzando unas veces por un uso general de las
personas cultas, otras veces por propuestas de la Real
Academia Española— resolvió las incongruencias que estas evoluciones naturales de los fonemas habían producido, se eliminaron grafías confusas y anticuadas y se esta-
blecieron normas gráficas más simples y más de acuerdo
con la realidad de los sonidos. Pero en otros casos —por
influencia también de los doctos y de la misma Academia— se complicó sin necesidad la grafía de algunas pala-

bras por la preocupación de atender a factores que nada tenían que ver con su pronunciación.

4.5.3. *Estabilidad y progreso en la ortografía*

En principio, no es conveniente cambiar la ortografía establecida, puesto que es como el ropaje de la lengua escrita, la cual es la forma estable por excelencia de la lengua («lo escrito, escrito queda») y el factor que mejor garantiza la fijeza y la unidad de esta a lo ancho de las muchas tierras donde se habla. Por esta razón todas las lenguas cultas son muy conservadoras en su ortografía; algunas de ellas, como el inglés y el francés, presentan un divorcio entre fonema y letra mucho más grave que el que hay en nuestro idioma. Sin embargo, la necesidad de fijeza ortográfica no quita que pueda y deba perfeccionarse el sistema en un sentido de mayor sencillez y precisión, siempre que se haga con discreción y visión de la realidad y, sobre todo, por un acuerdo entre los organismos técnicos de los países que hablan la misma lengua. Un buen ejemplo de lo que se puede hacer en este sentido es la reforma ortográfica luso-brasileña que se realizó a mediados de este siglo.

4.6. Las vocales

4.6.1. *Vocales*

Hay un grupo de fonemas que se distinguen claramente de los demás porque son mucho más sonoros y perceptibles. Cualquiera de los fonemas de este grupo puede constituir por sí solo una palabra; los otros, en cambio, no tienen perceptibilidad suficiente.

Son más sonoros y perceptibles estos fonemas porque

están hechos de pura voz. Como «voz» en latín es *vox,* de ahí su nombre de *vocales.* Son solo cinco, /a/, /e/, /i/, /o/, /u/, y sus articulaciones se diferencian entre sí por la distinta posición de los labios y la lengua y por la mayor o menor abertura de la cavidad de la boca.

4.6.2. *Fonema /a/*

En la articulación correspondiente al fonema /a/, la boca y los labios se abren más que en cualquier otra articulación, y la lengua se mantiene plana y en reposo.

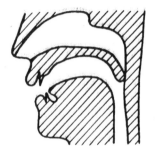

Articulación de /a/

4.6.3. *Fonemas /e/, /i/*

Para los fonemas /e/, /i/, el dorso de la lengua se aproxima ligeramente al paladar, y los labios forman una abertura alargada. En /e/, la aproximación de la lengua al paladar es menor, y la abertura de los labios, mayor. En /i/, naturalmente, la aproximación es mayor y la abertura es menor.

4.6.4. *Fonemas /o/, /u/*

En las articulaciones que corresponden a los fonemas /o/, /u/, la parte de atrás de la lengua se aproxima ligeramente al velo del paladar y los labios forman una abertura redondeada. Para /o/, la aproximación de la lengua al velo del paladar es menor, y es mayor la abertura de los labios; inversamente, para /u/, la aproximación de la lengua al velo es mayor, y la abertura de los labios, más estrecha.

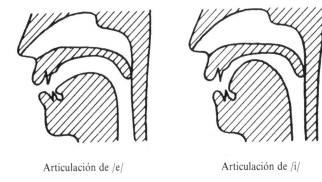

Articulación de /e/   Articulación de /i/

4.6.5. *Representación gráfica*

Los cinco fonemas se representan gráficamente por las cinco letras *a, e, i, o, u,* que también suelen llamarse *vocales.* El fonema /i/, cuando constituye por sí solo una palabra, se escribe *y: la cuna* y *la sepultura.* También se escribe *y* cuando va en posición final de palabra siguiendo a otra vocal con la que forma sílaba (v. §§ 5.1.1 y 5.2.2): *ay, hay, hoy, estoy, ley, rey, jersey, carey, muy, Tuy.* (En cambio, no se pone *y,* sino *i,* porque el fonema /i/ forma sílaba independiente, en *ahí, caí, oí, leí, reí, huí.*)

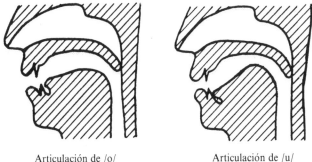

Articulación de /o/   Articulación de /u/

En algunos casos la letra *u* no representa el fonema /u/ ni ningún otro. Es un simple relleno que ha de ponerse obligatoriamente siempre que se escribe la letra *q: quemar* /kemár/, *querida* /kerída/, *inquieto* /inkiéto/. Otras veces es un signo auxiliar que se añade a la letra *g,* cuando esta va delante de *e* o *i,* para indicar que ha de leerse como /g/ y no como /x/: *guerra* /géร̄a/, *apague* /apáge/ (si no llevasen *u* se leerían /xéร̄a, apáxe/). Si queremos indicar que la letra *u* en esta posición —entre *g* y *e, i*— ha de leerse como /u/, es necesario que le pongamos encima dos puntos *(diéresis): cigüeña, pingüino.*

4.7. Las consonantes

4.7.1. *Consonantes*

Los fonemas que no son vocales se presentan siempre combinados con estas; por ello se llaman *consonantes.*

4.7.2. *Labiales*

Cuatro consonantes se realizan con intervención de los labios, y por ello se llaman *labiales.* Para /p/, los labios se cierran un instante, y durante ese instante no se produce voz —esto es, no hay vibración de las cuerdas vocales—: es lo que se llama una consonante *sorda.*

En cambio, en /b/ y /m/, aunque los labios se cierran igualmente, este cierre va acompañado de voz, es decir, de vibración de las cuerdas vocales: se trata de dos consonantes *sonoras.* La articulación de /m/ tiene la particularidad de que, mientras se produce, el aire sale por la nariz, porque el velo del paladar desciende y hace que el aire se dirija a la cavidad nasal: es una consonante *nasal.*

La consonante /b/ admite dos variantes importantes:

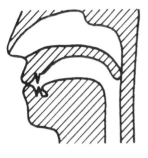

Articulación de /p/

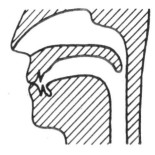

Articulación de /m/

cuando se presenta entre dos vocales, o entre una vocal y una consonante, o después de una consonante que no sea [m], no se realiza por medio de un cierre total de los labios, sino solo de una estrecha aproximación (variante *fricativa): ca*b*eza, o*b*ras, la* b*anda;* cuando se presenta en comienzo de frase, o después de una pausa, o después de [m], es cuando el cierre de los labios es total (variante *oclusiva): *b*uenos días; com*b*inado.*

El fonema /b/ ofrece dificultades en su representación gráfica, ya que no le corresponde una letra fija. Unas veces se escribe con la letra *b,* otras con la *v.* (Es un error pensar que estas dos letras, «be» y «uve», representan dos

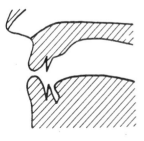

Articulación de /b/ fricativa

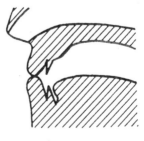

Articulación de /b/ oclusiva

fonemas distintos; solo en algunas zonas del catalán existe un fonema /v/ diferente de /b/, por lo que algunos de sus hablantes lo emplean espontáneamente cuando hablan en castellano.) Las únicas normas generales que hay para el uso de estas letras representantes del fonema /b/ son: 1.ª, después de la letra *n* no se puede escribir *b*, sino *v: envío, convidar;* 2.ª, después de la letra *m* no se puede escribir *v*, sino *b: cambio, rumbo;* 3.ª, en final de palabra, o antes de otra consonante, solo se puede usar *b: a**b**rir, o**b**struir, Jo**b**, baoba**b**.

La articulación que corresponde al fonema /f/ es, como la de /p/, sorda; pero en ella no actúan los dos labios, sino solo el inferior, que se pone en contacto con los dientes incisivos superiores dejando escapar el aire con un ruido de frotamiento.

4.7.3. *Dentales*

Son consonantes *dentales* aquellas en cuya realización se produce un contacto de la punta de la lengua con los dientes incisivos superiores. La articulación que corresponde a /t/ es sorda, y en ella la punta de la lengua se apoya en la pared posterior de los dientes.

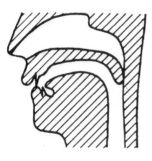

Articulación de /f/

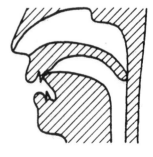

Articulación de /t/

La realización de /d/ se diferencia de la de /t/ fundamentalmente en que es sonora; además, la punta de la lengua se apoya más en el filo de los dientes. Presenta dos variantes (como la /b/): una, *fricativa,* en que se produce una simple aproximación de la lengua a los dientes, dejando escapar el aire; esto ocurre cuando /d/ va entre dos vocales, o entre vocal y consonante, o después de una consonante que no sea [l] o [n]: *mo**d**a, pa**d**re, des**d**e.* La otra variante, *oclusiva,* es el contacto pleno de la lengua con los dientes, cerrando del todo, por un momento, el paso del aire, lo cual sucede cuando el fonema /d/ se presenta en comienzo de frase, o después de una pausa, o después de [l] o [n]: **d**on Juan, cal**d**o, man**d**a.

En cuanto a la articulación correspondiente a /θ/, consiste en la colocación de la punta de la lengua entre los incisivos superiores y los inferiores, dejando escapar el aire con un ruido de roce, de manera parecida a lo que —según hemos visto— ocurre en /f/. Es, como esta, una articulación sorda. En algunas zonas la realización de este fonema se identifica con la de /s/ (zonas de *seseo* —muy extensas—, en que la realización común es un sonido [s]; zonas de *ceceo,* en que la realización común es un sonido

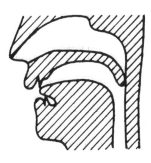
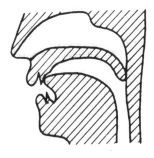

Articulación de /d/ fricativa   Articulación de /d/ oclusiva

semejante a [θ]). Esto plantea a los habitantes de tales regiones, naturalmente, ciertas dificultades ortográficas. Donde no se produce esta identidad, el problema no existe prácticamente, pues la norma ortográfica es bastante clara. Se representa el fonema /θ/ por la letra *c* cuando va seguido de *e* o *i*: *cima, pecera, recinto;* se representa por la letra *z* en todos los demás casos: *cazar, azul, zona, azteca, capaz.* En muy contadas voces se emplea *z* ante *e* o *i*: *enzima* («sustancia química»), *Zenón, Zita, zigzag, zipizape,* etc.

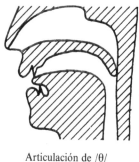

Articulación de /θ/

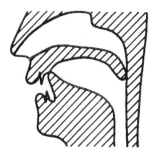

Articulación de /l/

4.7.4. *Alveolares*

Los fonemas /l/, /r/, /r̄/, /s/ y /n/ se llaman *alveolares* porque para su realización la punta de la lengua se pone en contacto con la parte del hueso maxilar superior en que están engastados los dientes, la cual se llama protuberancia alveolar o alvéolos. El fonema /l/ presenta en su realización la particularidad de que el aire sale pasando por los lados de la lengua mientras la punta de esta se apoya en los alvéolos. Es una articulación sonora.

Son también sonoras la de /r/ y la de /r̄/, las cuales se diferencian de la de /l/ en que dan salida al aire por el

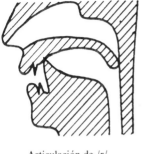
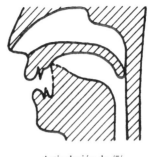

Articulación de /r/   Articulación de /r̄/

propio punto de contacto de lengua y alvéolos. Para el fonema /r/, la punta de la lengua hace un movimiento rápido hacia arriba y atrás, tocando los alvéolos y apartándose inmediatamente de ellos, de manera semejante a la pulsación de una cuerda de guitarra. Para /r̄/, en cambio, la comparación más adecuada sería con un toque de tambor: la lengua eleva la punta hasta los alvéolos y, en el momento en que se apoya en ellos, es empujada adelante por el aire espirado; vuelta al mismo sitio por su elasticidad, nuevamente es empujada adelante. Las pequeñas explosiones que producen estos rápidos contactos y despegues (que son dos, tres o cuatro), constituyen el sonido de /r̄/.

Gráficamente, el fonema /r̄/ se representa por la letra *r* en comienzo de palabra o después de consonante: r*opa* /r̄ópa/, *hon*r*a* /ónr̄a/, *alre*r*dedor* /alr̄ededór/, *Is*r*ael* /isr̄aél/; *rr* cuando, en interior de palabra, va entre dos vocales: *pa*rr*a, co*rr*er, te*rr*aza.*

El fonema /s/ tiene realizaciones distintas según las zonas. En su articulación castellana, que es sorda, la punta de la lengua, al apoyarse en los alvéolos, deja una salida redondeada para el aire. En las zonas de seseo y de ceceo, como decíamos más arriba, el fonema /s/ se identifica en

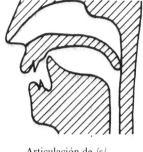 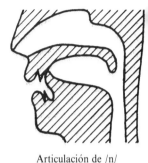

Articulación de /s/   Articulación de /n/

su realización con el fonema /θ/, lo que ocasiona dificultades ortográficas a sus hablantes.

La articulación del fonema /n/, que es sonora, tiene
como principal particularidad la de que en ella el aire sale
por la nariz, como decíamos que ocurre en /m/; por esta
razón es llamada igualmente consonante nasal. Su representación gráfica es la letra *n.* Según la norma ortográfica,
no se puede escribir esta letra, sino *m,* ante las letras *b* o
p. En cambio, es *n,* y nunca *m,* la que debe preceder a
cualquier otra consonante (salvo la propia *n,* que puede ir
precedida de *m,* como en *indemne, insomnio).*

4.7.5.   *Palatales*

Los fonemas en cuya articulación la parte media del
dorso de la lengua se pone en contacto con el paladar se
llaman *palatales.*

La más sencilla de estas articulaciones es la que corresponde al fonema /y/. Es un sonido sonoro que, en la
pronunciación normal de España y de la mayor parte de
América, se produce quedando la punta de la lengua detrás de los incisivos inferiores, mientras su dorso se eleva

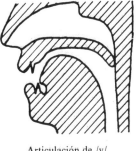 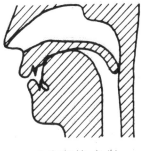

Articulación de /y/   Articulación de /l̦/

al paladar, tocándolo por los lados y dejando por el centro
una estrecha salida para el aire.

Para el fonema /l̦/ *(calle)*, la articulación normal es el
contacto del dorso de la lengua con el paladar, dejando
solo estrechos canales a los lados para la salida del aire.
Es un sonido también sonoro. Como en zonas muy extensas este fonema se identifica en su realización con el
fonema /y/ (identidad que se llama *yeísmo)*, los hablantes
de ellas se encuentran a veces en dificultades respecto al
empleo de las letras *y* y *ll*.

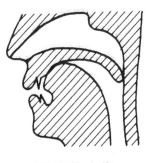 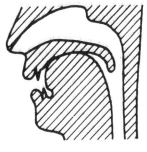

Articulación de /ĉ/   Articulación de /ñ/

El fonema /ĉ/ *(chico, noche)* tiene una articulación en dos tiempos: primero, la lengua toca el paladar ampliamente, impidiendo toda salida del aire; después se produce una ligera separación que deja escapar el aire. Es en el momento de esa separación cuando surge el sonido sordo [ĉ].

La articulación que corresponde al fonema /ñ/ es semejante, en cuanto a la posición de la lengua, a la primera fase de la de /ĉ/; pero tiene la particularidad de permitir la salida del aire por la nariz, gracias al movimiento del velo del paladar hacia abajo. Es, pues, una articulación nasal, como la de /m/ y /n/, y, como ellas, sonora.

4.7.6. *Velares*

Se llaman *velares* los fonemas que se realizan por medio de la aproximación o contacto de la parte posterior del dorso de la lengua con el velo del paladar.

La articulación de /g/ presenta dos variantes de importancia, semejantes a las que señalamos en /b/ y /d/. Entre dos vocales, o entre vocal y consonante, o después de una consonante que no sea [n], la articulación consiste solo en un estrecho acercamiento de la lengua al velo del paladar, sin cortar en ningún instante la salida del aire (variante

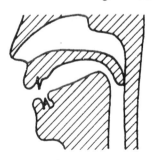
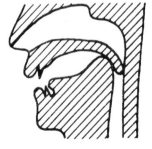

Articulación de /g/ fricativa   Articulación de /g/ oclusiva

*fricativa): lu*g*ar, al*g*o, ti*g*re.* Cuando el fonema /g/ se presenta en comienzo de frase, o después de una pausa, o después de [n], la lengua toca el velo del paladar, cortando un instante el paso del aire (variante *oclusiva): g*uante, man*g*a.

La representación gráfica normal de este fonema es la letra *g: g*allo, *g*uapo, *g*ordo, *g*on*g*. Pero cuando precede a *e* o *i* se le añade una *u* que no representa ningún sonido, sino que simplemente sirve para advertir que la letra *g* no corresponde a un fonema /x/: **g**u*erra*, **G**u*illermo*.

El fonema /k/ se realiza por medio de una articulación igual que la que hemos descrito como segunda variante de /g/; pero se diferencia de ella en ser sorda y no sonora. La letra *c* es su representación gráfica normal: **c***asa*, **c***osa*, *o***c***urre*, *a***c***to*, *viva***c**. Se exceptúa el caso en que el fonema va seguido de *e* o *i*, en que se representa por medio de la suma de las dos letras *q + u:* **qu***erida*, **qu***ise*. En una serie limitada de palabras se emplea *k:* **k***ilómetro* (y todos los formados con *kilo-)*, **k***an*, **k***árate*, **k***if*, **k***irie*, etc.

Para el fonema /x/, la parte posterior del dorso de la lengua se apoya en el velo del paladar, en un punto más retrasado que para el fonema /k/, y no cierra el paso al aire, sino que le permite salir con un ruido de roce (como ocurre, según vimos, en /f/ y /θ/). Su representación gráfica es normalmente la letra *j:* **J***erónimo*, *te***j***er*, *re***j***a*, **j***unco*, **j***ilguero*, *herra***j**; pero ante *e* o *i* puede ser también la letra *g:* **g***eneral*, *á***g***il*, *ciru***g***ía*.

4.8.   Las letras *h* y *x*

4.8.1.   *La letra* h

La letra *h* es un verdadero fósil dentro de nuestro alfabeto, puesto que no representa hoy ningún fonema (§ 4.4.3). La existencia actual de esta letra obedece a razo-

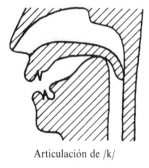

Articulación de /k/

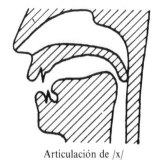

Articulación de /x/

nes puramente históricas y en ocasiones es incluso arbitraria. Su presencia o ausencia en la grafía de las palabras
debe ser aprendida (lo mismo que la elección entre *b* y *v*,
g(e, i) y *j*, etc.) por el trato intenso de la lengua escrita.
Solo en un caso hay norma fija para su uso: se pone *h*
siempre ante los grupos *ue, ui* en comienzo de palabra:
hueco, **h**ueso, **h**úesped, **h**uida.

4.8.2. *La letra* x

La letra *x* también tiene un valor fósil cuando se usa
para el fonema /x/, como ocurre en *México, mexicano,*
Ximénez, Ro**x**as, formas que coexisten con las grafías con
j (las dos primeras citadas son usuales en toda América y
van siendo menos raras en España; las dos últimas son uso
exclusivo de algunas familias); también en algunos nombres de lugares, como *Sa**x**, Barra**x**. Se trata en todos estos
casos de grafías arcaizantes, y es un error leer [méksiko],
[ksiméneθ], etc. Fuera de estas contadísimas excepciones,
esta letra representa la suma de dos fonemas, /k + s/,
cuando va entre vocales o en final de palabra: e**x**amen,
Félix; o representa sólo el fonema /s/ cuando precede a
consonante: e**x**traño /estráño/, e**x**perto /espérto/. Pronunciar, en el primer caso, [esámen], [félis], es propio del

habla descuidada; pronunciar, en el segundo caso, por el contrario, [ekstráño], [ekspérto], es hablar afectadamente.

4.9.   La letra inicial mayúscula

4.9.1.   *Las mayúsculas*

El sistema de letras con que la lengua escrita transcribe más o menos exactamente el sistema de fonemas dispone de una segunda serie de formas, de trazado distinto del normal y de tamaño ligeramente mayor, llamadas *letras mayúsculas* (en imprenta, *versales* o *caja alta)* para distinguirlas de las corrientes, llamadas *minúsculas* (en imprenta, *caja baja).* La existencia de dos series gemelas de letras es una de las superfluidades del sistema escrito, pues nunca una mayúscula se pronuncia de distinta manera que una minúscula.

4.9.2.   *Su uso*

El uso de las letras mayúsculas está sometido a unas reglas puramente convencionales. Se escribe en la forma mayúscula la primera letra de la palabra con que se empieza un escrito, o con que se inicia una carta o documento similar después de encabezamientos como *Muy señor mío, Querido amigo,* etc., o con que comienza una nueva frase después de un punto. Se escriben también con inicial mayúscula todos los nombres propios *(Portugal, Juan, Saturno)* y los que, sin serlo, funcionan como tales *(el Cordobés, la Costa del Sol, Ministerio de Comercio;* incluyendo los títulos de obras literarias o de arte: *«Las últimas banderas», «El profeta»;* los que designan cargos —sobre todo en escritos oficiales— y los tratamientos que a aquellos corresponden *(el Gobernador, Su Santidad, Su Alteza);* y ciertos nombres colectivos a los que la costumbre concede ese privilegio *(el Estado, la Prensa, el Ejército;* pero no, por ejemplo, *la Nación, la Investigación, el Clero).* También se escriben con mayúsculas muchas abreviaturas.

Es curioso observar que en ciertos usos de mayúsculas intervienen motivos sentimentales (por ejemplo, cuando en un texto de tono patriótico se escribe *nuestra amada Patria),* estéticos (de lo que pueden encontrarse abundantes muestras en la prosa de Valle-Inclán) o religiosos (por ejemplo, al escribir *Él, Tú,* referidos a Dios; al escribir, discriminatoriamente, *el Creador,* con mayúscula, pero en cambio con minúscula *el diablo).*

4.9.3.   *Mayúsculas* ch *y* ll

Cuando las combinaciones *ch* y *ll* en posición inicial de palabra han de escribirse con mayúscula, solo toma esta forma el primero de los signos que las componen (por ejemplo, *Chile, Llobregat),* a pesar de que la ortografía académica las considera como «una letra» y no como lo que realmente son, grupos de dos letras.

5. DEL FONEMA A LA FRASE

5.1. La vocal, núcleo de la sílaba

Muy raras veces emitimos un fonema aislado, porque muy raras veces un fonema tiene significado «suficiente». Lo normal es que los fonemas no sean sino ladrillos que ensamblamos unos con otros para construir, con el conjunto de ellos, nuestro mensaje. Es cierto que existen mensajes de un solo fonema: *¡ah!, ¡oh!, ¿eh?* Pero casi siempre tenemos que reunir muchos fonemas para establecer la comunicación deseada.

Así pues, los fonemas que hemos examinado uno por uno en el capítulo anterior no funcionan, prácticamente, más que asociados. Ahora bien, dentro de esa agrupación integradora que es la frase —suma de fonemas portadora de un mensaje— es posible distinguir unidades menores. Y la menor de ellas es la *sílaba.*

¿Qué es una sílaba? Para empezar, podemos decir que donde hay una vocal puede haber una sílaba. Generalmente, la vocal no aparece sola, sino que lleva una, dos o más consonantes adheridas. Así, en *ayudes* hay tres vocales, /a/, /u/, /e/; entre la primera y la segunda hay una consonante; otra, entre la segunda y la tercera; otra, después de la tercera. Pero ¿a quién se unen /y/ y /d/: a la vocal que las precede o a la que las sigue? En realidad, cada consonante va soldada tanto con la vocal que está antes como con la vocal que está después. Viene a ser como un freno o amortiguamiento de la primera y un punto de arranque de la siguiente. Como las vocales son los fonemas más sonoros y perceptibles, una consonante interpuesta entre dos vocales supone un descenso en la perceptibilidad. Por eso las consonantes marcan la separación entre las sílabas. Y, como ocurre con toda frontera, pertenecen por igual a quienes están a ambos lados de ellas. Sin embargo, en nuestro idioma es más estrecha la unión de la consonante con la vocal que sigue que con la que precede, y así, siempre se considera que forma sílaba con aquella. En el ejemplo *ayudes,* las sílabas serán, pues, /a-yu-des/.

5.1.2. *División silábica: grupos de consonantes*

Cuando la frontera está marcada por dos consonantes, estas se reparten: *carlista* /kar-lis-ta/, *estanque* /es-tan-ke/, *cantando* /kan-tan-do/. Pero se mantienen unidas, adosándose a la vocal siguiente, cuando la primera es una de estas: /p, b, f, k, g, t, d/, y la segunda es /r/: *lepra* /le-pra/, *libro* /li-bro/, *cofre* /ko-fre/, *lacre* /la-kre/, *letra* /le-tra/; o cuando la primera es /p, b, f, k, g/ y la segunda es /l/: *copla* /ko-pla/, *cable* /ka-ble/, *chiflar* /ĉi-flar/, *aclara* /a-kla-ra/, *siglo* /si-glo/.

Si entre las dos vocales se interponen tres o más consonantes, es corriente que las dos últimas formen uno de los grupos que acabamos de mencionar. En tal caso, este grupo se une a la vocal que sigue, y el resto de las consonantes se une a la anterior: *comprende* /kom-pren-de/, *congreso* /kon-gre-so/, *disfraz* /dis-fraθ/, *construye* /kons-tru-

-ye/. Si no existe uno de los grupos citados, solo la última consonante se une con la vocal que sigue: *perspicaz* /pers-pi-kaθ/ *transporte* /trans-por-te/, *constipado* /kons-ti-pa-do/.

5.1.3. *Ortografía de la sílaba*

La constitución de las sílabas, la agrupación en sílabas de los fonemas de cada palabra, es un conocimiento necesario para la escritura correcta. Cuando, al final de una línea escrita, se hace preciso partir una palabra que no cabe entera, no basta poner un guión (-) después de cortar la palabra por cualquier sitio, y pasar a la línea siguiente; la partición tiene que hacerse precisamente de manera que no quede rota una sílaba. No *ac-lara*, sino *acla-ra;* no *tran-sporte*, sino *trans-porte;* no *cong-reso*, sino *con-greso.* A esta condición se añaden otras dos: no debe partirse una palabra dejando una letra sola al final o al principio de línea, ni se deben separar dos vocales que vayan seguidas dentro de la palabra. Así, hay que evitar dividir *a-mor, poderí-o, hero-ína* [1].

---

[1] Una norma académica hace excepción a estos sencillísimos principios en los casos de palabras formadas por prefijación (por ejemplo, *coacción, desamparo)* o por composición («de palabras [componentes] que por sí solas tienen uso en la lengua», como *nosotros = nos + otros);* en estos casos, dice la Academia, es «potestativo» dividir la palabra separando sus componentes: *co-acción, des-amparo, nos-otros, vos-otros,* al lado de *coac-ción, de-samparo, no-sotros, vo-sotros.* Los impresores, que a menudo toman esta «potestad» como ley, a veces la llevan aún más lejos, aplicándola a casos como *arz-obispo* (donde *arz* no es ya prefijo, ni tampoco una palabra que por sí sola tenga uso en la lengua). Estas excepciones —basadas en el origen de la palabra, factor que nada importa en el momento de usar esta— deben desaparecer de nuestra ortografía, donde no hace falta acumular complicaciones inútiles.

5.2. El diptongo y el triptongo

5.2.1. *La sílaba con una vocal*

Hemos dicho antes que donde hay una vocal puede haber una sílaba. Esto significa que es condición necesaria para que exista sílaba la presencia de una vocal, pero no que la presencia de una vocal suponga siempre la existencia de una sílaba.

Una sílaba, como hemos visto, es una perceptibilidad máxima entre dos descensos de perceptibilidad. Al ser las vocales los sonidos más perceptibles, son ellas las llamadas a ocupar el centro de las sílabas, e incluso se bastan ellas para constituir sílabas. En una palabra como *aéreo* /a-é--re-o/, de sus cuatro sílabas, tres están hechas de una simple vocal. Pero ¿cómo se marca entonces la frontera entre una sílaba y otra, al no haber consonantes separadoras? La frontera está señalada ahora también por un descenso de perceptibilidad, pero no producido por la interposición de un sonido menos perceptible (una consonante), sino por un descenso en el esfuerzo espiratorio, esfuerzo que se renueva al iniciar la articulación de la vocal siguiente. Esto ocurre, en el ejemplo citado, entre /a/ y /e/, y entre /re/ y /o/: la espiración, por un instante, se hace menos intensa en el paso de una a otra vocal.

5.2.2. *La sílaba con dos vocales: diptongos*

No siempre que se suceden dos vocales, sin embargo, se producen dos sílabas. Porque a veces el núcleo de una sílaba, en vez de ser un simple fonema vocal, es la suma de dos fonemas. Estos dos fonemas que forman el núcleo de una sílaba, como si fuesen uno solo, se llaman *diptongo.* En *aire* /ái-re/, *bueno* /bué-no/, *veinte* /béin-te/, *tiene* /tié--ne/, encontramos ejemplos de diptongos. Las dos vocales que constituyen cada uno de ellos se articulan seguidas, en un solo impulso, como si se pronunciasen en el tiempo de una sola. Esto no ocurre en la /a/ y /e/ de *aéreo,* que hemos visto antes.

En un diptongo, como se ve en los ejemplos, una de las vocales asociadas es abierta y larga; la otra, cerrada y breve. Si se asocian dos vocales cerradas —como en *muy* /muí/, *ciudad* /θiu-dád/—, una de ellas, la primera, se cierra y se acorta más —en *muy,* /u/; en *ciudad,* /i/—. Si, en la pronunciación rápida, se convierten forzadamente en diptongo dos vocales abiertas (que en pronunciación esmerada son sílabas distintas), como ocurriría en *Bilbao* /bil-báo/, una de ellas se hace más cerrada y breve de lo normal —en este caso la /o/, que suena casi como [u]—. En los diptongos, pues, siempre una de las vocales componentes está mermada en su calidad de sonido vocal. Por eso se llama *semivocal* (cuando sigue a la vocal principal, como la [i] de *aire)* o *semiconsonante* (cuando la precede, como la [u] de *bueno).*

5.2.3. *Triptongos*

Puede ocurrir que el núcleo de la sílaba esté formado, no ya por dos, sino por tres vocales: *buey* /buéi/, *averiguáis* /a-be-ri-guáis/, *cambiáis* /kam-biáis/. Este núcleo, llamado *triptongo,* no puede tener en el centro una vocal más cerrada que las de los extremos, pues en tal caso se produciría una disminución de perceptibilidad que, como ya sabemos, marcaría una separación de sílaba.

5.2.4. *Grupos que no forman diptongo ni triptongo*

Hemos visto que la sucesión de dos vocales puede dar lugar a sílabas separadas, como en *aéreo* /a-é-re-o/, o a una sola sílaba (diptongo), como en *aire* /ái-re/. Pero, así como hemos visto que para que se forme diptongo no es nece-

sario que una de las dos vocales sea propiamente cerrada
—recuérdese el caso de *Bilbao* /bil-báo/—, de igual modo
debemos notar que, aunque una de las dos vocales sea
cerrada, no por eso se forma en cualquier caso un diptongo. Obsérvese la separación silábica que se produce en las
secuencias de vocal abierta y vocal cerrada o de dos cerradas en las siguientes palabras: *huir* /u-ír/, *jesuita* /xe-su-í-
-ta/, *diana* /di-á-na/, *rieron* /r̄i-é-ron/, *bienio* /bi-é-nio/, *leímos* /le-í-mos/, *sabía* /sa-bí-a/, *heroísmo* /e-ro-ís-mo/.

Una advertencia parecida debe hacerse con respecto a
la sucesión de tres vocales: *decíais* /de-θí-ais/ no tiene
triptongo, a pesar de ir seguidas una vocal cerrada, una
abierta y otra cerrada. En este caso, como en los tres
últimos del párrafo anterior, la mayor intensidad con que
es emitida la vocal cerrada [i] le da tanta perceptibilidad
frente a la vocal abierta acompañante que la convierte en
núcleo de una sílaba independiente.

5.2.5. *Sinalefas*

Los diptongos y triptongos no solo se producen dentro
de una palabra. Al hablar, todas nuestras palabras van
soldadas unas a otras, y solo las separamos cuando hacemos pausa, cosa que frecuentemente no ocurre hasta las
ocho o nueve sílabas. Por eso, cuando decimos, por ejemplo, *Pedro y su hermano están en casa,* las palabras *Pedro*
e *y, su* y *hermano, hermano* y *están* las pronunciamos
unidas, de modo que resultan agrupados en una misma
sílaba fonemas de palabras distintas: /pé-DROI/, /SUER-má-
-no/, /er-má-NOES-tán/. A veces el fenómeno se da entre
tres palabras: *viene a Italia* /bié-NEAI-tá-lia/. Esta asociación en diptongo o triptongo, es decir, formando un solo
núcleo silábico, de vocales sucesivas pertenecientes a palabras distintas, se llama *sinalefa*.

5.3. Intensidad, acento y tilde

5.3.1. *Intensidad*

A propósito de *leímos, decíais,* etc., hemos hablado de ciertas vocales emitidas con «mayor intensidad». En el capítulo anterior (§ 4.1.4) ya dijimos que *intensidad* era la fuerza con que se emitía la voz. Podemos hablar, así, de la intensidad, mucha o poca, de la voz de una persona, para referirnos al volumen de esa voz (lo que con frecuencia llamamos impropiamente «tono» alto o bajo: «Hábleme en un tono más alto, porque soy un poco sordo»). Podemos hablar también de la intensidad con que alguien pronuncia una determinada palabra porque ha querido darle un relieve especial o porque le domina una emoción. En estos casos la intensidad es algo variable que depende de cada persona y de cada momento de la persona.

5.3.2. *Acento*

Pero hay otra intensidad que está por encima de nuestra voluntad o de nuestras circunstancias personales, impuesta por la lengua con una fijeza que nosotros no podemos alterar. Es la *intensidad mayor* que tienen determinadas sílabas con relación a las restantes de la frase. Esta intensidad relativa de las sílabas se llama *acento,* y tiene trascendencia en la significación, de tal modo que una alteración en la intensidad relativa de las sílabas de una palabra supone una alteración en su significado: observemos la diferencia que hay entre *cántara, cantara* y *cantará,* semejante a la alteración que se produce cuando en una palabra sustituimos un fonema por otro *(tiño, riño, guiño,* en lugar de *niño,* por ejemplo). Otras veces el cambio de acento no lleva cambio de significado, pero sí un deterioro de la forma normal, como cuando se dice *méndigo* por *mendigo,* caso comparable al error de fonema que se comete diciendo, por ejemplo, *muñuelo* por *buñuelo* [2].

5.3.3. *Sílabas tónicas y átonas*

Según la intensidad, pues, todas las sílabas de una frase se dividen en sílabas con *acento* (o *acentuadas,* o *tónicas)* y sílabas *sin acento* (o *inacentuadas,* o *átonas).* En esta frase: *Comprendía que su hija no tuviese fuerzas para estar allí* /kom-pren-dí-a-ke-su-í-xa-nó-tu-bié-se-fuér-θas-pa-raes-tá-ra-lí/, hay siete sílabas tónicas (las que en la transcripción llevan sobre su vocal una raya oblicua) y doce átonas.

5.3.4. *Palabras sin acento*

En el ejemplo se ve que no todas las palabras tienen necesariamente una sílaba tónica: las palabras *que, su* y *para* no llevan ningún acento. No son muchas en nuestro idioma las palabras sin acento, pero sí muy importantes y muy utilizadas. Entre ellas figuran, por ejemplo, los artículos *el, la, lo, los, las;* los adjetivos posesivos *mi, tu, su,* etcétera; los pronombres personales *me, te, se, le, lo, la, nos, os, les, los, las;* los relativos *que, quien, cuanto, cuyo;* los adverbios y conjunciones *donde, cuando, como, que, pues, si, aunque,* etc., y casi todas las preposiciones.

---

[2] El acento no es un fonema, sino un rasgo que se asocia ocasionalmente a determinados fonemas. Así como un *fonema* es una unidad que se caracteriza por su oposición a otros fonemas, el *acento* (o mayor intensidad) es un rasgo que solo se opone al *no acento* (o menor intensidad). El acento pertenece a un tipo fonológico diferente del de los fonemas: el de los *prosodemas.*

5.3.5. *Grupo tónico*

Las palabras sin acento se agrupan normalmente con la palabra acentuada que las sigue; así, en la frase citada, *que su hija* se enuncia como si fuese un solo vocablo con un acento: /kesuíxa/; igualmente *para estar,* /paraestár/. A veces, sin embargo, se agrupan con la palabra acentuada anterior, pero en este caso no solo se enuncian con una sola palabra, sino que también se escriben como una sola palabra: *véndemelo = vende + me + lo.* El conjunto de sílabas formado por una sílaba tónica y las sílabas átonas unidas a ella se llama *grupo tónico.* En el ejemplo de antes se forman estos grupos tónicos: *Comprendía ‖ que su hija ‖ no ‖ tuviese ‖ fuerzas ‖ para estar ‖ allí.*

5.3.6. *Palabras con dos acentos y con uno*

Así como hay palabras sin acento, hay también palabras con dos acentos, como los adverbios formados por la suma de un adjetivo + *mente: generalmente* /xenerál-mén-te/, *suavemente* /suábe-ménte/, *absolutamente* /absolúta--ménte/. Pero, aunque las palabras sin acento y las de dos acentos aparecen con frecuencia en nuestro hablar, porque se repiten mucho, la gran mayoría de las palabras del idioma tienen una sílaba acentuada. Aquellas que llevan acentuada su última sílaba (incluyendo aquellas que, siendo tónicas, no tienen más que una sílaba, la cual, naturalmente, es la última de la palabra) se llaman *agudas* (u *oxítonas);* por ejemplo, *pared, mirar, resplandor, paz.* Son palabras *llanas* (o *paroxítonas)* aquellas en que es acentuada la sílaba penúltima, como *amigo, saluda, dulce, elefante.* Son *esdrújulas* (o *proparoxítonas)* aquellas en que el acento está en la sílaba antepenúltima; como *pálido, húmedo, tráfico, antipático.* No existen en nuestro idioma palabras cuyo acento se encuentre antes de la antepenúltima sílaba; cuando alguna vez aparece un término en que esto ocurre, se trata en realidad de una formación ocasional, resultante de la adherencia de dos pronombres inacentuados al verbo que los precede; es el caso de *véndemelo (vende + me + lo),* citado en el párrafo anterior. Estos conglomerados reciben el nombre de palabras *sobresdrújulas.*

5.3.7. *La tilde*

Como una de las condiciones de la buena pronunciación es la colocación de los acentos o intensidades en las sílabas adecuadas, no es de extrañar que se haya inventado un procedimiento para representar en la lengua escrita el acento o intensidad, que completa, junto con los fonemas, el cuerpo o elemento sensible de las palabras. La representación gráfica del acento es una raya oblicua (´) escrita sobre la vocal tónica, y se suele llamar también *acento;* como este nombre puede dar lugar a confusión, se le dan otras denominaciones menos equívocas: *acento ortográfico* y *tilde.*

5.3.8. *Uso de la tilde*

Parecería natural que todas las sílabas tónicas llevaran tilde, puesto que hemos dicho que esta es la expresión gráfica del acento; sin embargo, por no complicar excesivamente la escritura, se ha limitado el empleo de la tilde con arreglo a unas normas muy sencillas.

1.ª   Las palabras de una sílaba no llevan tilde. Ejemplos: *pan, pez, mil, son, fe, pie.* Se exceptúan de esta regla algunas palabras que deben llevar tilde para evitar su confusión con otras, iguales a ellas, pero átonas *(tilde diacrítica;* v. cuadro de la página 110).

2.ª   Las palabras *agudas* solo llevan tilde en el caso de terminar en letra vocal, en *n* o en *s.* Ejemplos: sin tilde, *papel, capaz, nacer, pared, avestruz, estoy;* con tilde: *salió, rubí, papá, grisú, capitán, ciempiés.*

3.ª Las palabras *llanas* solo llevan tilde en el caso de terminar en letra consonante que no sea *n* o *s*. Ejemplos: sin tilde, *nota, piso, tribu, muebles, cantaron;* con tilde, *lápiz, mármol, césped, carácter.*

4.ª Las palabras *esdrújulas* y las *sobresdrújulas* se escriben siempre con tilde. Ejemplos: *bárbaro, rápido, miércoles, pérdida, entrégueselo.*

5.3.9. *Casos especiales*

Puede ocurrir que en la palabra que debe llevar tilde el núcleo de la sílaba tónica sea un diptongo. En este caso la tilde se escribe sobre la vocal más abierta del grupo (ya sabemos que, cuando las dos vocales son cerradas, la más abierta es la segunda): *salió, miércoles, casuística.*

Si en la palabra hay dos vocales juntas —abierta y cerrada— que no forman diptongo, y la cerrada es tónica, sobre esota tiene que ponerse tilde, se cumplan o no las condiciones exigidas por las reglas generales. Ejemplos: *poderío, tenía, oír.* Se exceptúa, sin embargo, el grupo /ui/, en el cual no se escribe tilde: *jesuita, constituido, huir* (pero sí se escribe, naturalmente, cuando la /i/ es tónica en sílaba antepenúltima: *jesuítico, construírselo).*

Otro caso especial, al margen de las normas generales, es el de las voces que terminan en consonante + *n* o *s*. Si son agudas, no llevan tilde: *Milans, Isern;* si son llanas, sí la llevan: *bíceps, fórceps.*

En las palabras compuestas escritas sin guión intermedio, el primer componente no lleva tilde: *asimismo, decimoséptimo.* Pero si la palabra es un adverbio en -*mente,* su primer elemento tiene que llevar tilde si, usado solo, la lleva: *fácilmente, íntimamente* (como *fácil* e *íntima,* adjetivos). En cuanto a los verbos que llevan un pronombre

Palabras que se escriben con o sin tilde, según los casos

1. *mí*, pronombre personal: *Esta llamada es para* MÍ.
   mi, adjetivo posesivo: *Están esperando* MI *llamada;* nombre de una nota musical: *Concierto en* MI *menor.*

2. *tú*, pronombre personal: *No quiero que vayas* TÚ *solo.*
   tu, adjetivo posesivo: *Quiero que vayas a* TU *casa.*

3. *él*, pronombre personal: ÉL *es muy trabajador.*
   el, artículo: EL *trabajador es muy pobre.*

4. *sí*, pronombre personal: *Volvió en* SÍ; adverbio de afirmación: *—¿Volvió? —*SÍ.
   si, conjunción: *Dime* SI *volvió;* nombre de una nota musical: *Sinfonía en* SI *menor.*

5. *sé*, del verbo *ser:* SÉ *bueno;* del verbo *saber:* SÉ *que no es bueno.*
   se, pronombre personal: SE *cansó de ser bueno.*

6. *té*, nombre: *Una taza de* TÉ.
   te, pronombre personal: *¿*TE *sirvo una taza?*

7. *dé*, del verbo *dar: Quiero que me* DÉ *alguna noticia.*
   de, preposición: *Quiero noticias* DE *ella.*

8. *más*, adverbio, adjetivo o pronombre de cantidad: *Se ha vendido* MÁS *rápidamente que el año pasado; Se han vendido* MÁS *telas que el año pasado.*
   mas, conjunción («pero»): *Se ha vendido mucho,* MAS *no lo suficiente.*

9. *aún*, adverbio («todavía»): AÚN *no lo saben los niños.*
   aun, adverbio («incluso»): AUN *los niños lo saben.*

10. *qué*, pronombre, adjetivo o adverbio interrogativo y exclamativo: *¿*QUÉ *dices?; ¡*QUÉ *cosas dices!; No sé* QUÉ *dices; ¡*QUÉ *mal lo dices!*
    que, pronombre relativo o conjunción: *No oigo las cosas* QUE *dices; Oigo* QUE *dices muchas cosas; ¿Sabes lo* QUE *dices?*

11. *quién, quiénes,* pronombre interrogativo y exclamativo: *Pregunta* QUIÉN *es;* ¡QUIÉN *lo iba a pensar!* Como equivalente de *uno(s)... otro(s)...:* QUIÉNES *decían una cosa,* QUIÉNES *la contraria.* Como equivalente de *nadie: No soy* QUIÉN *para decidir.*

  quien, quienes, pronombre relativo: *Pregunta a* QUIEN *sepa más que tú.*

12. *cuál, cuáles,* pronombre o adjetivo interrogativo y exclamativo: ¿CUÁL *libro?;* ¿CUÁL *es el libro?;* ¡CUÁL *no sería su sorpresa!*

  cual, pronombre relativo (pl. *cuales)* o adverbio: *Es el libro del* CUAL *nos hablaron; Lo hice tal* CUAL *me dijeron.*

13. *cuánto,* pronombre, adjetivo (pl. *cuántos)* o adverbio interrogativo y exclamativo: *Nadie sabe* CUÁNTO *dinero tenía; Nadie sabe* CUÁNTO *tenía;* ¡CUÁNTO *me fastidia!*

  cuanto, pronombre, adjetivo (pl. *cuantos)* o adverbio relativo: *Le dio* CUANTO *dinero tenía; Le dio* CUANTO *tenía;* CUANTO *más me sonríe, más me fastidia.*

14. *dónde,* adverbio interrogativo: ¿DÓNDE *lo pusiste?; No sé* DÓNDE *vive.*

  donde, adverbio relativo (o conjunción): *Esta es la casa* DONDE *vive.*

15. *cuándo,* adverbio interrogativo: ¿CUÁNDO *vuelves?; Dime* CUÁNDO *vuelves.*

  cuando, adverbio relativo (o conjunción): CUANDO *vuelvas, hablaremos.*

16. *cómo,* adverbio interrogativo y exclamativo: ¿CÓMO *ha dicho?; Mira* CÓMO *hay que hacerlo;* ¡CÓMO!, *¿no lo sabes?*

  como, adverbio relativo (o conjunción): COMO *ha dicho que nos vayamos, nos iremos; Lo hago* COMO *hay que hacerlo.*

Palabras en que es potestativo el uso de la tilde diacrítica

1. *Solo* se escribe siempre sin tilde cuando es adjetivo («sin compañía» o «único»): *Trabaja* SOLO *en casa; No tiene un* SOLO *amigo.*

    Como adverbio («únicamente»), puede escribirse sin tilde: SOLO *tiene un amigo.* Sin embargo, está muy arraigada la costumbre de escribirlo con tilde (que hasta 1959 era obligatoria): SÓLO *tiene un amigo.* Actualmente, la Academia no señala este uso como necesario sino en los casos en que el adverbio pudiera confundirse con el adjetivo: *Trabajo* SÓLO *en casa.*

    La propia Academia, en sus *Diccionarios* y en el *Esbozo de una nueva gramática,* escribe el adverbio *solo* sin tilde.

2. *Este, ese, aquel,* demostrativos (y sus femeninos y plurales), según una regla tradicional debían escribirse con tilde cuando son pronombres, para diferenciarse de los adjetivos. Pronombres: ÉSTAS *son nuevas, y* AQUÉLLAS, *viejas.* Adjetivos: ESTAS *autopistas son nuevas, y* AQUELLAS *carreteras, viejas.* Pero, desde las normas académicas de 1959, la obligación de la tilde ya no existe para los pronombres demostrativos. Solo se exceptúa el caso en que el signo sea necesario para evitar una ambigüedad.

    Por tradición, sin embargo, sigue siendo muy general en España la costumbre de acentuar los pronombres demostrativos. En todo caso debe tenerse en cuenta: *a)* que no lleva nunca tilde el demostrativo al que sigue, sin coma interpuesta, un pronombre relativo: ESTOS *que vienen nos lo dirán;* AQUELLOS *que lo sepan, contesten; b)* que los pronombres neutros, *esto, eso, aquello,* nunca llevan tilde.

    Conviene saber que la Academia, en sus *Diccionarios* y en el *Esbozo de una nueva gramática,* escribe todos los demostrativos sin tilde, tanto si son adjetivos como si son pronombres.

3. La conjunción *o* debe llevar tilde cuando, escrita entre cifras, puede ser confundida con un cero: *3 ó 4.* De hecho, este riesgo no suele presentarse, como no sea en la escritura a mano.

personal agregado al final, conservan también su tilde si, solos, la llevaban: *despegóse, miróle.* Si con el pronombre o pronombres agregados se forma una palabra esdrújula, se aplica la regla de las palabras esdrújulas: *dámelo, quítate.*

En las voces extranjeras se respeta la grafía original. Solo llevan tilde con arreglo a las normas de nuestro idioma las voces latinas *(ídem, accésit, memorándum, álbum),* sobre todo cuando no van formando parte de toda una locución en latín, y en general todas las palabras extranjeras que de un modo u otro ya están incorporadas a nuestra lengua o adaptadas a nuestra pronunciación: *charlestón, Borbón, París, Berlín.*

5.4. El grupo fónico y la frase

5.4.1. *La «frase»*

Sabemos que las sílabas, como los fonemas, no existen aisladamente. Se agrupan formando *palabras,* que son las unidades más pequeñas de significación que es capaz de observar el hablante normal. A su vez, estas unidades de significación no suelen presentarse solas en el habla, sino que se encadenan unas con otras formando unidades superiores, que ya no llamaremos de significación, sino de comunicación, las cuales se denominan vulgarmente *frases.* Mientras las palabras «representan» los objetos y los sucesos, las frases «dicen» los sucesos en relación con los objetos: lo que les sucede a los objetos o lo que los objetos hacen que suceda.

5.4.2. *La pausa y el grupo fónico*

Como las frases son las unidades de comunicación, y la comunicación es precisamente la esencia del lenguaje, son ellas —y no las palabras, que son partes de ellas— lo que nuestra mente percibe a través de los oídos. Cada frase, es decir, cada enunciación, se separa de la siguiente por medio de una *pausa*. Esta pausa es aprovechada por el hablante para reponer el aliento. Sin embargo, con frecuencia ocurre que la frase es más larga de lo que permite la respiración, y entonces se hacen necesarias una o varias pausas intermedias menores, que se sitúan en los intersticios entre los elementos componentes de la frase, de modo que no quede partido ninguno de estos. A veces es preciso, por pedirlo el sentido o el énfasis, marcar esa misma separación entre elemento y elemento, sin que lo exija el ritmo respiratorio. En todo caso, el conjunto de sílabas comprendido entre dos de estas pausas menores, o entre una menor y una mayor, recibe el nombre de *grupo fónico*.

Suele decirse que el grupo fónico en nuestro idioma tiende a una extensión de ocho sílabas. En realidad es sumamente variable: en un mismo texto es fácil que alternen grupos de cuatro, de diez y de dieciséis sílabas, por ejemplo. Todo depende del ritmo lento o rápido del hablante, de la intensidad de su voz en cada circunstancia, del relieve que quiera dar a cada frase o a un determinado elemento de ella y, en fin, del sentido en sí y de la construcción de la propia frase.

No siempre es fácil distinguir entre las pausas intermedias que obedecen a pura necesidad respiratoria, las que obedecen a una intención particular del hablante y las que obedecen a una exigencia del sentido y la construcción de la frase. Solo estas últimas son las que ocupan un lugar determinado.

En el texto que sigue, por ejemplo, las pausas podrían ir distribuidas de esta forma (representamos con [|||] la pausa mayor y con [||] la pausa menor):

Una mañana || vino el cartero a mediodía || y trajo una tarjeta de brillo || con la fotografía de una reina de piedra ||

que iba en su carro ‖ tirado por dos leones. ‖‖ Paca, ‖ que cogió el correo como todos los días, ‖ le dio la vuelta ‖ y vio que era de Cecilia ‖ para las niñas del segundo. ‖‖

(CARMEN MARTÍN GAITE.)

En una lectura más reposada («pausada», solemos decir) se interpolarían nuevas pausas; por ejemplo, después de *el cartero,* de *trajo,* de *fotografía,* de *el correo,* de *vio.* En cambio, una lectura más rápida suprimiría las pausas que hay después de *mañana, carro* y *Cecilia.* Pero hay pausas que el sentido no permite quitar, como las que siguen a *Paca* y *días;* y otras que no permite añadir, por ejemplo, entre *una* y *mañana,* entre *con* y *la* o entre *que* y *cogió.*

5.5. La puntuación

5.5.1. *El punto. Los puntos suspensivos*

En la escritura, las pausas mayores quedan bien indicadas por medio del *punto* y a veces por medio del *punto y coma* o los *dos puntos* (v. más abajo, §§ 5.5.3 y 5.5.4). Por el contrario, en las pausas menores, la presencia de factores variables hace que sea inexacto e impreciso el uso de notaciones que las señalen. Para las pausas accidentales de tipo emocional, que cortan la frase y que son ajenas a la construcción de esta, tenemos los *puntos suspensivos:*

Yo me vine por cuenta del Gobierno constitucional a vigilar..., ya tú me entiendes; y me marchaba, cuando... ¡Qué desgraciado soy!

(BENITO PÉREZ GALDÓS.)

5.5.2. *La coma*

Las pausas menores dependientes de la construcción y el sentido de la frase se indican por medio de la *coma*. Así pues, la coma se usa, entre otros casos:

a)   Para separar los distintos elementos de una enumeración, salvo los dos últimos cuando entre ellos se encuentra una conjunción *y (e), ni, o (u): Ella, tú y yo; Sus amigos, sus vecinos o sus hermanos.* Si la conjunción está repetida a lo largo de toda la enumeración, se pone normalmente coma delante de ella (v., no obstante, § 10.1.3): *Sus amigos, o sus vecinos, o sus hermanos; Ni sus amigos, ni sus vecinos, ni sus hermanos.*

b)   Para separar entre sí distintas frases sucesivas que forman parte de un conjunto, salvo las dos últimas cuando entre ellas se encuentra una de las conjunciones citadas y el sujeto es en ambas el mismo: *Todos entraron, algunos se quedaron en la sala, los demás pasaron al comedor; Todos entraron y se quedaron en el sala.* (Cuando el sujeto es distinto en dos frases enlazadas por *y* o *ni,* es necesario escribir coma: *Algunos se quedaron en la sala, y los demás pasaron al comedor.)*

c)   Para destacar el vocativo del resto de la frase: *Ven, hijo mío; Hijo mío, ven; Ven, hijo mío, cuando puedas.*

d)   Para denotar la omisión del verbo: *Tú, tranquilo* (= tú manténte tranquilo).

e)   Para separar, dentro de la frase, una aclaración incidental que corta momentáneamente el hilo de aquella: *Paca, que cogió el correo como todos los días, le dio la vuelta a la tarjeta.*

f)   Para separar una expresión larga de circunstancia, que se ha anticipado al comienzo de la frase: *Cuando llegaron al final del trayecto, ninguno se acordaba de nada.*

5.5.3. *El punto y coma*

Hemos dicho antes que la notación de la pausa mayor es el *punto,* y a veces el *punto y coma* o los *dos puntos.* La elección de uno u otro de estos signos no es arbitraria. Frente al primero, que es el que se usa en general, el *punto y coma* se utiliza:

a)   Siempre que la pausa mayor no denota fin de la frase, sino de un miembro extenso de ella, cuyo sentido se reanuda después de la pausa: *El descontento y las revueltas iban creciendo, y la autoridad del gobernador se hacía cada vez más débil; por lo que hubo que enviar refuerzos militares.*

b)   Cuando dos o más frases seguidas, en construcción independiente, están estrechamente conectadas entre sí en cuanto al sentido: *Son las siete; no creo que venga ya Felipe. Unos sabían demasiado; otros sabían demasiado poco.*

5.5.4. *Los dos puntos*

Los *dos puntos* se emplean hoy prácticamente solo en estos casos:

a)   Después de las palabras que llaman al destinatario (*Muy señor mío, Querido amigo,* etc.), con las cuales se empieza una carta u otro mensaje escrito.

b)   Después de las palabras que anuncian una enumeración e inmediatamente antes de esta: *Por dos razones me niego: primera, porque no puedo; segunda, porque no quiero.*

c)   Siguiendo, en un relato, a las palabras que significan en general «decir» e inmediatamente antes de las palabras que, a continuación de aquellas, se citan como textuales: *Volviéndose a sus compañeros, les preguntó: ¿Es que tenéis miedo?*

d) Precediendo a un ejemplo o prueba de lo que se acaba de afirmar. (En este libro se encuentran muchas muestras de este uso.)

5.6. Entonación

5.6.1. *Tono y entonación*

Decíamos en el capítulo anterior (§ 4.1.4) que una de las cualidades de la voz, como de cualquier sonido musical, es el *tono* o altura. El tono puede ser más grave o más agudo, según la voluntad del hablante, pero dentro de unos límites impuestos por sus cuerdas vocales: cada persona no puede pasar de un determinado tono agudo ni de un determinado tono grave. Cuando hablamos, nuestra voz recorre distintos tonos, pero siempre alrededor de una nota central que llamamos nuestro *tono medio*.

Cada una de las sílabas que decimos tiene su tono, y el conjunto de los tonos de las sílabas de un grupo fónico o de una frase se llama *entonación.* Pero no es el valor musical de cada una de las sílabas de la frase, transcrito en un pentagrama, lo que tiene importancia en la lengua, sino el *contraste* entre los tonos de unas y otras sílabas. Dicho de otro modo, la entonación de que se habla al tratar de la lengua es *relativa,* pues en ella cuenta menos el tono de cada sílaba por sí mismo que en relación con el de las sílabas restantes.

5.6.2. *Formas de entonación*

Ahora bien, al igual que decíamos al tratar de la intensidad, es preciso distinguir entre la entonación puramente circunstancial y personal, que es bastante libre y por tanto muy variada, y las formas de entonación que la lengua tiene establecidas con una significación precisa. En el primer caso, la entonación es un matiz expresivo; en el segundo, es un significante. En este último sentido, la entonación marca el principio y el final de una frase, así como la diferente actitud mental del hablante ante el contenido de esta. Tal actitud puede ser la de «conocimiento» o la de «busca de conocimiento»; es decir, la de *enunciar* o la de *interrogar*. Una tercera actitud, que veremos más adelante, es la de «deseo».

Supongamos una frase como *Iremos a la piscina el martes*. Aunque el contenido de la frase es bien claro, su sentido definitivo solo nos lo dará la entonación con que la emitamos:

1. *Iremos a la piscina el martes.*
2. *¿Iremos a la piscina el martes?*

5.6.3. *Entonación enunciativa*

En el caso 1 tenemos entonación *enunciativa:* se da por cierto un hecho. En el caso 2 la entonación es *interrogativa:* se desconoce el hecho, y se intenta conocerlo, solicitando del oyente información sobre él.

En la frase enunciativa el tono va subiendo desde el mismo comienzo hasta la primera sílaba tónica; después, se mantiene más o menos sostenido hasta la última sílaba tónica, en la que se inicia un descenso que llega hasta el final de la frase. La entonación se representa esquemáticamente por una línea llamada *curva de entonación,* que en este tipo de frase es así:

Iremos a la piscina el martes.

5.6.4. *Entonación interrogativa*

En la entonación interrogativa hay al comienzo un as-
censo, como en la enunciativa; pero a partir de la primera
sílaba tónica se inicia un amplio descenso que llega hasta
la última sílaba tónica, y desde ella hasta el final asciende
de nuevo. En esquema es así:

¿Iremos a la piscina el martes?

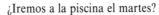

Sin embargo, cuando la frase interrogativa se inicia por
una palabra específicamente interrogativa —*¿quién?,
¿cuál?, ¿qué?, ¿cuánto?, ¿cómo?, ¿dónde?, ¿cuándo?*—, la entonación suele tener un final descendente:

¿A qué piscina?

De todos modos, la pregunta cortés mantiene, aunque
lleve palabra interrogativa, la entonación con final ascendente:

¿Cómo dices?

5.6.5. *Grupos melódicos*

Como la frase puede estar cortada por varias pausas menores, es decir, constituida por varios grupos fónicos, la curva de entonación no será continua en todos los casos, sino que estará dividida en curvas parciales (se llaman *grupos melódicos)* correspondientes a los distintos grupos fónicos. Cuando esto ocurre, la curva del último grupo melódico tiene la misma forma que hemos indicado para la entonación enunciativa o para la interrogativa, según sea enunciativa o interrogativa la frase.

5.6.6. *La expresión de deseo o de mandato*

Cuando la comunicación no es, como en los tipos de frases anteriores, de carácter informativo —para dar o para recibir información—, sino de carácter volitivo, es decir, para expresar un deseo o un mandato, la curva se ajusta en general a la forma enunciativa. Una frase como *Haz lo que te digo* tiene una entonación igual a la de *Es lo que te digo;* una frase como *¡Ojalá vengan mañana!* tiene una entonación semejante a la de *¡Espero que vengan mañana!*

5.7. Los signos de entonación

5.7.1. *Signo de interrogación*

La escritura dispone de un signo especial para denotar la entonación interrogativa, aunque es el mismo para la modalidad ascendente que para la descendente. El *signo de interrogación* tiene dos partes: la primera (¿) se escribe delante de la frase interrogativa; la segunda (?), detrás: *¿Estáis ahí?; ¿Qué hacéis?*

No siempre la interrogación abarca la frase desde su mismo inicio. En este caso, el signo de interrogación no debe abrirse antes de que comience la pregunta propiamente dicha: *Pero ¿estás loco?; Con tan poco dinero, ¿cómo nos arreglaremos?* (No debe escribirse así: *¿Pero estás loco?; ¿Con tan poco dinero, cómo nos arreglaremos?*)

La pregunta indirecta (v. § 9.2.5) se enuncia sin entonación interrogativa, y por tanto se escribe sin signo de interrogación: *Le pregunté cuánto le habían dado; Pregúntales cuándo te lo devolverán.*

5.7.2.   *Signo de exclamación*

Existe también un *signo de exclamación* (o de *admiración),* para denotar el mayor énfasis con que se pronuncia una frase que expresa cualquier tipo de emoción. Este énfasis se refleja en un contraste más acusado entre las distintas alturas de las sílabas, pero no supone alteración sustancial de la curva de entonación enunciativa. Como el de interrogación, el signo de exclamación tiene dos partes, que se escriben al comienzo (¡) y al final (!) de la frase: *¡Estás loco!; ¡Qué disparate!*

5.7.3.   *Paréntesis y rayas*

Algunas construcciones intercaladas incidentalmente dentro de una frase, interrumpiendo el fluir de esta, son pronunciadas bajando el tono a fin de evitar que se pierda el hilo general de lo que se está diciendo. La representación gráfica de ese descenso de tono son los *paréntesis* o las *rayas,* dentro de los cuales se encierra todo lo intercalado: *Felipe (pues este era el nombre del niño) no sabía leer; La calle de Antonio Maura —antes calle de la Lealtad— tiene una bella perspectiva.*

III. LAS FRASES Y LAS PALABRAS

6. LA ORACIÓN

6.1. La oración y sus elementos

6.1.1. *La oración*

Con la voz y las articulaciones componemos unas cadenas de sonidos que nos sirven para comunicarnos con los demás humanos. A esas cadenas las hemos llamado, en los capítulos anteriores, *frases.* Pero cada frase distinta no está formada por una combinación de fonemas totalmente distinta de otras. Cada cadena está constituida por una serie de eslabones que son todos recambiables, que se pueden desmontar y combinar de otra manera, entre sí o con otros eslabones, para formar una cadena nueva. Esos eslabones, que tienen en general una forma, un significado y una función determinados, son las *palabras.*

Frase es una denominación de la lengua corriente que se puede prestar a confusión; en gramática se prefiere el nombre de *oración* [1].

---

[1] El estudio de la constitución de la oración y del funcionamiento, dentro de ella, de sus elementos constitutivos se llama *sintaxis,* mientras que se da el nombre de *morfología* al estudio de la forma de estos elementos. Como en realidad la forma y la función están en constante

¿En qué consiste una oración? Es, como hemos dicho, una unidad de comunicación *mínima,* es la forma más pequeña de mensaje. Veamos algunos ejemplos de oración:

1. *El vigilante de la obra no nos dejó pasar.*
2. *No todos los insectos tienen alas.*
3. *El gobierno ha sido inflexible ante el fraude.*
4. *La ocurrencia de Juan nos hizo reír a todos.*

6.1.2.   *Punto de vista fonológico*

En primer lugar, desde el punto de vista de la fonología, cada oración está delimitada por una pausa que la precede y una pausa que la sigue, y, en consecuencia, va enunciada con una entonación independiente con respecto a lo que se dice antes y después de ella.

6.1.3.   *Punto de vista del contenido: tema y tesis*

Si atendemos a los contenidos de estas cuatro oraciones, vemos que, a pesar de ser completamente distintos unos de otros, tienen una organización común: en todos ellos existe un *tema* (un ser, animado o inanimado, sobre el que versa la oración) y una *tesis* (algo que se dice acerca de ese tema). Los temas respectivos son «el vigilante de la obra», «no todos los insectos», «el gobierno» y «la ocurrencia de Juan»; y las tesis son: «no nos dejó pasar», «tienen alas», «ha sido inflexible ante el fraude», «nos hizo reír a todos».

---

dependencia mutua, hoy se suelen estudiar ambas conjuntamente bajo el rótulo de *morfosintaxis.*

6.1.4. *Punto de vista de la estructura: núcleo verbo*

En cuanto a la estructura de las oraciones, podemos observar que en ellas las palabras se polarizan en torno a dos *núcleos.* Fijémonos en la palabra *dejó* (oración 1): esta palabra se caracteriza por la necesidad de cambiar de forma según la hagamos acompañar por *yo (yo dejé), tú (tú dejaste), él (él dejó), nosotros (nosotros dejamos), vosotros (vosotros dejasteis)* o *ellos (ellos dejaron).* Lo mismo ocurre con *tienen* (oración 2): la compañía de *yo, tú, él, nosotros, vosotros* o *ellos* determina en esta palabra cambios de forma *(tengo, tienes, tiene, tenemos, tenéis, tienen).* E igual hay que decir de *ha sido* (oración 3) y de *hizo* (oración 4), sometidos a cambio por el acompañamiento de uno u otro de esos seis términos. Las palabras que, como *dejó, tienen, ha sido* [2] e *hizo,* tienen condicionada su forma por la presencia alternativa de *yo, tú, él, nosotros, vosotros* o *ellos* pertenecen a la categoría de *verbos.* Uno de los dos núcleos de la oración es siempre una palabra perteneciente a esta categoría. Así pues, son núcleos en nuestros cuatro ejemplos los verbos *dejó, tiene, ha sido, hizo.*

6.1.5. *Núcleo sustantivo*

El otro núcleo de cada oración está en relación directa con este: es, dentro de la oración, aquella palabra en la que un determinado cambio de forma impone un determinado cambio de forma en el verbo. Por ejemplo, en la oración 1,

---

[2] Aunque *ha sido* no es, evidentemente, «una palabra», sino dos, su funcionamiento gramatical es el de una sola. Estas formas verbales constituidas por dos palabras se llaman «formas compuestas», a diferencia de las de una sola, llamadas «formas simples». Volveremos sobre las formas compuestas en § 12.1.5.

si sustituimos *vigilante* (forma que denota «un» vigilante)
por *vigilantes* (forma que denota «varios»), automáticamente el verbo *dejó* habrá de convertirse en *dejaron: Los*
VIGILANTES *de la obra no nos* DEJARON *pasar.* Si en la
oración 2 sustituimos *insectos* por *insecto,* el verbo se cam-
biará en *tiene: No todo* INSECTO TIENE *alas.* Y lo mismo
ocurrirá en las otras dos oraciones: *Los* GOBIERNOS HAN
SIDO *inflexibles ante el fraude; Las* OCURRENCIAS *de Juan
nos* HICIERON *reír a todos.* Estas palabras que, dentro de
la oración, imponen al verbo una determinada forma según aparezcan ellas en la forma que corresponde a «uno»
(singular) o a «varios» *(plural),* pertenecen a la categoría
de *sustantivos.* Así como uno de los núcleos es siempre un
verbo, el otro núcleo es siempre un sustantivo.

6.1.6.   *Concordancia*

Notemos que, juntamente con el verbo, algunas palabras de la oración cambian su forma como consecuencia
del cambio de forma del núcleo sustantivo: EL *(vigilante,
gobierno)* se convierte en LOS *(vigilantes, gobiernos),* TO-
DOS *(los insectos)* se convierte en TODO *(insecto),* INFLEXI-
BLE *(gobierno)* se convierte en INFLEXIBLES *(gobiernos),*
LA *(ocurrencia)* se convierte en LAS *(ocurrencias).* Esta
acomodación formal de unas palabras a otras, llamada
concordancia, es manifestación —entre otras— de la fuerza
de cohesión que une las palabras dentro de la oración y
que constituye uno de los caracteres de esta.

6.1.7.   *Sujeto y predicado*

A pesar de que cada una de las palabras se relaciona de
alguna manera con todas las demás que constituyen la
oración, de tal modo que esta es una verdadera red de

relaciones, todas las palabras se adhieren primariamente
—bien de manera inmediata, bien por medio de ciertos
elementos de conexión, según veremos en los capítulos
que siguen— a uno de los dos núcleos que hemos señalado.
Las palabras que se agrupan alrededor del núcleo sustantivo constituyen con él el *sujeto;* las que se agrupan alrededor del núcleo verbo forman con él el *predicado.* Según
esto, nuestros ejemplos se analizarán así (destacamos en
VERSALITA el núcleo del sujeto y el del predicado):

Sujeto	Predicado
El VIGILANTE *de la obra*	*no nos* DEJÓ *pasar.*
No todos los INSECTOS	TIENEN *alas.*
El GOBIERNO	HA SIDO *inflexible ante el fraude.*
La OCURRENCIA *de Juan*	*nos* HIZO *reír a todos.*

6.1.8. *Relación entre contenido y estructura*

Podemos observar que en los cuatro ejemplos el *sujeto,*
en la «hechura» de la oración, corresponde a lo que en el
«contenido» de la oración es el *tema,* y que el *predicado*
corresponde a la *tesis* (véase más arriba, § 6.1.3). Existe
con frecuencia, en efecto, un ajuste entre la estructura
externa sujeto-predicado y la estructura interna tema-tesis.
Pero esto no ocurre siempre. En frases de tipo tan corriente como *Los programas de televisión yo los encuentro abo-
minables* o *Este libro no se lo preste usted a nadie,* el
análisis según un criterio de contenido (de quién se dice,
qué se dice) sería así:

Tema	Tesis
Los programas de televisión	*yo los encuentro abominables.*
Este libro	*no se lo preste usted a nadie.*

En cambio, el análisis según un criterio de forma (concordancia de núcleos) sería:

Sujeto	Predicado
Yo	*los programas de televisión los encuentro abominables.*
Usted	*este libro no se lo preste a nadie.*

Como el objeto de la gramática es la forma, portadora de sentido, y no el puro sentido, un análisis que parta exclusivamente de este no será gramatical, aunque algunas veces coincida con el gramatical.

6.1.9.   *Sujeto implícito*

No siempre el sujeto está constituido por una palabra o grupo de palabras. Cuando decimos *Llegaremos mañana a las siete,* el sujeto de la oración está expresado dentro de la misma forma del verbo, por medio de la terminación *-mos* (que significa «nosotros»), llamada *indicador de persona.* Cuando decimos *Han vuelto a subir el pan,* el sujeto está en el indicador de persona *-n* (que significa «ellos» o «ellas»: los fabricantes, las panaderías, etc.). El indicador de persona consiste a veces en la ausencia de terminación: en la oración *Tiene mucho trabajo,* el indicador de persona es cero (que quiere decir «él» o «ella», una persona mencionada antes en la conversación). El sujeto no constituido por palabras, sino por un indicador de persona, se llama *sujeto implícito* (es decir, «incluido» en la forma verbal).

6.1.10.   *Oraciones unimembres. Oraciones impersonales*

Hay un tipo especial de oraciones que no tienen la estructura normal sujeto-predicado. Se llaman *unimembres,* frente a las demás, que son *bimembres.* He aquí algunos ejemplos: *¡Ay!; ¡La policía!; Adelante; Está llovien-*

do. Naturalmente, en ellas es posible señalar un tema y una tesis; así, *¡Ay!* equivaldría a «yo siento dolor»; *¡La policía!,* a «aquí está la policía»; *Adelante,* a «puede usted pasar adelante»; *Está lloviendo,* a «la lluvia cae». Pero se trata de mensajes en que al sentido, para manifestarse, le basta con indicios mínimos, con los cuales no se construye una oración normal. Cuando la oración unimembre tiene verbo —como es el caso de *Está lloviendo*— recibe el nombre de *oración impersonal.*

6.2. Modalidades de la oración

6.2.1. *Oraciones enunciativas*

No es siempre la oración el puro informe de algo que sucede, ha sucedido o sucederá. Esto ocurre cuando se dice, por ejemplo, *Este hombre tiene dinero* (o *Este hombre no tiene dinero).* Pero el hablante puede ver su propio enunciado como una simple posibilidad o como un hecho dudoso: *Este hombre tendrá dinero* («supongo que tiene»); *Este hombre quizá tenga dinero.*

6.2.2. *Oraciones interrogativas*

Puede ocurrir que el hecho ni siquiera sea expuesto, sino planteado como algo que ignora el hablante y que desea conocer. Es una oración que pide una respuesta verbal: *¿Tiene dinero ese hombre?*

6.2.3. *Oraciones de mandato*

En otras oraciones se expresa el deseo del hablante de suscitar una acción en los demás. Como las anteriores, piden una respuesta, pero aquí no verbal, sino activa: *Tráigame la correspondencia.*

6.2.4. *Oraciones de deseo*

Y, por último, en otras oraciones se expresa también un deseo, pero sin el intento expreso de que alguien lo cumpla: *¡Ojalá pudiera dártelo!*

Todas estas modalidades de oración, reflejo de la actitud personal del hablante ante el hecho a que se refiere aquella, tienen particularidades en su forma, ya en la entonación (como hemos visto en el capítulo anterior), ya en la construcción (como veremos más adelante).

6.3. El ruido, el grito y la llamada

6.3.1. *Interjección imitativa*

Al margen de las oraciones, enquistadas en ellas con entonación independiente y sin formar parte de su engranaje —de tal manera que podrían borrarse sin que por ello se alterase en nada la estructura de aquellas—, aparecen a veces palabras o grupos de palabras que establecen un segundo hilo de comunicación, paralelo al de la oración, más directo que esta y reforzador de la misma. Representan con respecto a la oración un papel parecido al de las ilustraciones que acompañan a un texto escrito (sin olvidar que a veces el texto escrito es precisamente la explicación o aclaración del grabado). Cuando decimos: *De pronto,* ZAS, *se me cayó todo encima,* la palabra *zas,* que no pertenece al sujeto *(todo)* ni al predicado *(de pronto se me cayó encima),* es una representación «gráfica» —a través de una imitación del ruido— del mismo hecho que se está relatando en la oración. Esa palabra es una *interjección.*

6.3.2. *Interjección expresiva*

En otros casos, las interjecciones no tratan de dar una imagen de un hecho, sino de expresar una sensación o una emoción del que las pronuncia: ¡AH, *qué gusto!; AY, no sabes cuánto lo siento; No lo tomes tan a pecho,* POR DIOS; VAYA, *esto sí que no me lo esperaba.*

6.3.3. *Interjección apelativa*

Hay otro grupo de interjecciones que sirven, no para comunicar o expresar algo, como las anteriores, sino solo para iniciar la comunicación, para establecer el contacto con el oyente antes de emitir el mensaje: ¡CHIST!, *vengan ustedes por este lado;* ¡EH!, *acércate más.* Se trata, como vemos, de la pura conexión con el prójimo. Es normal que por medio de interjecciones se practique el mero acto social —sin otra comunicación— del saludo o la despedida: *Hola; Adiós; Buenos días; Hasta luego.*

(Veremos más detalles sobre las interjecciones en § 13.2.)

6.3.4. *El vocativo*

La función de abrir o mantener el contacto no solo puede estar desempeñada por una interjección; es más frecuente que se realice por medio de una palabra que designe a la persona con quien queremos comunicar: VO-SOTROS, *cuidado con abrir la boca; No insistas,* FELIPE; MI QUERIDO AMIGO: *Contesto a su carta del 25;* VALENCIA-NOS: *una vez más me dirijo a vosotros.* Esta palabra (o conjunto de palabras) con que nombramos a la persona a quien queremos, dirigirnos y que, como las interjecciones,

queda al margen de la oración y con entonación independiente de la de esta, se llama *vocativo*.

6.3.5. *Interjección y vocativo aislados*

Las interjecciones y —más raramente— los vocativos
pueden presentarse solos, sin adherirse a ninguna oración: *¡Ay!; ¡Ah!; ¡Dios mío!* En este caso son oraciones unimembres.

7. EL SUJETO

7.1. El sustantivo, núcleo del sujeto

7.1.1. *El núcleo del sujeto*

Como sabemos (v. §§ 6.1.4 y 6.1.6), el núcleo del sujeto es una palabra caracterizada por imponer su concordancia al núcleo del predicado. Si el núcleo del sujeto está en la forma singular, el del predicado tendrá que aparecer también en la forma singular. Si el primero está en plural, en plural irá también el segundo. La función de núcleo del sujeto está siempre desempeñada, según vimos, por una palabra que pertenece a la categoría de los *sustantivos*.

7.1.2. *Sustantivos por naturaleza y funcionales*

Podemos, pues, definir el sustantivo como una palabra capaz de funcionar como núcleo del sujeto en una oración. Hay que distinguir, no obstante, entre aquellas palabras que son sustantivos por naturaleza —nombres y pronombres— y aquellas que lo son funcionalmente; es decir, que están habilitadas (por el procedimiento de *traslación,* que veremos más adelante, § 7.6) para desempeñar funciones propias de los verdaderos sustantivos.

7.2. El sustantivo: nombre y pronombre

7.2.1. *El nombre*

Recordemos los ejemplos que considerábamos en el capítulo anterior: *El vigilante de la obra no nos dejó pasar; No todos los insectos tienen alas; El gobierno ha sido inflexible ante el fraude; La ocurrencia de Juan nos hizo reír a todos.* En todos ellos, el sustantivo núcleo del sujeto es un *nombre,* es decir, un tipo de sustantivo que, en cuanto a su significado, actúa como una etiqueta que se da a un ser para «clasificarlo» entre la masa de todos los seres.

7.2.2. *Nombre común y propio*

El nombre, sin embargo, no siempre «clasifica»; a veces «individualiza», esto es, tiene como finalidad señalar un determinado ser entre los demás de su clase. Esto ocurre con palabras como *Luis, Pérez, Himalaya, Saturno.*

La diferencia entre los nombres clasificadores, que se llaman *nombres comunes* (como los que vimos antes: *vigilante, insectos,* etc.), y los individualizadores, o *nombres propios (Luis, Himalaya,* etc.), está en que los primeros significan un conjunto de caracteres que no solo se atribuye al ser nombrado, sino que se puede atribuir a un grupo numeroso de seres semejantes a él. Yo llamo *lámpara,* por ejemplo, a esta lámpara mía porque se trata de un objeto en el que encuentro una serie de caracteres que he visto reunidos en otros objetos que se llamaban con ese nombre. En cambio, los segundos, los nombres propios, no significan nada: simplemente designan un determinado ser «porque sí», como podrían designar otro muy diferente. Podemos, por ejemplo, poner a una niña recién nacida el nombre *Diana,* que también lo es de una diosa mitológica, de un huracán, etc. (Trataremos más ampliamente sobre los nombres en § 11.1.)

7.2.3. *El pronombre*

Los nombres comunes y los propios coinciden en que están fijados a los seres designados por ellos, de tal modo que, normalmente, mientras esos seres sigan existiendo, conservarán siempre el mismo nombre. Pero también pueden ser designados los seres por medio de otras palabras que no están fijadas a ellos, sino que se les aplican temporalmente, pues no los «nombran» —como hacen los nombres—, sino que los «señalan», designándolos en razón de las circunstancias —lugar, situación en el diálogo, cantidad, indeterminación— en que esos seres se encuentran en el momento de ser mencionados. En la oración *Tú no sabes esto,* la palabra *tú* designa a mi amigo Antonio, con quien hablo en este momento; pero si a continuación me dirijo a Joaquín, le diré: *Y tú tampoco,* designándole con la misma palabra *tú* que hace un instante aplicaba a Antonio; y si, en el momento inmediato, me vuelvo a un tercer amigo, Fernando, le diré: *¿Qué opinas tú?,* dándole, para referirme a él, la misma palabra que antes ha servido para Joaquín y para Antonio. Y yo mismo, que he usado por tres veces esa palabra, seré designado también por ella cuando Fernando me responda: *Lo mismo que tú.* Vemos que *tú* es una denominación provisional cuyo contenido depende, en cada momento, de a quién dirige su mensaje el que habla.

Estos nombres ocasionales que no «nombran», sino que «señalan» a los seres, son los *pronombres.* En dos de las oraciones citadas últimamente —*Tú no sabes esto; ¿Qué opinas tú?*— hay otros pronombres: *esto, qué,* los cuales en otras circunstancias hubieran designado objetos completamente distintos de los que aquí se mencionan. (V. más detalles sobre los pronombres en § 11.2.)

7.2.4. *Pronombres personales*

Tienen una importancia especial entre los pronombres los llamados *personales*. Uno de ellos es *yo,* que la persona que habla utiliza para referirse a sí misma. Esa misma persona, para designar a la persona a quien está hablando, utiliza el pronombre *tú* (cuando hay entre ellas confianza o camaradería) o el pronombre *usted* (si se tratan a cierta «distancia»). Otros pronombres personales son *él, ella, ello, ellos* y *ellas,* que emplea la persona que habla para referirse a personas, animales o cosas ajenos al propio hablante y a su oyente. Cuando el *yo* que habla se asocia a otra u otras personas, dice *nosotros* (o *nosotras);* y si al oyente le asocia con otra u otras personas, dice *vosotros* (o *vosotras)* —si le llama *tú*— o *ustedes* —si le llama *usted*—. (Sobre los pronombres personales, v. también § 11.2.2.)

Pronombres personales en función de sujeto

1.ª persona
$\left\{\begin{array}{l}\end{array}\right.$
yo
nosotros, nosotras («yo + tú», «yo + usted», «yo + él», «yo + ella», «yo + ellos», «yo + tú + él», «yo + tú + ellos», etc.)

2.ª persona
$\left\{\begin{array}{l}\end{array}\right.$
tú o *usted*
vosotros, vosotras («tú + él», «tú + ella», «tú + ellos», etc.) o *ustedes* («usted + él», «usted + ella», «usted + ellos», etc.)

3.ª persona
$\left\{\begin{array}{l}\end{array}\right.$
él, ella, ello
ellos, ellas

7.2.5. *Funcionamiento sintáctico de nombre y pronombre*

Los nombres y pronombres, como hemos dicho, son subclases dentro de una misma clase de palabras, los *sustantivos,* caracterizada por su capacidad de funcionar como núcleo de sujeto. Ahora no hemos hecho más que una presentación de los dos tipos de sustantivos. A lo largo de este capítulo y de los siguientes (especialmente, 8 y 11) iremos viendo sus distintas maneras de actuar en la oración.

7.3. Los adjuntos: artículo y adjetivo

7.3.1. *El artículo*

Entre los sustantivos, el nombre común va habitualmente acompañado, cuando funciona como núcleo del sujeto, por un tipo de palabras cuya misión principal es trasladar a la realidad el concepto representado por el nombre. Estas palabras «actualizadoras» expresan la aplicación a un ser preciso (o a varios) del nombre que sirve para designar a cualquiera, indiferenciado, de los que pertenecen a esa especie. Vemos estos acompañantes del nombre, cuya posición es siempre delante de él y que se llaman *artículos,* en los ejemplos: EL *vigilante de la obra no nos dejó pasar; No todos* LOS *insectos tienen alas;* LA *puerta que da al jardín está abierta;* LA *ocurrencia de Juan nos hizo reír a todos;* UNOS *hombres vinieron a verle;* UNA *chica no puede ir sola por estos sitios.* Los artículos son de dos tipos, *definido (el, los, la, las, lo)* e *indefinido (un, unos, una, unas).*

7.3.2. *El adjetivo*

El papel actualizador del artículo pueden desempeñarlo, en lugar de él, otras palabras que, al anteponerse al nombre común, precisan su significación agregándole diversas circunstancias o matices: ESTA *casa es demasiado pequeña para nosotros;* SUS *padres no dejan de escribirle;* CIERTAS *personas lo ponen en duda;* ¿QUÉ *médico te atendió?;* DOS *testigos son suficientes.*

Estas palabras adjuntas del nombre que desempeñan un papel semejante al del artículo son *adjetivos.* Pero no todos los adjetivos son actualizadores. Muchos de ellos se unen a un nombre que ya está actualizado (bien porque lleva actualizador, bien porque es nombre propio), para completar la imagen del ser presentado, expresando alguna particularidad. He aquí algunos ejemplos: *La ciudad* VIEJA *está sobre un cerro; Un* LUJOSO *coche se detuvo ante la puerta; La ropa* NEGRA *no le favorece; El* ÚNICO *inconveniente que encuentro es el precio.* Como se ve, a diferencia del artículo, que solo puede ir delante del nombre, muchos adjetivos pueden ir colocados delante o detrás.

7.3.3. *Los adjuntos y la función de complemento*

El adjetivo y el artículo son, pues, los *adjuntos* naturales del nombre, las palabras cuya misión propia es la de acompañar a un nombre actualizando, apuntalando y precisando su significación. Esta misión no es exclusiva de los adjuntos, como vamos a ver en seguida. Todas las palabras o grupos de palabras que, como los adjuntos, desempeñan ese papel, se llaman *complementos* [1].

---

[1] Conviene que precisemos los conceptos: cuando hablamos de *adjuntos* nos referimos a una *clase de palabras,* que a su vez incluye dos subclases (adjetivo y artículo); cuando hablamos de *complementos* nos referimos a una manera de funcionar, a una *función* de las palabras dentro de la oración.

7.3.4. *Concordancia de los adjuntos*

Así como vimos que el verbo —núcleo del predicado—
variaba su forma de acuerdo con ciertas particularidades
del núcleo del sujeto (fenómeno que llamamos *concordancia:* § 6.1.6), observaremos ahora cómo los adjuntos del
nombre ajustan también su forma a determinadas condiciones del nombre al que acompañan. Así, si, en la oración
La ciudad vieja está sobre un cerro, sustituimos la palabra
ciudad por su forma de plural, *ciudades,* esto determinará
inmediatamente un cambio no solo en el verbo —que ahora será *están*—, sino en el artículo y en el adjetivo, que
tendrán que ser *las* y *viejas,* respectivamente; de manera
que tendremos esta nueva oración: *Las ciudades viejas
están sobre un cerro.* Es decir, la forma de plural en un
nombre exige formas especiales, llamadas también de plural, en el artículo y en el adjetivo que lo acompañan.

Pensemos ahora en otra sustitución. En la misma oración, en lugar de decir *ciudad* vamos a decir *pueblo.* Este
cambio de un nombre por otro, aparte de afectar al significado, afecta a las formas de los adjuntos, que ya no
pueden ser *la* y *vieja,* sino que han de ser *el* y *viejo: El
pueblo viejo está sobre un cerro.* Los nombres que, como
ciudad, exigen en sus adjuntos las formas en *-a,* son
nombres *femeninos;* los demás, como *pueblo,* son *masculinos.*

Esta exigencia de que los adjuntos tomen una u otra
forma según el nombre sea masculino o femenino y según
esté en singular o plural se llama también, como la señalada en el verbo, *concordancia.* Hay que advertir, no obstante, que, así como los artículos disponen de formas
aptas para todas las posibilidades (singular masculino,
singular femenino, plural masculino, plural femenino), no
todos los adjetivos tienen tantas variaciones; por ejemplo,

fácil puede tomar la forma de plural *fáciles,* pero no varía cuando en vez de acompañar a un nombre masculino acompaña a uno femenino: *un trabajo* FÁCIL, *una tarea* FÁCIL.

7.4.   Los sustantivos complementos

7.4.1.   *El sustantivo complemento con preposición*

Dentro del sujeto, al núcleo –sustantivo– no solo se pueden agregar los adjuntos –artículo y adjetivo–, sino también sustantivos que no funcionan como núcleo, sino que son habilitados para actuar con un papel semejante al de los adjetivos. Esta habilitación se llama *traslación* (v. § 7.6).

El procedimiento más frecuente por el que un sustantivo, en el sujeto, pasa a funcionar como complemento consiste en colocarlo detrás del núcleo, uniéndolo a él por medio de una palabra especial: la *preposición.*

La preposición, pues, es una palabra de enlace que se antepone a un sustantivo para convertirlo en complemento. Es un elemento *trasladador.*

Hay sustantivos complementos en estas dos oraciones que ya vimos anteriormente: *El vigilante* DE LA OBRA *no nos dejó pasar; La ocurrencia* DE JUAN *nos hizo reír a todos.* En la primera, al núcleo del sujeto –*vigilante*– se une el sustantivo complemento *de la obra;* en la segunda, el sustantivo complemento es *de Juan,* unido al núcleo *ocurrencia.* Los dos complementos van precedidos por una misma preposición, *de.*

He aquí otros ejemplos de complementos con preposición: *Las familias* SIN HOGAR *son cada vez más numerosas; La desobediencia* A LA AUTORIDAD *será castigada; No me*

interesa nada un viaje CON ELLOS; *La consideración* HACIA
LOS DEMÁS *es algo que no debes olvidar; La lucha* POR LA
VIDA *es muy dura.* Vemos que son variadas las preposiciones *(sin, a, con, hacia, por)* que enlazan estos complementos con los núcleos; su elección, naturalmente, depende de
la relación que se quiera expresar entre el sentido de aquellos y el de estos. (Hablaremos más ampliamente de las
preposiciones en §§ 13.1.2-13.1.7.)

7.4.2.   *El sustantivo complemento sin preposición:*
                                          yuxtaposición

Puede ocurrir que no haya preposición: que el sustantivo complemento vaya inmediatamente ligado al núcleo.
Vemos este procedimiento, llamado *yuxtaposición,* en *El
estilo* RENACIMIENTO *corresponde al siglo XVI; La operación* RETORNO *fue un éxito; El premio* NOBEL *ha sido
obtenido por un inglés.* En estos casos no sería difícil —aunque no es usual— anteponer al complemento la preposición *de,* diciendo *el estilo* DEL *Renacimiento, la operación*
DE *retorno* e incluso *el premio* DE NOBEL. A veces ocurre
que coexisten las dos formas: *El Instituto* SAN ISIDRO / *el
Instituto* DE SAN ISIDRO; en algunos casos —p. ej., denominaciones de calles, paseos, plazas— se considera
más correcta la forma con preposición *(calle* DE CERVAN-
TES) que la yuxtaposición *(calle* CERVANTES).

7.4.3.   *Aposición*

En las yuxtaposiciones vemos que existe una relación
entre lo designado por un sustantivo y lo designado por el
otro: *El premio Nobel es* «el premio instituido por Nobel»,
el estilo Renacimiento es «el estilo propio de la época del
Renacimiento», etc. Pero en otras ocasiones la unión in-

mediata del sustantivo complemento al núcleo no significa que haya una relación entre lo designado por un sustantivo y lo designado por el otro, sino que el ser designado por el segundo es *el mismo* designado por el primero: *El rey* FELIPE *murió en 1598; El río* DUERO *viene crecido; Un médico* PINTOR *va a exponer sus cuadros.* En estos casos se habla de *aposición.* Sin embargo, también puede ocurrir (compárese con el caso anterior) que el sustantivo complemento designador del mismo ser que el núcleo vaya unido a este por la preposición *de: la ciudad* DE CÁDIZ, *el reino* DE SUECIA.

7.5.   Complementos de complementos

7.5.1.   *Centro y complementos en el complemento*

Así como el sujeto, según hemos visto en las páginas anteriores, suele ser toda una constelación de palabras en torno a un núcleo, cada uno de los complementos adosados a ese núcleo está con frecuencia constituido por más de una palabra (sin contar la preposición que va delante del sustantivo complemento, la cual es un simple elemento de enlace). Entonces el complemento estará formado, a su vez, por un núcleo —que llamaremos *centro* del complemento, para evitar la confusión con el núcleo del sujeto— y uno o más complementos de ese núcleo o centro.

7.5.2.   *El centro es un nombre*

Si el centro del complemento es un nombre, lleva muy a menudo sus habituales adjuntos, el artículo y el adjetivo. Veamos esta oración: *Los constructores del nuevo bloque son los mismos del anterior.*

Los	constructores	del	nuevo	bloque	son los mismos del anterior.
COMPLEMENTO I (artículo)	NÚCLEO DEL SUJETO (nombre)	palabra de enlace (prep.)	complemento 1.° (artículo) / complemento 2.° (adjetivo)	centro (nombre)	
			COMPLEMENTO II (nombre con preposición)		
SUJETO					PREDICADO

También puede llevar como complemento otro nombre, con o sin preposición, como en, este ejemplo: *El hijo del vendedor de periódicos se puso enfermo.*

El	hijo	del	vendedor	de	periódicos	se puso enfermo.
COMPLEMENTO I (artículo)	NÚCLEO DEL SUJETO (nombre)	palabra de enlace (prep.) / complemento 1.° (artículo)	centro (nombre)	palabra de enlace (prep.)	nombre	
				complemento 2.° (nombre con preposición)		
		COMPLEMENTO II (nombre con preposición)				
SUJETO						PREDICADO

O en este otro: *La novela de nuestro compañero Andrés no vale mucho.*

La	novela	de	nuestro	compañero	Andrés	no vale mucho.
COMPLEMENTO I (artículo)	NÚCLEO DEL SUJETO (nombre)	palabra de enlace (prep.)	complemento 1.° (adjetivo)	centro (nombre)	complemento 2.° (nombre sin preposición)	
		COMPLEMENTO II (nombre con preposición)				
S U J E T O						P R E D I C A D O

7.5.3. *El centro es un adjetivo*

Si el centro del complemento es un adjetivo, uno de sus complementos puede ser un nombre con preposición, como ocurre en la oración *Un hombre amante de la música no es necesariamente un músico.*

Un	hombre	amante	de la música	no es necesariamente un músico.
COMPLEMENTO I (artículo)	NÚCLEO DEL SUJETO (nombre)	centro (adjetivo)	complemento (nombre con preposición)	
		COMPLEMENTO II (adjetivo)		
S U J E T O				P R E D I C A D O

Puede ser complemento de ese centro adjetivo —raras veces— otro adjetivo. Así en esta oración: *El vestido gris oscuro te hace mayor.*

El	vestido	gris	oscuro	te hace mayor.
COMPLEMENTO I (artículo)	NÚCLEO DEL SUJETO (nombre)	centro (adjetivo)	complemento (adjetivo)	
		COMPLEMENTO II (adjetivo)		
SUJETO				PREDICADO

7.5.4. *El adverbio, complemento del adjetivo*

Y otro complemento del adjetivo es una especial clase de palabras llamada *adverbio,* que, a diferencia de los

Una	señora	muy	elegante	se indignó.
COMPLEMENTO I (artículo)	NÚCLEO DEL SUJETO (nombre)	complemento (adverbio)	centro (adjetivo)	
		COMPLEMENTO II (adjetivo)		
SUJETO				PREDICADO

complementos que acabaños de señalar —nombre y adjetivo—, tiene como una función principal (ya veremos
otras, § 12.2) precisamente la de complemento del adjetivo. He aquí unos ejemplos en dos oraciones: *Una señora
muy elegante se indignó; El hombre más sabio se equivoca
siete veces al día.*

El	hombre	más	sabio	se equivoca siete veces al día.
COMPLEMENTO I (artículo)	NÚCLEO DEL SUJETO (nombre)	complemento (adverbio)	centro (adjetivo)	
		COMPLEMENTO II (adjetivo)		
SUJETO				PREDICADO

7.6. La traslación

7.6.1. *Las funciones y las clases de palabras*

Hemos visto en los apartados precedentes cómo, en el
sujeto, se reparten las funciones entre las distintas clases
de palabras: el *núcleo* es un *sustantivo* (nombre o pronombre); los *complementos* son el *artículo,* el *adjetivo,* y el
sustantivo con preposición o sin ella; los *complementos
dentro de los complementos* son el *adverbio,* el *sustantivo*
con preposición y el *adjetivo.* Notemos que en este reparto
hay varios actores que no hacen un único papel, pues
vemos que el *sustantivo* no solo es núcleo, sino que puede

ser complemento del núcleo y complemento del complemento. Para funcionar como un adjetivo, en efecto, le basta colocarse a continuación del núcleo conectándose con él mediante una preposición, o incluso sin preposición ninguna. El *adjetivo,* por su parte (y su asimilado, el nombre con preposición), no solo funciona como complemento del núcleo, sino como complemento de complemento, compartiendo este servicio con el adverbio.

7.6.2. *La traslación*

En realidad, no es raro que una palabra de una determinada clase sea usada interinamente desempeñando una función propia de otra clase. Este fenómeno se llama *traslación* [2]. Es frecuente, sobre todo, que se hagan sustantivos provisionales palabras que no lo son: *Los* LISTOS *no siempre ganan (listos,* adjetivo, aquí está usado como nombre); *El* CENAR *poco es muy sano (cenar,* verbo, aquí se usa como nombre); *Un* NO *oportuno puede salvar muchos riesgos (no,* adverbio, usado aquí como nombre). El traje de sustantivo se lo suele proporcionar a esas palabras el artículo, que es el acompañante característico del nombre. Pero no es necesario en todos los casos; el segundo ejemplo podría muy bien haberse dicho CENAR *poco es muy sano.*

Otra forma de traslación consiste en usar como sustantivo, adjetivo o adverbio no ya una palabra de otra clase, sino todo un grupo de palabras o incluso una oración entera: *Más vale un* POR SI ACASO *que un* QUIÉN PENSARA; *Me fastidia mucho* QUE SE RETRASEN TANTO; *El conductor* QUE OCURRE MUCHO *a veces no llega; Vino a visitarme una*

---

[2] Otros gramáticos que describen este fenómeno le dan el nombre de *transposición.*

señora tonta A MÁS NO PODER. En estos ejemplos, *por si acaso, quién pensara* y *que se retrasen tanto* funcionan como sustantivos; *que corre mucho* funciona como adjetivo; *a más no poder* funciona como adverbio.

De las oraciones que funcionan como elementos dentro de otra oración, llamadas *proposiciones,* hablaremos en el capítulo 9.

8. EL PREDICADO

8.1. El predicado y su núcleo

8.1.1. *El predicado*

El predicado es (v. § 6.1.6) el conjunto de palabras que se agrupan en torno a uno de los dos núcleos de la oración, el verbo. En las siguientes oraciones señalamos con VERSALITAS los predicados, destacando con VERSALES los núcleos de los mismos:

El vigilante de la obra NO NOS DEJÓ PASAR.
No todos los insectos TIENEN ALAS.
La ocurrencia de Juan NOS HIZO REÍR A TODOS.
Unos hombres VINIERON A VERLE.
Una chica NO PUEDE IR SOLA POR ESTOS SITIOS.
Ciertas personas LO PONEN EN DUDA.
Dos testigos SON SUFICIENTES.
Este hombre QUIZÁ TENGA DINERO.

8.1.2. *El verbo, núcleo*

El núcleo del predicado es necesariamente un verbo, lo cual no significa que necesariamente todos los verbos sean núcleos de predicado. Todo verbo es reconocible por su capacidad de funcionar en combinación con los pronombres *yo, tú, él, nosotros, vosotros, ellos,* cada uno de los cuales se asocia a formas del verbo especialmente dispuestas para él: *yo tengo, tenía, tuve, tendré, tendría, tenga...; tú tienes, tenías, tuviste, tendrás, tendrías, tengas...,* etc. En los ejemplos que preceden no son verbos solamente los núcleos, que aparecen señalados en versales, sino otras palabras *—pasar, reír, ver, ir—* capaces igualmente de combinarse, tomando distintas formas, con los pronombres personales *(yo paso, tú ríes, ellos ven,* etc.). El verbo que actúa como núcleo del predicado se distingue por su concordancia con el núcleo del sujeto *(Este* HOMBRE *quizá* TENGA *dinero / Estos* HOMBRES *quizá* TENGAN *dinero).*

8.1.3.   *Concordancia del núcleo*

La concordancia de un núcleo con otro no es únicamente en la variación singular/plural, como hemos dicho hasta ahora. Cuando el núcleo del sujeto es un nombre, la forma del núcleo del predicado es siempre la correspondiente al pronombre *él* (singular) o *ellos* (plural). Así ocurre en todos nuestros ejemplos. Pero cuando el núcleo sustantivo es un pronombre personal, la forma del núcleo verbo tendrá que ser la adecuada a ese pronombre. Es decir, junto a la concordancia en cuanto a la variación singular/plural (llamada *concordancia de número),* existe la concordancia en cuanto a la variación «yo»/«tú»/«él» (llamada *concordancia de persona).* Una y otra concordancia desaparecen, naturalmente, cuando el núcleo del sujeto está *implícito* (como en *Llegaremos mañana a las siete* o en *Tiene mucho trabajo),* ya que entonces ese núcleo está en el propio indicador de persona en el que habría de manifestarse la concordancia.

8.1.4. *Contenido del predicado*

En el aspecto del contenido, el predicado, según dijimos, corresponde a menudo a la «tesis» de la oración, como el sujeto corresponde al «tema». Esta «tesis» no consiste siempre en hacer constar un hecho acerca de un ser; puede exponer el deseo de saberlo, la petición a nuestro oyente de que sea él quien nos lo haga constar: *¿Tiene dinero ese hombre?; Ese hombre ¿tiene dinero?* (oraciones interrogativas). Otras veces se pide al oyente que haga algo: *Tráigame la correspondencia* (oraciones de mandato). O bien se expresa —sin pedirlo directamente a nadie— un acontecimiento deseado: *Dios te lo pague; Ojalá pudiera dártelo* (oraciones de deseo). (V. § 8.2.2.)

8.2. El verbo

8.2.1. *El verbo: su función*

Así como hay una clase de palabras —los sustantivos— capaces de funcionar como núcleos de sujeto, hay también una clase de palabras capaces de funcionar como núcleos de predicado; estas palabras son los *verbos,* y es precisamente esta capacidad la que sirve para definirlos.

Observemos que, mientras la función de núcleo de sujeto puede estar desempeñada por una palabra que no pertenezca por naturaleza a la clase de los sustantivos (por el fenómeno que hemos llamado *traslación),* la función de núcleo de predicado le corresponde en exclusiva al verbo.

8.2.2. *Su contenido*

En cuanto al sentido, el verbo es una palabra cuyo papel fundamental es *situar en el tiempo* el «tema» de la oración, esto es, insertarlo en la secuencia de las cosas que ocurren, atribuirle una realidad. Hay, sin embargo, distintos grados en esa realidad atribuida. El hablante puede dar esa realidad como cierta o segura: *El vigilante de la obra no nos dejó pasar; Llegaremos mañana a las siete.* Puede darla como incierta o insegura: *Este hombre tendrá dinero* («supongo que tiene dinero»); *Este hombre quizá tenga dinero.* Puede exponerla como una hipótesis que le interesa confirmar o desechar: *¿Tiene dinero ese hombre?* Puede presentarla como algo mandado o deseado: *Tráigame la correspondencia; Ojalá pudiera dártelo.* (V. §§ 6.2 y 8.1.4.) A todos estos enfoques es sensible la forma del verbo, que varía según el sistema de los *tiempos* y los *modos* (v. §§ 12.1.3 y 12.1.4) [1].

---

[1] Pero hay verbos que solo parcialmente son susceptibles de estas modificaciones, así como de las de persona; se llaman *defectivos* (por ejemplo, *abolir,* del que en presente solo se usan las formas *abolimos, abolís).* Otros, por funcionar como núcleo de oraciones unimembres, carecen de la variación de persona y número (no de las de tiempo y modo); se llaman *impersonales.* La palabra *he* (en *He aquí el resultado),* que las gramáticas y los diccionarios clasifican unas veces como «imperativo del verbo *haber»* y otras como «adverbio demostrativo», es, en realidad, un verbo a la vez *defectivo* e *impersonal.* En primer lugar, solo se presenta en oraciones unimembres, careciendo siempre, por tanto, de sujeto. Expresa la mera existencia de algo en un lugar, en lo que coincide con otro verbo impersonal, *hay;* pero se diferencia de este en que presenta siempre esa existencia «ante los ojos» del oyente. Es invariable, no solo en cuanto a la persona y número (como *hay),* sino también en modo y tiempo (en lo que se separa totalmente de *hay).* Y lleva siempre dos acompañantes forzosos: 1.°, el adverbio *aquí* o *ahí* (este último más raramente); 2.°, un complemento típicamente verbal, el complemento directo (v. § 8.5): *He aquí el resultado; Heme aquí; He ahí a tu madre* (también en esta presencia constante de complemento directo —que en estas oraciones actúa como «tema»— se asemeja a *hay).* El origen no verbal de esta palabra, antigua interjección árabe, que ha engañado a tantos gramáticos, carece de toda importancia cuando se trata de definirla por su funcionamiento real en la lengua.

8.2.3. *El verbo no núcleo*

También el hecho de que un verbo aparezca en la oración desempeñando funciones distintas de la de núcleo del
predicado se refleja en su forma. Un verbo que funciona
como nombre está en la forma de *infinitivo* (caracterizada
por la terminación *-ar, -er* o *-ir): esperar, entender, vivir.*
Para funcionar como adjetivo toma la forma de *participio*
(caracterizada por la terminación *-ado* o *-ido): espera-*
do, entendido. Cuando funciona como adverbio su forma
es la de *gerundio* (caracterizado por la terminación
-ando o *-iendo): esperando, viviendo.* Estas tres formas
—infinitivo, participio, gerundio—, propias de los verbos que no funcionan como verbos, se distinguen de
todas las restantes por carecer de la variación de persona («yo»/«tú»/«él»); por esto se llaman *formas no perso-*
nales.

8.3. El adverbio y los complementos adverbiales

8.3.1. *El adverbio, complemento del verbo*

El papel de complemento del verbo corresponde por
naturaleza a la clase de palabras llamada *adverbio.* (Lo
cual no impide, según ya sabemos por el capítulo anterior
[§ 7.5.4], que el adverbio también funcione como complemento del adjetivo.) Los adverbios son adjuntos de los
verbos, como los adjetivos lo son de los sustantivos. Al
acompañar a un verbo, modifican el significado de este,
denotando unas veces la manera en que la acción del
mismo se produce: *La compañía actuó* MAGNÍFICAMENTE;

otras, el tiempo en que se produce: *Los otros han llegado* ANTES; otras, el lugar: *Dormiremos* AQUÍ; otras, la intensidad: *Se trabaja* MUCHO. Hay adverbios que sirven de simple refuerzo del significado del verbo, como si lo subrayaran: SÍ *iré;* los hay que, en cambio, denotan la inseguridad acerca de lo que el verbo dice: QUIZÁ *vaya;* y los hay que cambian totalmente de signo lo que el verbo dice, puesto que denotan la negación de la acción: NO *iré.*

8.3.2. *Complementos adverbiales*

Muchas de las nociones que los adverbios agregan a la significación del verbo pueden estar expresadas por medio de otras clases de palabras, las cuales, al desempeñar esta función modificadora del significado verbal, se convierten por ello en adverbios (procedimiento que, como sabemos, se llama *traslación).* En realidad, ya acabamos de ver un ejemplo donde hay un adverbio que es idéntico a un adjetivo *(Se trabaja* MUCHO); se trata de una sola palabra capaz de dos usos distintos. El uso de adjetivos con función de adverbios es bastante corriente: *Ese te lo arregla* SEGURO; *Vengan ustedes* RÁPIDO; *Hablad más* ALTO; *Le trata* IGUAL *que al otro.* Los propios verbos pueden funcionar como adverbios solo con tomar la forma especial llamada *gerundio* (con la terminación *-ando* o *-iendo): Iba por la calle* SILBANDO; *Se lo preguntó* SONRIENDO (v. § 8.2.3).

Son, sobre todo, los sustantivos, acompañados o no de sus propios complementos, los que con más frecuencia desempeñan el papel adverbial. A veces van acompañando al verbo directamente, sin ninguna palabra de enlace: ESTA TARDE *tenemos un programa interesante; Vamos al taller* TODOS LOS DÍAS; ALGUNA VEZ *le veo.* Esto ocurre, como se ve en los ejemplos, en algunas expresiones de tiempo.

Pero lo más frecuente es que, para funcionar como adverbios, los sustantivos vayan precedidos de preposiciones (como ya hemos visto que ocurre cuando son complementos de otros sustantivos o de adjetivos): *La compañía actuó* DE UNA FORMA EXTRAORDINARIA; *Los otros han llegado* POR LA MAÑANA; *Dormiremos* EN ESTE HOTEL; *Se trabaja* CON GRAN INTENSIDAD; CON TODA SEGURIDAD *iré;* DE NINGÚN MODO *iré.* En todos estos ejemplos vemos expresadas por medio de sustantivos precedidos de preposición las nociones de modo, tiempo, lugar, intensidad, afirmación y negación que más arriba vimos expresadas por medio de simples adverbios.

Estos sustantivos precedidos de preposición pueden ser no solo nombres, como sucede en los ejemplos que acabamos de ver, sino pronombres. Cuando el complemento adverbial es un pronombre personal, la preposición antepuesta exige que el pronombre *yo* tome la forma *mí,* y que el pronombre *tú* tome la forma *ti: Acércate* A MÍ (no *a yo); Han preguntado* POR TI (no *por tú*)[2]. Si la preposición que precede es *con,* estos pronombres toman las formas especiales *conmigo* y *contigo: Vendrás* CONMIGO; *Iré* CONTIGO (no *con mí* ni *con ti*). Los demás pronombres —*nosotros* y *nosotras; vosotros* y *vosotras; usted, ustedes; él, ella* y *ello, ellos, ellas*— no sufren alteración ninguna. *Estaremos unos días* CON VOSOTROS; A USTED *me dirijo; Lo hago* POR ELLA.

---

[2] No ocurre esto con la preposición *según: Ya han terminado la obra,* SEGÚN TÚ (no *según ti).* V. también § 13.1.2.

**Pronombres personales en función de complemento
con preposición**

1.ª persona $\begin{cases} mí \text{ (si la preposición es } con: conmigo) \\ nosotros,\ nosotras \end{cases}$

2.ª persona $\begin{cases} ti \text{ (si la preposición es con: } contigo) \text{ o } usted \\ vosotros,\ vosotras \text{ o } ustedes \end{cases}$

3.ª persona $\begin{cases} él,\ ella,\ ello \\ ellos,\ ellas \end{cases}$

Como los adverbios forman una serie limitada de palabras (exceptuando los de modo, que pueden formarse sobre una serie indefinida de adjetivos de cualidad añadiéndoles el elemento -*mente*), y en cambio los nombres forman una serie ilimitada y cuentan además con la riqueza de sentidos que les aportan las preposiciones acompañantes, resulta que con gran frecuencia la función adverbial está desempeñada por nombres con preposición. Estos no solo son capaces de expresar, más matizadas y precisas, las nociones que hemos visto en los adverbios, sino que presentan nuevas maneras de completar el sentido del verbo, expresando circunstancias tan importantes como las de

> agente: *El valle fue arrasado* POR LAS AGUAS;
> instrumento: *El gato se defiende* CON LAS UÑAS;
> causa: *He faltado toda esta semana* POR LA ENFERMEDAD DE MI PADRE;
> finalidad: *Todo esto lo hacemos* POR TU BIEN;
> destinatario: *Os traigo esto* PARA VUESTRO JEFE.

A todos los términos —sustantivos (con o sin preposición), adjetivos, verbos— que desempeñan la misma función completadora del verbo que los adverbios, los llamaremos, igual que a estos, *complementos adverbiales* [3].

8.3.3. *Locuciones adverbiales*

Pero conviene advertir que existen construcciones formadas por sustantivo (o adjetivo sustantivado) con o sin preposición, que son verdaderos adverbios, y no sustantivos que funcionan como adverbios: *tal vez, en un santiamén, a pie juntillas, a lo mejor, a la ligera, de veras, sin embargo* [4]. Estos adverbios —que suelen llamarse *locuciones adverbiales*— se pueden reconocer por su forma rígida, que no admite ningún cambio (no diríamos, por ejemplo, *en dos santiamenes,* o *sin un embargo,* o *de muchas veras),* y porque en ellos el sustantivo se muestra con un significado especial diferente del suyo normal; incluso en algunos casos se trata de sustantivos que solo se usan en estas construcciones. Es verdad que no siempre resulta fácil determinar si se trata de sustantivo complemento adverbial o de adverbio propiamente dicho; construcciones como *en todo caso, de todos modos, sin duda...,* usadas con gran frecuencia en una forma «fija», parecen ya perfectos

---

[3] Las gramáticas suelen llamar «complementos circunstanciales» a los de lugar, tiempo, modo, instrumento, causa, cantidad, constituidos por un sustantivo con o sin preposición o por un adverbio; dejan fuera de ese grupo al «complemento agente» *(El valle fue arrasado por las aguas)* y al de finalidad y de destinatario, generalmente confundidos estos dos últimos con el «complemento indirecto».

[4] *Sin embargo* es clasificado en las gramáticas, con poco fundamento, como «conjunción» y no como adverbio.

adverbios; pero notemos que su forma no es rígida, pues admite ligeras modificaciones: *en cualquier caso, de cualquier modo, sin ninguna duda.* Existen otras locuciones adverbiales más fáciles de distinguir a simple vista de los otros complementos adverbiales, por presentar ya una constitución claramente diferente: *poco a poco, más o menos, por si acaso, desde luego, por supuesto.*

8.3.4.   *Construcciones adverbiales*

Un tipo de construcción con valor adverbial es el constituido por una forma verbal imperativa repetida con interposición de *que: habla que habla, corre que corre, hierve que hierve, machaca que machaca,* etc., cuyo sentido es siempre el de un gerundio (el del verbo respectivo) con la noción adicional de «insistencia» o «reiteración»: *Se pasó toda la mañana* HABLA QUE HABLA. En *dale que dale,* donde el verbo ha perdido todo su sentido, la construcción está ya petrificada, y tenemos por tanto una verdadera locución adverbial (semejante, por ejemplo, a *erre que erre): Estoy toda la mañana* DALE QUE DALE, *sin conseguir nada.*

8.4.   Los complementos del complemento adverbial

8.4.1.   *El adverbio, complemento del complemento adverbial*

El complemento adverbial puede a su vez ir acompañado de un término que redondee y matice su significado. Esta función de *complemento del complemento adverbial* la desempeña otro adverbio, que, casi sin excepción, se an-

tepone a la construcción por él completada. Se forma así
un complemento adverbial más extenso, cuyo núcleo o
centro es el complemento primitivo:

Los niños	se han portado	bastante	bien.
		complemento (adverbio)	centro (adverbio)
	NÚCLEO DEL PREDICADO	COMPLEMENTO ADVERBIAL	
SUJETO	PREDICADO		

Las fiestas	pasaron	muy	deprisa.
		complemento (adverbio)	centro (adverbio)
	NÚCLEO DEL PREDICADO	COMPLEMENTO ADVERBIAL	
SUJETO	PREDICADO		

(-n) [ellos]	Vivían	casi	en la pobreza.
		complemento (adverbio)	centro (nombre con preposición)
	NÚCLEO DEL PREDICADO	COMPLEMENTO ADVERBIAL	
SUJETO (implícito)	PREDICADO		

Los ladrones	entraron	muy	callandito.
		complemento (adverbio)	centro (verbo en gerundio)
	NÚCLEO DEL PREDICADO	COMPLEMENTO ADVERBIAL	
SUJETO	PREDICADO		

(-mos) [nosotros]	No	sin pena	nos retiramos	de aquel lugar.
	complemento (adverbio)	centro (nombre con preposición)		*
	COMPLEMENTO ADVERBIAL I		NÚCLEO DEL PREDICADO	COMPLEMENTO ADVERBIAL II
SUJETO (implícito)	PREDICADO			

8.4.2. *Los complementos de un centro de complemento*

En otro sentido menos interesante se podría hablar de complementos del complemento adverbial. Cuando este está constituido por una palabra que no es adverbio por naturaleza, puede llevar los complementos propios de aquella clase de palabras. En el último ejemplo analizado, el segundo complemento adverbial es *de aquel lugar;* es un nombre con preposición, el cual lleva un complemento propio, el adjetivo *aquel.* Pero notemos que este complemento no tiene nada que ver con los que hemos comentado antes, pues es un complemento que está *dentro* del

elemento adverbial, completando a un término que por sí
solo no es adverbio; mientras que los otros veíamos que
estaban *agregados* al elemento adverbial. La distinción
puede verse con claridad en uno de los ejemplos anteriores: *Vivían casi en la pobreza;* hay aquí un complemento
adverbial, *casi en la pobreza,* cuyo centro, *en la pobreza,*
lleva un complemento, *casi;* y dentro del elemento central,
el nombre *pobreza* lleva su adjunto *la.* Lógicamente, solo
a *casi* podremos llamarlo complemento del complemento
adverbial; el *la* solo será complemento de un elemento
constitutivo de este último.

8.5. El complemento directo

8.5.1. *Complemento directo*

Veamos esta serie de oraciones, en las que el predicado
aparece impreso en VERSALITAS:

1. *Los manifestantes* TIRARON PIEDRAS.
2. *La planta* YA HA DADO FRUTO.
3. *Mi padre* TIENE MUCHO DINERO.
4. *El hombre* SABE BASTANTES COSAS.
5. *[Él]* NO QUERÍA A SUS HERMANOS.
6. *[Yo]* TRABAJO TODOS LOS DÍAS.
7. *[Nosotros]* NOS IREMOS A CASA.
8. *Luis* PELEABA CON SUS AMIGOS.
9. *La secretaria* ESCRIBE A MÁQUINA.

Todos estos predicados tienen una cosa en común, y es
que después del núcleo (verbo) presentan un nombre con
o sin adjuntos, con o sin preposición, el cual será complemento de aquel núcleo, pues evidentemente se adhiere a
él, no solo por su posición en la frase, sino por su sentido.

Sin embargo, hay una diferencia entre los cinco primeros y los cuatro últimos. *Piedras* es *lo que* tiraron los manifestantes; *fruto* es *lo que* ha dado la planta; *mucho dinero* es *lo que* tiene mi padre; *bastantes cosas* es *lo que* sabe el hombre; *sus hermanos* es *lo que* él no quería. Es decir, hay una cosa que «fue tirada» *(piedras),* una cosa que «ha sido dada» *(fruto),* una cosa que «es tenida» *(mucho dinero),* una cosa que «es sabida» *(bastantes cosas),* una cosa que «no era querida» *(sus hermanos).* Frente a esto, en las cuatro últimas frases el panorama es muy distinto: no podemos decir que *todos los días* es *lo que* yo trabajo, ni que *casa* es *lo que* iremos nosotros, ni que *sus amigos* es *lo que* peleaba Luis, ni que *máquina* es *lo que* la secretaria escribía. Y, por supuesto, tampoco podremos decir que *todos los días* «son trabajados por mí», ni que *casa* «será ida por nosotros», etc.

Todas las oraciones del primer grupo (primera a quinta) coinciden en que pueden transformarse en otras de igual sentido, en las que actúa como SUJETO el que era complemento del predicado; el VERBO es *ser* seguido del participio (esto es, de la forma en *-ado* o *-ido)* del verbo de la primitiva oración, y se presenta como COMPLEMENTO AGENTE (con la preposición *por)* el que era sujeto:

1. «Piedras fueron tiradas por los manifestantes.»
2. «Fruto ha sido dado ya por la planta.»
3. «Mucho dinero es tenido por mi padre.»
4. «Bastantes cosas son sabidas por el hombre.»
5. «Sus hermanos no eran queridos por él.»

Ciertamente, no siempre las oraciones resultantes de esta transformación (que se llaman *oraciones pasivas)* parecen «normales» en nuestro idioma, el cual es muy poco amigo de las construcciones con *ser* + participio[5]. No obstante, la «rareza» no es tanta si se invierte el orden sujeto-verbo: *Fueron tiradas piedras por los manifestantes.* En cualquier caso, aun pareciéndonos extrañas algunas de estas construcciones, las vemos al menos como «posibles» y lógicas. Cosa que no ocurre en modo alguno con las que resultarían de intentar una transformación semejante en las oraciones sexta a novena: no podríamos decir *Todos los días son trabajados por mí, Casa será ida por nosotros, Sus amigos eran peleados por Luis, Máquina es escrita por la secretaria.*

¿A qué se debe esta diferencia entre las oraciones del primer grupo y las del segundo? A la naturaleza del complemento que se presenta en el predicado. Ese complemento que existe en las primeras frases, el cual pasa a ser sujeto en las transformaciones pasivas, es el *complemento directo.* A diferencia del complemento adverbial, ya visto, y que es el que aparece en las frases del grupo segundo, el complemento directo no es, a pesar de su nombre, un simple «complemento» o ampliación del sentido del verbo, sino que es un ingrediente del mismo, es el *objeto* del fenómeno expresado por el verbo. Esta idea de «objeto» es la que vimos más arriba al decir, por ejemplo, que *«mucho dinero* es *lo que* tiene mi padre», que *«bastantes cosas* es *lo que* sabe el hombre», etc.

---

[5] Nótese cómo un hablante de nuestra lengua tiende siempre a decir: *Le robaron las joyas, Me han prohibido la entrada,* y nunca emplea espontáneamente formas como *Le* FUERON ROBADAS *las joyas, Me* HA SIDO PROHIBIDA *la entrada.* Sin embargo, estas formas no son raras en la lengua escrita, sobre todo en los periódicos.

8.5.2.   *Verbos con o sin complemento directo*

No todos los verbos pueden tener complemento directo; nunca lo tienen, por ejemplo, *ir, nacer, ser, estar, caber, caer, existir, quedar, florecer...* Pero hay muchos verbos que, según el significado en que se usen, llevan complemento directo unas veces y no lo llevan otras. Compárense estas frases:

La secretaria escribe el informe.	*La secretaria escribe a máquina.*
Trabajo la tierra.	*Trabajo todos los días.*
El niño ha subido sus juguetes a casa.	*El niño ha subido a casa.*
La compañía ha aumentado sus ingresos.	*Los ingresos de la compañía han aumentado.*
El pintor vive una existencia miserable.	*El pintor vive miserablemente.*

Los verbos son los mismos en la primera y en la segunda columna; pero, mientras en la primera lleva cada uno un complemento directo *(el informe, la tierra, sus juguetes, sus ingresos, una existencia miserable),* en la segunda no lo lleva. Notemos que el significado del verbo es distinto en este caso. *Escribe,* en la primera columna, significa «copia» o «redacta» algo; en la segunda, «realiza la operación de estampar letras». En la primera columna *ha subido* equivale a «ha trasladado arriba»; en la segunda, a «ha marchado arriba». En *La compañía ha aumentado sus ingresos,* el verbo significa «ha hecho crecer», mientras que el mismo verbo, en *Los ingresos de la compañía han aumentado,* significa que «han crecido»... En todos estos casos es como si usásemos un verbo distinto, hermano gemelo del anterior.

Se llama *transitivo* al verbo que —como los de la primera

columna— lleva complemento directo, e *intransitivo* al que
—como los de la columna segunda— no lo lleva.

8.5.3. *Complemento directo con* a

Si repasamos ahora todos los complementos directos
que han aparecido en los ejemplos de este apartado, podremos observar que están todos constituidos por un nombre *(piedras, fruto, dinero,* etc.), el cual va a veces acompañado de uno o más adjuntos (adjetivos, como *mucho,
bastantes, sus, miserable,* o artículos, como *el, la, una).*
Pero vemos que, en un caso, delante de ese nombre (o
delante del adjunto que le precede) se presenta la preposición *a: No quería* A *sus hermanos.* Lo mismo encontra-
ríamos en otros ejemplos: *No he visto todavía* A *Andrés;
Visitarán* AL *gobernador; Pérez venció* A *su rival; Juan
alimenta muy bien* A *su perro.* Si en lugar de esos nombres
—*hermanos, Andrés, gobernador, rival, perro*— hubiésemos
puesto otros como complementos directos, desaparecería
la preposición (p. ej.: *No he visto todavía los muebles; Visitarán Barcelona; Pérez venció las dificultades; Juan alimenta grandes esperanzas).* ¿Qué ocurre para que en unos
casos haya preposición y en otros no? En general, la
explicación de esta diferencia de uso está en el significado
del nombre que funciona como complemento directo:
cuando ese nombre designa un ser «animado», lleva la
preposición *a;* cuando designa un ser «inanimado», no la
lleva. Esto es lo que podemos ver en los ejemplos considerados.

Sin embargo, no todo es tan sencillo en esta norma. Hay
nombres que unas veces llevan la preposición y otras no.
Se dice, por ejemplo, *Hemos recorrido Francia,* frente a
Inglaterra venció A *Francia;* la razón es que, aunque Francia sea la misma, en un caso es «el territorio francés» (ser

inanimado), mientras que en el otro es «el pueblo francés» o «el equipo francés», según se trate de una guerra o de un campeonato (ser animado). Cuando se habla de animales, aunque son, naturalmente, seres animados, hay ocasiones en que «son vistos» por el hablante como tales vivientes: *Acariciaba* A *un gato;* pero hay otras en que «son vistos» como cosas: *Hemos cazado un lobo.* En ciertos casos ocurre algo parecido tratándose de humanos: *Busco* A *un chico* significa que «estoy buscando a un chico determinado, que se me ha perdido»; *Busco un chico* significa que «necesito encontrar a un chico (indeterminado, todavía desconocido) para que me haga un trabajo». Como se ve, es el sentido general de la frase, a veces el sentido solo del verbo, el que determina la presencia o ausencia de la preposición.

Por otra parte, hay verbos que habitualmente piden complemento directo con *a,* tanto si este es nombre de cosa como de persona: *La serenidad ayuda* AL *descubrimiento de la verdad; Esta maniobra sirve* A *vuestros intereses; La calma sigue* A *la tormenta; El adjetivo acompaña* AL *nombre.* Claro está que la norma deja de regir con otros sentidos de los verbos: *Seguiremos el plan previsto; Van a servir una copa; El que haga la presentación acompañará los documentos justificativos.*

8.5.4. *Palabras que pueden funcionar como complemento directo*

La función de complemento directo vemos que está desempeñada por un nombre en todos los ejemplos que hemos visto hasta ahora. Cualquier otra palabra sustantiva también puede serlo: un pronombre: *Veré mañana* A TODOS; un adjetivo (sustantivado): *El presidente saludó* A LOS VENCEDORES; un verbo (en infinitivo): *Necesitamos* RESPIRAR. Incluso una oración puede funcionar como complemento directo dentro de otra oración, como veremos en el capítulo siguiente.

8.5.5. *Pronombre personal complemento directo*

Cuando el complemento directo es un pronombre personal, la manera de presentarse este en la frase es distinta de la de los otros sustantivos. En primer lugar, toma una forma especial *átona* (esto es, no acentuada). En segundo lugar, y a pesar de designar normalmente personas, no lleva preposición. En tercer lugar, su colocación respecto al verbo es habitualmente distinta de la de los demás sustantivos complementos directos, ya que, mientras estos suelen ir después del verbo (como hemos podido observar en los ejemplos anteriores), el pronombre suele ir delante. Así, frente a *El presidente saludó* A LOS VENCEDORES (donde el complemento directo, un adjetivo sustantivado, sigue al verbo), tenemos *El presidente* LOS *saludó* (donde el complemento directo, un pronombre personal, se adelanta al verbo); frente a *Necesitamos* RESPIRAR se dice LO *necesitamos;* frente a *No quería* A SUS HERMANOS se dice *No* LOS *quería.* Es cierto que a veces, en la lengua escrita, encontramos construcciones como *Necesitámos*LO, *Salúdo*LE, *Véo*ME, con el pronombre átono después del verbo (y escrito con él como una sola palabra); pero esta colocación solo es normal hoy, y además obligatoria, cuando el verbo está en la forma especial de mandato (llamada *imperativo): Envía*LO *cuanto antes;* o cuando está en infinitivo o en gerundio: *Voy a ver*LA *un momento; Estaba estudiándo*LO.

Una particularidad del pronombre átono complemento directo, cuando designa persona, es la de que puede ser reiterado por medio de la forma tónica del mismo pronombre con la preposición *a.* Así, junto a *El presidente* LOS *saludó,* o *No* NOS *quería,* podríamos decir *El presiden-*

te LOS *saludó* A ELLOS, o *No* NOS *quería* A NOSOTROS. Esta reiteración —que puede invertirse: A ELLOS LOS *saludó el presidente;* A NOSOTROS *no* NOS *quería*— tiene un valor enfático, sirve para destacar a la persona designada en el complemento directo.

El pronombre átono puede funcionar aparentemente como anticipador del nombre complemento directo que ha de aparecer después del verbo: *No* LOS *he visto* A TUS HERMANOS. En realidad, lo que ocurre en estos casos es que el nombre es una aclaración o ilustración al sentido demasiado vago del pronombre; viene a ser una aposición de este.

Ya hemos visto que la posición habitual del complemento directo es a continuación del verbo, salvo cuando ese complemento es un pronombre personal. Pero a veces, por razones de expresividad, por convertirse en «tema» del enunciado, el nombre complemento directo se lanza al comienzo de la frase (empujando en ocasiones al sujeto al final de la misma). En estos casos es necesario que ese complemento sea «recordado» por un pronombre personal átono inmediatamente antes del verbo. Una oración como *El rey no había visto a sus hermanos aquella mañana* se transformaría, con el adelantamiento del complemento directo *sus hermanos,* en esta otra: *A sus hermanos no* LOS *había visto el rey aquella mañana.* Otros ejemplos: *Esta bicicleta no* LA *compré en el mismo sitio; El tiempo que pierdes hoy no* LO *recuperarás nunca; A la chica ya* LA *conozco.*

Pronombres personales en función de complemento directo (formas átonas)

Las formas que en el cuadro figuran en segundo término, entre paréntesis, son también válidas, pero no preferidas en el uso culto español de hoy. En el uso americano, en cambio, son preferidas las formas señaladas con asterisco.

1.ª persona	pronombre «yo»: ME. *Me* han tratado bien. pronombre «nosotros», «nosotras»: NOS. *Nos* han derrotado.
2.ª persona	pronombre «tú»: TE. *Te* han recibido cordialmente. pronombre «usted» (designando hombre): LE (o LO*). *Le* acompañaré a la puerta [a usted]. *(En América: Lo* acompañaré.) pronombre «usted» (designando mujer): LA. *La* aprecian mucho en esta casa [a usted]. pronombre «vosotros», «vosotras»: OS. *Os* vi el otro día. pronombre «ustedes» (designando hombres): LOS (o LES). *Los* esperaba con impaciencia [a ustedes]. pronombre «ustedes» (designando mujeres): LAS. *Las* invitarán [a ustedes].
3.ª persona	pronombre «él» (designando persona): LE (o LO*). He buscado a Luis y no *le* he visto. *(En América:* no *lo* he visto.) pronombre «él» (designando cosa): LO (o LE). Perdí el papel, pero ya *lo* he encontrado. pronombre «ella» (designando persona o cosa): LA. He buscado a Luisa y no *la* he visto. pronombre «ello»: LO. He visto esto y *lo* he comprado. pronombre «ellos» (designando persona): LOS (o LES). He buscado a tus hermanos y no *los* he visto. pronombre «ellos» (designando cosa): LOS. Perdí los papeles, pero ya *los* he encontrado. pronombre «ellas» (designando persona o cosa): LAS. Perdí las cartas, pero ya *las* he encontrado.

8.6. El complemento indirecto

8.6.1. *Complemento indirecto*

Comparemos estas dos oraciones:

He visto A MI PADRE.
He escrito A MI PADRE.

Las dos están constituidas de idéntica manera, casi con
las mismas palabras. El sujeto —implícito, «yo»— es el
mismo, el verbo está en la misma forma *(he* + participio),
y le sigue un complemento de igual aspecto en los dos
casos, precedido de la preposición *a*. Sin embargo, no se
trata del mismo tipo de complemento en una y otra oración; en la primera, en efecto, es posible la transformación
pasiva, en la que el complemento pasa a ser sujeto: MI
PADRE *ha sido visto por mí;* en la segunda no es posible la
transformación, pues resultaría la frase MI PADRE *ha sido
escrito por mí,* que no corresponde al sentido que se quiso
expresar, ya que «mi padre» no es *lo que* yo he escrito
(mientras que en la primera oración sí, «mi padre» es lo
que yo he visto). Es decir, en el primer ejemplo, *a mi padre*
es complemento directo; en el segundo, no. Este complemento con *a* que, transformada la oración en pasiva, no
pasa a ser sujeto, se llama *complemento indirecto*.
   No es esta la única diferencia que lo separa del complemento directo. De este sabemos que, normalmente, lleva
la preposición *a* cuando es un nombre que designa persona *(He visto* A TU PADRE), y no la lleva cuando designa
cosa *(He visto* UNA BUENA PELÍCULA). En cambio, el complemento indirecto lleva siempre la preposición *a,* tanto si
es nombre que designa persona como si designa cosa.
Igual se dice *Dio un puñetazo* AL LADRÓN, que *Dio un*

puñetazo AL CRISTAL; *Pongo un abrigo* AL NIÑO, que *Pongo un forro* AL LIBRO.

Pero estas diferencias con respecto al complemento directo aún no caracterizan del todo al complemento indirecto. Efectivamente, si miramos estas dos oraciones:

He ido A MI PUEBLO;
Vienen A COMER,

encontramos en ellas complementos con *a* que ciertamente no son transformables en sujeto al intentar la construcción pasiva (no podríamos decir MI PUEBLO *ha sido ido por mí,* ni COMER *es venido por ellos).* Sin embargo, estos complementos no son indirectos, sino adverbiales. Se distinguen en que el complemento indirecto siempre puede sustituirse por el pronombre *le* (si el nombre designa un solo ser) o *les* (si designa varios): *He escrito* A MI PADRE = LE *he escrito; Dio un puñetazo* AL LADRÓN (o AL CRISTAL) = LE *dio un puñetazo; He escrito* A MIS PADRES = LES *he escrito.* Por el contrario, un complemento adverbial no puede sustituirse por *le* o *les: He ido* A MI PUEBLO no puede sustituirse por LE *he ido; Vienen* A COMER no puede sustituirse por LE *vienen.*

8.6.2. *Pronombre personal complemento indirecto*

El pronombre *le* o *les* que vemos funcionando como complemento indirecto en las frases LE *he escrito,* LE *dio un puñetazo* y LES *he escrito,* es —igual que *me, nos, te, os, le,* etc., que vimos en el apartado del complemento directo— un pronombre personal en forma átona. Estas formas átonas se caracterizan, como las de complemento directo, por no ir precedidas nunca de preposición y por colocarse en la frase normalmente delante del verbo, salvo cuando este es imperativo, infinitivo o gerundio: LE *he escrito;* LE *dio un puñetazo; Escríbe*LE; *Debo escribir*LE; *Estaba escribiéndo*LE.

También como las formas átonas del pronombre complemento directo, las del indirecto pueden ser reiteradas, después del verbo, por medio de la forma tónica del mismo pronombre con la preposición *a:* LE *he escrito* A ELLA; LE *dio un puñetazo* A ÉL; NOS *han puesto* A NOSOTROS *una multa;* TE *deseo muchas felicidades* A TI. Con esta reiteración se pone de relieve en la frase a la persona designada por el pronombre. Lo mismo ocurre si la forma tónica con preposición se coloca delante de la forma átona: A ELLA LE *he escrito;* A ÉL LE *dio un puñetazo;* A NOSOTROS NOS *han puesto una multa;* A TI TE *deseo muchas felicidades.*

Pronombres personales en función de complemento indirecto (formas átonas)

1.ª persona	pronombre «yo»: ME. *Me* enviaron un paquete. pronombre «nosotros», «nosotras»: NOS. *Nos* han quitado la libertad.
2.ª persona	pronombre «tú»: TE. *Te* doy lo tuyo. pronombre «usted»: LE. *Le* prometo una compensación. pronombre «vosotros», «vosotras»: OS. *Os* reservaremos el sitio. pronombre «ustedes»: LES. Allí *les* darán un resguardo.
3.ª persona	pronombre «él», «ella», «ello»: LE. He visto a Luisa y *le* he dado la noticia. pronombre «ellos», «ellas»: LES. He leído tus cuartillas y *les* he encontrado un defecto.

El pronombre átono complemento indirecto —lo mismo que ocurría con el directo— puede estar amplificado en cuanto a su sentido por un nombre que va después del verbo: LE *he dado* A JUAN *las buenas tardes;* LE *compraré unas flores* A MI CHICA; LES *escribo todas las semanas* A MIS PADRES.

Aunque habitualmente el complemento indirecto —coincidiendo una vez más con el directo—, si no es un pronombre átono, se enuncia después del verbo, puede ocurrir que un impulso de expresividad, al convertirlo en «tema» del enunciado, lo anticipe al principio de la frase, y en este caso es necesario que, inmediatamente antes del verbo, reaparezca ese mismo complemento bajo la forma de un pronombre personal átono. Tendríamos, así, AL LADRÓN LE *dio un puñetazo;* AL LIBRO LE *pongo un forro;* A LOS GOBERNADOS LES *hace mucho daño el mal ejemplo de los de arriba.*

8.6.3. *Concurrencia de pronombres átonos*

No es raro que en una misma oración se presente, además de un pronombre personal átono haciendo de complemento indirecto, otro pronombre átono haciendo de complemento directo. Cuando uno de estos complementos es una forma con *l,* es esta la que ocupa el segundo lugar:

NOS	LO	*quitaron.*
compl. indirecto	compl. directo	

ME	LE	*ofrecí.*
compl. directo	compl. indirecto	

Cuando corresponde usar seguidas dos formas con *l,* la primera de ellas —que es el complemento indirecto— se presenta en la variante *se.* Así, no decimos LES LO *quitaron,* sino SE LO *quitaron;* no *Dá*LELAS, sino *Dá*SELAS. (El pronombre *se* tiene otros usos muy distintos de este, de los cuales hablaremos en el apartado § 8.7.)

8.6.4. *Laísmo, leísmo y loísmo*

Hay varias zonas de España en que el uso popular y en ocasiones también el uso coloquial medio se atienen a unos empleos de los pronombres personales átonos que no coinciden con los normales, expuestos en los dos cuadros anteriores. De acuerdo con esas divergencias del uso normal, la distinción entre funciones (complemento directo/complemento indirecto) se borra, cediendo su lugar a la distinción entre géneros (masculino/femenino).

Así, en esas zonas, refiriéndose a una mujer, se dice, en coincidencia con el uso normal, LA *traigo en coche (la:* complemento directo); pero también se dice LA *traigo un regalo (la:* complemento indirecto), apartándose del uso normal, que diría LE *traigo un regalo.* Para referirse a una cosa de nombre femenino, p. ej., una botella, se dice LA *he comprado hoy (la:* complemento directo); pero también LA *arranco la etiqueta (la:* complemento indirecto). Es decir, se siente la forma *le* como masculina y la forma *la* como femenina en todo caso, sin atender a la distinta función gramatical. Esta práctica se llama *laísmo.*

En otras zonas, o a veces en las mismas, existe la tendencia a generalizar las formas *le* y *les* para la referencia a todos los nombres masculinos, tanto de cosas como de personas, y tanto para complemento directo como indirecto: LE *vi* (a él); LES *vi* (a ellos); LE *compré en la plaza* (hablando de un periódico); LES *compré en la plaza* (hablando de los zapatos). Solo el primero de estos cuatro ejemplos está de acuerdo con el uso normal de España (pero en América sería *lo).* Esta práctica recibe el nombre de *leísmo.* Un tipo particular de leísmo es el que emplea *le* o *les* para complemento directo femenino de persona: LE *encontré más delgada;* LES *saludé* (a ellas) *con la mano.*

Por último, en el nivel popular existe un uso de *lo* (singular) y *los* (plural) para la función de complemento indirecto con referencia a nombres masculinos: LO *puse pilas nuevas;* LOS *perdimos la pista.* Este fenómeno se llama *loísmo.*

8.6.5. *El complemento indirecto frente al de finalidad y al de destinatario*

Con lo dicho queda suficientemente delimitado el concepto de complemento indirecto: es un nombre que lleva delante la preposición *a;* que se distingue del complemento directo en que no pasa a ser sujeto de la oración cuando a esta se le da la construcción pasiva; y que se distingue del complemento adverbial en que siempre es sustituible por un pronombre personal átono; cuando el complemento indirecto no es un nombre, es precisamente un pronombre personal átono, sin preposición. Sin embargo, conviene advertir que las gramáticas corrientes incluyen bajo el rótulo de «complemento indirecto» otros dos complementos que no deben confundirse con él: el de *destinatario* (PARA LOS NIÑOS *te he traído unos tebeos)* y el de *finalidad (Hemos venido* PARA DESCANSAR*).* El de destinatario lleva siempre la preposición *para* (incluso si es un pronombre: *Traigo esto* PARA TI*);* el de finalidad puede elegir entre diversas preposiciones *(Hemos venido* A *descansar /* PARA *descansar /* POR *descansar /* A FIN DE *descansar...).* Ninguno de los dos puede ser un pronombre personal átono ni ser sustituido por un pronombre personal átono. Debemos considerarlos, pues, como complementos adverbiales. La distinción entre el complemento indirecto y el de destinatario puede verse claramente comparando la diferencia de significado que presentan estas dos frases:

> LE *di un mensaje* PARA TI.
> TE *di un mensaje* PARA ÉL.

Si todos los complementos escritos en VERSALITAS en estas dos oraciones fuesen indirectos, no habría diferencia de contenido entre la primera oración y la segunda. Solo son indirectos *le* y *te; para ti* y *para él* son de destinatario.

8.7. Construcciones pronominales

8.7.1. *Construcciones pronominales: sentido reflexivo*

Acabamos de ver (§ 8.6.3) cómo en algunos casos el pronombre átono complemento indirecto *le, les* toma la forma *se: Se lo quitaron* (equivalente a un supuesto «les lo quitaron»); *Dáselas* (equivalente a un supuesto «dálelas»). Si observamos ahora estas dos frases:

> 1. *Pedro* SE *lava después del trabajo;*
> 2. *Pedro* SE *lava las manos antes de comer,*

vemos que en ellas, en cambio, la palabra *se* solo podría ser sustituida por *le* o por *les* a costa de alterar por completo el significado de la oración. Decir *Pedro* LE *lava* es decir que lava a otro, a un ser que no es Pedro; mientras que decir *Pedro* SE *lava* es decir que el ser lavado es el propio Pedro, esto es, el mismo que hace la acción. Este

Formas átonas reflexivas de los pronombres personales

1.ª persona	pronombre «yo»: ME. *Me* lavo; *Me* lavo las manos. pronombre «nosotros», «nosotras»: NOS. *Nos* lavamos; *Nos* lavamos las manos.
2.ª persona	pronombre «tú»: TE. *Te* lavas; *Te* lavas las manos. pronombre «usted»: SE. [Usted] *se* lava; *Se* lava las manos. pronombre «vosotros», «vosotras»: OS. *Os* laváis; *Os* laváis las manos. pronombre «ustedes»: SE. [Ustedes] *se* lavan; *Se* lavan las manos.
3.ª persona	pronombre «él», «ella», «ello»: SE. [Él] *se* lava; *Se* lava las manos. pronombre «ellos», «ellas»: SE. [Ellos] *se* lavan; *Se* lavan las manos.

pronombre *se,* que representa, en función de complemento directo (en la oración 1) o indirecto (en la oración 2), al mismo ser representado en el sujeto, se dice que tiene un sentido *reflexivo.* Su forma es invariable, no cambia por referirse a varios en lugar de uno: *Él* SE *lava, Ellos* SE *lavan.* Y no solo vale para la tercera persona (él o ella, ellos o ellas), sino para la forma de cortesía de la segunda persona (usted, ustedes): *Usted* SE *lava, Ustedes* SE *lavan.* Para las otras personas, segunda persona normal (tú, vosotros o vosotras), y primera persona (yo, nosotros o nosotras), no existe una forma especial para el uso reflexi-

vo; se emplea sencillamente el pronombre átono (complemento directo o indirecto) correspondiente a la misma
persona que actúa como sujeto: [Yo] ME *lavo después del
trabajo;* [Nosotros o nosotras] NOS *lavamos después del
trabajo;* [Tú] TE *lavas después del trabajo;* [Vosotros o
vosotras] OS *laváis después del trabajo;* [Yo] ME *lavo las
manos antes de comer;* [Vosotros o vosotras] OS *laváis las
manos antes de comer.*

Todas estas construcciones en que el pronombre átono
designa al mismo ser designado en el sujeto se llaman
pronominales. Pero pueden encerrar una serie de sentidos
distintos del reflexivo.

8.7.2. *Sentido recíproco*

Puede ocurrir que la «idea reflexiva» de estas construcciones tome un sentido *recíproco.* Esto lo vemos comparando las siguientes oraciones:

1. *Los dos hermanos* SE *ven en una situación difícil.*
2. *Los dos hermanos* SE *ven a menudo.*

En la primera, los hermanos, conjuntamente, se ven a
sí mismos; en la segunda también se ven a sí mismos, pero
de otra manera: «cada uno» de los dos ve «al otro». El
mismo sentido de reciprocidad encontramos en *No* OS
peguéis; NOS *escribimos todas las semanas;* ¿SE *tienen ustedes mucha simpatía?* Una variante curiosa de la construcción pronominal con sentido recíproco es la que presenta
como sujeto uno solo de los participantes de la reciprocidad, mientras que el otro asume la forma de complemento
adverbial con la preposición *con: Me he pegado con un
compañero; La chica se escribe con un venezolano.* La diferencia de construcción con respecto a la forma recíproca
«normal» *(Un compañero y yo nos hemos pegado; La chica
y un venezolano se escriben)* obedece a la intención del

hablante de presentar como «tema» a uno solo de los co-protagonistas.

8.7.3. *Uso expresivo*

Hay ocasiones en que se emplea la construcción prono-minal sin que la presencia del pronombre átono cambie el significado de la oración. Entre decir *Pablo* SE *bebió una botella; Pablo* SE *cayó por la escalera; Pablo* SE *murió,* y decir *Pablo bebió una botella; Pablo cayó por la escalera* y *Pablo murió,* no hay diferencia objetiva de significado: los mensajes transmitidos son los mismos (en cambio, sí ha-bría diferencia entre decir *Pablo* SE *lava* y *Pablo lava).* El pronombre *se* en esos tres ejemplos es un complemento indirecto innecesario; solamente *hace más expresiva* la comunicación. Otros ejemplos de este complemento indi-recto son: ME *subí al piso quinto;* ¿OS *tomasteis toda la tarta?*

8.7.4. *Sentido incoativo*

En otros casos, el pronombre átono no es ya un com-plemento directo ni indirecto, sino que es un elemento que transforma la significación del verbo indicando comienzo de la acción. Comparemos estas dos frases:

1. *El niño* SE *ha dormido* (significa que «ha empezado a dormir»);
2. *El niño ha dormido* (significa que «ha terminado de dormir»).

La misma diferencia hallamos entre ME *voy a casa* («empiezo a ir a casa») y *Voy a casa* («estoy yendo a casa»). Esto solo ocurre con unos pocos verbos.

8.7.5. *Construcción pronominal obligada*

Distinto de los anteriores es el empleo de la construcción pronominal por pura exigencia de ciertos verbos que
no pueden usarse sino en esa forma: *suicidarse, arrepentirse, jactarse*. En estos casos, a diferencia de todos los anteriores, no hay posibilidad de alternancia entre la forma
pronominal y la no pronominal.

8.7.6. *Construcción pronominal media*

Conviene ahora que nos fijemos en la significación que
encierra en ocasiones la construcción pronominal. Veamos estas dos oraciones:

1. *El nadador se ha ahogado;*
2. *El puente se ha hundido,*

y comparémoslas con la que vimos al principio de este
apartado:

3. *Pedro se lava después del trabajo.*

Las tres son, sin duda, pronominales, puesto que en las
tres el pronombre átono *se* designa al mismo ser mencionado en el sujeto. De la número 3 dijimos que en ella el
pronombre *se* indicaba que el ser lavado era el mismo
(Pedro) que hacía la acción, o sea, que Pedro lavaba al
mismo Pedro; llamábamos a esto sentido *reflexivo*. ¿Podríamos decir lo mismo de las oraciones 1 y 2? Evidentemente, no: en ellas no decimos ni que el nadador ha
ahogado al mismo nadador, ni que el puente ha sido el que
ha hundido el puente. Aquí la forma pronominal tiene un
sentido diferente del reflexivo; dice que al nadador y al

puente, sin que ellos hicieran nada para ello, sin que tampoco se piense en un causante de la acción, «les ocurrió» algo. Este uso de la construcción pronominal se llama construcción pronominal *media.* Observemos que puede presentarse en todas las personas: *No me ahogaré si nado por esta parte; Os habéis hundido en la pobreza.*

Decir que en estos casos no se piensa en un «agente» no significa que no se pueda pensar en una «causa». La construcción seguirá siendo media si, en lugar de decir *El puente se ha hundido,* decimos *El puente se ha hundido con* (o *por) la carga excesiva;* esto es, «a consecuencia de la carga excesiva». Aquí se ha expresado causa y no agente [6].

8.7.7. *Sentido pasivo*

Otro uso particular de la construcción pronominal presenta cierta semejanza con el que acabamos de ver. Es el que hallamos en estos ejemplos:

1. *Se alquila un piso.*
2. *Tres mil toneladas se han exportado en los últimos seis meses.*
3. *El teatro se inauguró en 1920.*

---

[6] La diferencia entre la noción de causa y la de agente, aunque se trate de nociones vecinas, puede apreciarse cotejando estos dos ejemplos de estructura similar:

1. *La corrida fue suspendida por la lluvia.*
2. *El valle fue anegado por las aguas.*

Ambas son construcciones pasivas. Pero en la oración 1 se quiere decir que «la corrida fue suspendida como consecuencia de la lluvia» (y no que «la lluvia suspendió la corrida»); y en la oración 2 lo que se quiere decir es que «las aguas anegaron el valle» (y no que «el valle fue anegado como consecuencia de las aguas»). En el primer caso tenemos un complemento de causa, *por la lluvia,* y en el segundo, un complemento agente, *por las aguas.* Así como la oración 1 podría transformarse en una oración pronominal media *(La corrida se suspendió por la lluvia),* la oración 2 no admitiría tal transformación, al menos sin alterar el sentido.

En las tres oraciones, en efecto, el sujeto no se hace la acción a sí propio: ni el piso se vende a sí mismo, ni las toneladas se han exportado por sí solas, ni el teatro se inauguró por su cuenta. El sujeto no designa un ser que «hace» algo, sino al que «le ocurre» algo. En esto coinciden los tres ejemplos con el caso anterior. Pero se diferencian de él: 1.º, en que pueden transformarse en construcciones pasivas equivalentes: *Un piso es alquilado; Tres mil toneladas han sido exportadas en los últimos seis meses; El teatro fue inaugurado en 1920;* 2.º, en que el sujeto es siempre nombre de cosa [7], y 3.º, en que no podrían construirse en primera o segunda persona sin cambiar de sentido (sería tal vez posible decir *Me alquilo, Te has exportado,* pero estas frases no serían equivalentes a «soy alquilado» y «has sido exportado», puesto que su sentido sería realmente reflexivo). Las construcciones pronominales que —como *Se alquila un piso,* etc.— son transformables en construcciones pasivas y solo pueden usarse en tercera persona se llaman pronominales *pasivas* [8].

8.7.8.   *Sentido impersonal*

En las construcciones pronominales pasivas, como en las medias, el sujeto de la oración designa el «tema», que no es aquí el ser que realiza la acción. En realidad, en estos casos el que habla no piensa en quién realiza la acción, o porque no lo sabe o porque no le parece necesario concretarlo.

---

[7] O persona cosificada, como ocurre en este ejemplo: *Se necesitan empleados de ambos sexos.* (Otro caso de «cosificación» gramatical vimos en § 8.5.3, al tratar del complemento directo con y sin preposición.)

[8] Las gramáticas suelen llamarlas «pasivas reflejas», es decir, pasivas reflexivas; pero ya vemos que no son reflexivas precisamente.

Esta indiferencia hacia el realizador de la acción es también característica de unas construcciones con *se* que no tienen sujeto alguno:

1. *Se vive bien aquí.*
2. *Se acoge a todo el mundo.*

Estas construcciones pronominales *impersonales* se distinguen de las pronominales pasivas no solo en que no tienen sujeto, sino en que emplean el verbo únicamente en la forma correspondiente a la persona «él» (no se podría decir «Se *viven* bien aquí»; mientras que junto a *Se* ALQUILA *un piso* —pronominal pasivo— habríamos de decir «*Se alquilan* dos pisos»). Pueden, además, llevar, como vemos en el ejemplo número 2, un complemento directo con *a*.

8.8. El predicado cualitativo

8.8.1. *El predicativo*

En la oración *Aquella chica era guapa,* el predicado es *era guapa,* y el núcleo de este predicado es —según lo que decíamos al comienzo de este capítulo— el verbo *era.* ¿Qué es el resto del predicado: *guapa? Guapa* es una palabra que pertenece a la categoría de los adjetivos; en efecto, puede ir normalmente unida al nombre *chica: aquella chica guapa, aquella guapa chica.* Sin embargo, no funciona aquí como verdadero adjetivo, ya que no va como complemento unido al nombre *chica,* sino que es un elemento del predicado *era guapa.* Por otra parte, su naturaleza de adjetivo no ha desaparecido; lo demuestra el que mantenga la concordancia con el nombre, igual que la presenta un adjetivo complemento (si el sujeto fuese *aquellas chicas,* el predicado habría de ser *eran* GUAPAS; si el sujeto fuese *aquel niño,* el predicado pasaría a ser *era* GUAPO).

El adjetivo –*guapa*– que forma parte del predicado y está en concordancia con el núcleo del sujeto –*chica*– se llama *predicativo* [9]. Otros ejemplos de predicativos (que se señalan en VERSALITAS) los encontramos en estas oraciones: *El jefe está* ENFERMO; *La fiesta resultó muy* AGRADABLE; *Los viajeros han llegado* HAMBRIENTOS. Como vemos en el segundo ejemplo, el adjetivo predicativo *(agradable)* puede ir acompañado de complemento *(muy)* igual que ocurre con el adjetivo complemento del nombre.

Pero no es solo el adjetivo el que puede desempeñar la función de predicativo. De la misma manera que puede actuar como complemento de un nombre otro nombre, sin preposición *(el médico* PINTOR) o con ella *(el médico* DE NIÑOS), desempeñando con respecto al primero el mismo papel que un adjetivo (v. § 7.4), también puede ocurrir que haga de predicativo, no un adjetivo, sino un nombre con o sin preposición: *Este médico es* PINTOR; *Este médico es* DE NIÑOS. En estos casos, igual que en los de adjetivo, el predicado dice lo que es o cómo es el ser mencionado en el sujeto, esto es, enuncia alguna «cualidad» (o todo un conjunto de cualidades); por eso decimos que el predicado es *cualitativo.*

8.8.2. *Predicativo adjetivo y nombre*

Naturalmente, hay una diferencia entre el predicativo constituido por un adjetivo y el constituido por un nombre. El primero, como hemos visto, está en concordancia

---

[9] El nombre que suelen darle los gramáticos es el de «atributo». Pero, como esta denominación la emplean otros para designar el adjetivo unido al nombre, es preferible, para evitar toda confusión, el término *predicativo,* utilizado por varios autores modernos.

con el núcleo del sujeto, es decir, tiene que ir en la forma que corresponda al mismo género y número que tiene esa palabra núcleo del sujeto *(Los viajeros han llegado* HAMBRIENTOS: no *hambrientas,* ni *hambriento,* ni *hambrienta).* En cambio, cuando el predicativo es nombre, la concordancia solo se da a veces: se dice, por ejemplo, *Este médico es* PINTOR (no *pintora,* ni *pintores,* ni *pintoras);* pero, al lado de esto, se dice, y no se podría decir de otra manera, *Los gastos excesivos fueron su* RUINA.

8.8.3. *Predicativo pronombre «neutro»*

El término predicativo puede ser un pronombre «neutro», el cual designa de manera global y vaga una cualidad o suma de cualidades mencionada en un momento anterior por medio de algún adjetivo o sustantivo: *¿Ladrón?, ¿estafador?, yo no soy* ESO. El pronombre más frecuente en estos casos es el personal, que toma la misma forma átona que cuando hace de complemento directo: *Si yo soy testarudo, ella* LO *es más; Aunque soy español, no* LO *parezco; Ayer no estabas cansado, pero hoy sí* LO *estás.* La forma de estos pronombres no se altera aunque se refieran a un sujeto plural: *Si yo soy testarudo, vosotros* LO *sois más.* Obsérvese que el uso predicativo de *lo* es limitado: es corriente con los verbos *ser, estar, parecer,* pero es raro y aun inusitado con otros (no se podría decir, por ejemplo: *¿Llegaron hambrientos? –Sí,* LO *llegaron).*

8.8.4. *Predicativo verbo: el infinitivo*

En un predicado cualitativo puede funcionar como predicativo un verbo, que para ello ha de tomar la forma llamada *infinitivo* (terminada en *-ar / -er / -ir)* o la for-

ma llamada *participio* (terminada en *-ado / -ido).* El infinitivo ya sabemos que es el «nombre» del verbo y que, en
efecto, su función es la de un nombre (v. §§ 8.2.3 y 8.5.4);
por ello es natural que pueda presentarse como predicativo: *Mi vida es* LUCHAR; *Querer es* PODER.

8.8.5. *Predicativo participio. La construcción pasiva*

En cuanto al participio, es (salvo en el caso en que va
acompañando al verbo *haber)* un *adjetivo* que, referido a
un sustantivo, denota que en el ser designado por este se
ha producido la acción significada por el participio. Si
decimos, por ejemplo, *Los jugadores* SELECCIONADOS *son
diecisiete,* la palabra *seleccionados,* participio (del verbo
seleccionar), indica que «alguien seleccionó a esos jugadores», pero lo indica en forma de adjetivo; es decir, presenta ese hecho que «les ha ocurrido» a los jugadores como
una cualidad de estos (de la misma manera que se podría
haber dicho, por ejemplo: *Los jugadores* MEJORES *son
diecisiete).* Notemos que el participio *seleccionados* va en
la forma masculina plural (no diríamos *seleccionado,* ni
seleccionada, ni *seleccionadas),* exactamente igual que el
sustantivo *jugadores;* esto es, tiene concordancia con el
sustantivo al que se refiere, lo cual confirma su carácter
de adjetivo. En el ejemplo precedente, el participio-adjeti-
vo actúa como complemento del nombre; pero, al igual
que otros adjetivos, puede ocurrir que funcione como
predicativo:

> *Los diecisiete jugadores fueron* SELECCIONADOS;
> *Los diecisiete jugadores están* SELECCIONADOS;
> *Los diecisiete jugadores resultaron* SELECCIONADOS;
> *Los diecisiete jugadores han quedado* SELECCIONADOS.

En estos casos se dice que el verbo-núcleo y el participio, unidos, forman una *construcción pasiva* [10], en la cual se habla de una acción que «no hace» el ser designado por el sujeto, sino que «se la hacen» a él. Las construcciones pasivas tienen la particularidad de que pueden transformarse en una forma normal del verbo al que pertenece el participio, pasando entonces a ser complemento directo el que antes era sujeto (a fin de que no cambie el sentido de la oración): *Se* SELECCIONÓ *a los diecisiete jugadores.* Otros ejemplos: *Las casas* FUERON DERRIBADAS = DERRIBARON *las casas; Un hombre* HA RESULTADO HERIDO = HAN HERIDO *a un hombre.*

Pero conviene observar que no siempre que encontremos la terminación *-ado* o *-ido* en una palabra que funciona como adjetivo se trata de un participio, aunque signifique, como los verbos, una acción. Cuando decimos *Este periodista es muy* ATREVIDO, la palabra *atrevido,* por más que parezca participio del verbo *atreverse,* es un simple adjetivo (equivale a «audaz»), y por ello no podría hablarse aquí de una construcción pasiva. Lo mismo ocurriría en *La fiebre es bastante* ELEVADA (esto es, «alta»); *Los rasgos de su cara eran un poco* ACUSADOS (o sea, «sobresalientes»); *Esta señora es muy* DISTINGUIDA (es decir, «de alta categoría»). Notemos que a veces estas palabras recobran su valor de participios, que se hace visible por la presencia de complementos propios de verbo; así, *Nuestro director ha sido* DISTINGUIDO *con una condecoración; El portero fue* ACUSADO *de robo; Las tarifas eléctricas serán* ELEVADAS *en un diez por ciento.* Encontramos claramente en estos casos el sentido propio de las construcciones pasivas.

---

[10] Las gramáticas suelen decir, no *construcción pasiva,* sino «voz pasiva», y limitar esta denominación a las construcciones formadas por *ser* + participio *(Los diecisiete jugadores* FUERON SELECCIONADOS).

8.8.6. *Predicativo de doble referencia*

Un tipo especial de predicado cualitativo es el que ofrecen oraciones como estas:

> *Te encuentro más* DELGADO;
> *Esta mujer me pone* ENFERMO;
> *Han nombrado* INSPECTOR *a mi primo;*
> *El tribunal ha declarado* INOCENTES *a todos los acusados;*
> *Me considero* INCAPAZ.

En todas ellas existe un predicativo *(delgado, enfermo, inspector, inocentes, incapaz)* que tiene la particularidad de referirse, no ya al sujeto, como en todos los casos vistos anteriormente, sino a un elemento que está dentro del propio predicado: el complemento directo. En efecto, *delgado* se dice de «ti» *(te,* complemento directo); *enfermo,* de «mí» *(me,* complemento directo). La prueba de que las palabras *delgado, enfermo,* etc., son predicativos, y no complementos, de los complementos directos, está en que la transformación pasiva separaría automáticamente estos (que quedarían como sujetos) de aquellos (que figurarían, de nuevo como predicativos, en el predicado):

> «[TÚ] eres encontrado más DELGADO»;
> «[YO] soy puesto ENFERMO por esta mujer»;
> «MI PRIMO ha sido nombrado INSPECTOR»;
> «TODOS LOS ACUSADOS han sido declarados INOCENTES»;
> «[YO] soy considerado INCAPAZ por mí [mismo]».

9. LAS PROPOSICIONES

9.1. La proposición adjetiva

9.1.1. *Proposiciones. Proposición adjetiva*

En las tres oraciones que siguen viene a decirse una misma cosa:

1. *Un obrero parado pasa hambre;*
2. *Un obrero sin trabajo pasa hambre;*
3. *Un obrero que no tiene trabajo pasa hambre.*

Las tres oraciones tiene igual predicado: *pasa hambre.* En cuanto a los sujetos, el núcleo y su primer complemento son también comunes: *un obrero.* Solo hay diferencia en el segundo acompañante de ese núcleo: en la oración número 1 se trata de un adjetivo, *parado;* en la oración número 2 es *sin trabajo,* un sustantivo con preposición, el cual, precisamente por llevar preposición, es capaz de funcionar, y funciona, como adjetivo (caso corriente de traslación que ya estudiamos en el capítulo 7); y, por último, en la oración número 3, hay un conjunto de palabras, *que no tiene trabajo,* conjunto que, igual que los acompa-

ñantes vistos en las oraciones anteriores, funciona como
un adjetivo.

¿Cómo está constituido, en la tercera oración, este conjunto de palabras que funciona como adjetivo? Vemos que
está formado por un verbo, *tiene,* acompañado de dos
complementos: uno, adverbial *(no);* el otro, directo *(trabajo);* y que todo el grupo se une al nombre *obrero* —núcleo
del sujeto— por medio de la palabra *que.* Observemos que
no tiene trabajo ofrece, con su verbo y sus complementos,
la forma de un predicado. Su sujeto pensado sería el
mismo «obrero» de quien decimos que «pasa hambre»;
pero su sujeto real es la palabra *que,* con la cual hacemos
referencia al citado obrero. Tenemos, pues, una oración
constituida por un sujeto (la palabra *que)* y un predicado
(no tiene trabajo). En conjunto es, más o menos, como si
dijéramos: «El obrero (este obrero no tiene trabajo) pasa
hambre». Pero esa oración —*que no tiene trabajo*— no
funciona *como oración,* sino *como adjetivo dentro de otra
oración;* y el factor que realiza esta traslación es la palabra
de enlace *que,* llamada *relativo.*

Las oraciones que no funcionan como tales oraciones,
sino que solo desempeñan una función (de adjetivo u otra)
dentro de otra oración, se llaman *proposiciones* [1]. La estudiada en nuestro ejemplo, por tener función de adjetivo,
es una *proposición adjetiva.*

---

[1] Tradicionalmente reciben el nombre de «oraciones subordinadas»:
pero, puesto que no funcionan como oraciones, no parece apropiado
seguir llamándolas así. El nombre de *proposiciones* ha sido usado por
varios gramáticos de nuestro idioma para designar estas oraciones que
han sido desprovistas de su carácter de tales para funcionar solo como
elementos dentro de otra oración.

9.1.2. *Palabra de enlace: pronombre relativo*

En las proposiciones adjetivas, la palabra de enlace no siempre es el escueto relativo *que* que hemos visto en el ejemplo comentado. Puede ir el relativo precedido de una preposición, y en este caso llevar también artículo:

1. *El obrero* DEL QUE *hablamos es albañil;*
2. *Las ayudas* CON QUE *cuento son muy pocas;*
3. *Las casas* EN LAS QUE *vivíamos estaban lejos del centro;*
4. *El chico* AL QUE *dieron el premio ha desaparecido;*
5. *El amigo* AL QUE *he llamado vendrá esta tarde.*

Las proposiciones adjetivas que figuran en estas cinco oraciones son:

1. DEL QUE *hablamos;*
2. CON QUE *cuento;*
3. EN LAS QUE *vivíamos;*
4. AL QUE *dieron el premio;*
5. AL QUE *he llamado,*

las cuales, si fueran oraciones y no proposiciones, es decir, si estuvieran libres de la función que realizan dentro de las oraciones en que se encuentran, serían:

1. DE ESTE OBRERO *hablamos;*
2. CON ESTAS AYUDAS *cuento;*
3. EN ESTAS CASAS *vivíamos;*
4. A ESTE CHICO *(le) dieron el premio;*
5. A ESTE AMIGO *(le) he llamado.*

Vemos así que, en las cinco proposiciones, el relativo (con preposición y con o sin artículo) hace un papel que no es ya el de sujeto, sino el de complemento: adverbial en las tres primeras, indirecto en la cuarta y directo en la quinta. Claro es que en el caso último, esto es, cuando el relativo es complemento directo dentro de la proposición, no siempre va precedido de *a: Las tierras* QUE *ha vendido no daban fruto* (la proposición es *que ha vendido,* equivalente a una supuesta oración ESTAS TIERRAS [*las*] *ha vendido*). La falta de preposición ante el relativo complemento directo se produce incluso —más a menudo que cuando el complemento directo es un nombre— cuando ese relativo designa persona: *El amigo* QUE *he llamado vendrá esta tarde.*

Existen otros relativos que pueden desempeñar las mismas funciones que el *que* de los anteriores ejemplos; son *cual* y *quien.* Los dos tienen formas singular y plural *(cual, cuales; quien, quienes).* El primero se usa siempre con artículo; el segundo nunca lo lleva. De *quien* hay que decir, además, que en proposiciones adjetivas casi siempre se presenta precedido de preposición, y que normalmente hace referencia a persona. Ejemplos: *Las hijas de nuestros vecinos,* LAS CUALES *nos visitaban todas las tardes, dejaron de venir (las cuales* funciona como sujeto en la proposición *las cuales nos visitaban todas las tardes); Las personas* EN QUIENES *más confiábamos nos defraudaron (en quienes* funciona como complemento adverbial en la proposición *en quienes más confiábamos).*

Un tercer relativo, *cuanto,* aparece en proposición adjetiva solamente cuando esta es complemento inmediato del pronombre *todo: Todo* CUANTO *tengo es tuyo (cuanto* funciona como complemento directo en la proposición *cuanto tengo).*

Estos tres relativos, *cual, quien* y *cuanto,* se pueden sustituir por *que* (con o sin artículo, según los casos) en las proposiciones adjetivas en que se presentan: *Las hijas de nuestros vecinos,* QUE *nos visitaban todas las tardes, dejaron de venir; Las personas* EN LAS QUE (O EN QUE) *más confiábamos nos defraudaron; Todo* LO QUE *tengo es tuyo. Que,* válido para todos los casos, es el más usado; los otros, que exigen determinadas condiciones para su empleo, son por ello más raros, pero ofrecen la ventaja de una precisión y una expresividad mayores.

Los cuatro relativos que hemos visto hasta ahora –*que, cual, quien, cuanto*– coinciden en su capacidad de desempeñar (dentro de la proposición) funciones propias de sustantivo, como son las de sujeto, complemento directo y complemento indirecto –aparte de la función de complemento adverbial, que realizan mediante la traslación con preposición–. Son, pues, verdaderos *sustantivos;* pero no son nombres, ya que su significado no corresponde a seres o tipos de seres fijos y determinados; sino que son *pronombres,* al ser su significado totalmente dependiente del sustantivo que los precede en cada caso.

9.1.3. *Adjetivo relativo*

Una proposición adjetiva puede estar también introducida por el relativo *cuyo,* que no funciona en ella como sustantivo, sino como *adjetivo: La casa* CUYO *arquitecto fue procesado es esta.* En esta oración, el sujeto es *la casa cuyo arquitecto fue procesado;* el predicado, *es esta.* Dentro del sujeto hay una proposición: *cuyo arquitecto fue procesado,* que funciona como complemento (adjetivo) de *casa.* La proposición lleva como palabra de enlace el relativo *cuyo,* que se junta al nombre *arquitecto* para indicar de quién o de qué es el arquitecto (lo mismo que haría el adjetivo *su* si la proposición fuese oración independiente: SU *arquitecto fue procesado).*

Notemos que este adjetivo relativo, dotado de formas distintas para masculino y femenino, singular y plural *(cuyo, cuya, cuyos, cuyas)*, presenta siempre concordancia con el nombre al que se une, igual que hacen todos los adjetivos: *El niño* CUYOS PADRES *murieron en el accidente vive ahora con unos tíos suyos; El hombre* CUYAS OBRAS *no responden a las palabras es un hipócrita.*

9.1.4. *Adverbio relativo*

Otras palabras de enlace, introductoras de proposiciones adjetivas, son las que vemos en estas dos oraciones:

1. *El pueblo* DONDE *nací está muy lejos;*
2. *El modo* COMO *lo consiguieron fue muy extraño.*

En el primer ejemplo, la proposición *donde nací* va introducida por el relativo *donde,* y sirve de adjetivo a *pueblo.* En la segunda oración, la proposición es *como lo consiguieron,* introducida por el relativo *como,* y actúa como adjetivo del nombre *modo.* ¿Qué papel desempeñan, dentro de sus respectivas proposiciones, los relativos *donde* y *como?* Observemos que la oración número 1, *El pueblo donde nací está muy lejos,* equivale a *El pueblo* EN QUE *nací está muy lejos;* y que la número 2, *El modo como lo consiguieron fue muy extraño,* equivale a *El modo* EN (o CON) QUE *lo consiguieron fue muy extraño.* Es decir, en ambos casos el relativo tiene una función de complemento adverbial. Lo mismo ocurrirá en cualquier otro ejemplo que busquemos de proposición adjetiva introducida por alguno de estos dos relativos, que no pueden desempeñar función de sujeto, ni de complemento directo, ni de complemento indirecto, ni de complemento de un nombre; sino solo la de complemento adverbial. Estos relativos son, pues, *adverbios.*

9.1.5. *Proposición adjetiva como complemento de un nombre*

En todos los ejemplos que hemos mostrado, las proposiciones adjetivas actúan como complementos de nombres que son núcleos de sujeto. Pero, como el adjetivo es complemento del nombre, sea cual sea la función que este último desempeñe en la oración, podremos encontrar, naturalmente, abundantes casos en que una proposición adjetiva acompañe a un nombre que sea complemento dentro del sujeto o dentro del predicado: *Los muebles de la casa* QUE HEMOS VISITADO *me han gustado mucho; Vamos a ver la película* QUE ME RECOMENDASTE (los nombres *casa* y *película,* a los que se unen las proposiciones adjetivas señaladas en VERSALITA, desempeñan en sus oraciones respectivas las funciones de complemento de nombre y complemento directo).

9.1.6. *Proposición adjetiva como complemento de un pronombre*

No solo a un nombre, también a un pronombre puede adherirse una proposición adjetiva: *Aquellos* QUE DESOBEDEZCAN *serán castigados; Estos* QUE HAS COMPRADO *no parecen buenos; Tú,* QUE ERES MI AMIGO, *no me abandonarás. Aquellos, estos* y *tú* son pronombres que van acompañados cada uno por una proposición adjetiva.

9.1.7. *Proposición adjetiva referida a toda una oración*

Igualmente puede agregarse la proposición adjetiva, no ya a un elemento de la oración, sino a *toda* la oración: *Trabaja mucho,* LO CUAL ACABARÁ CON SU SALUD; *El jefe no ha venido hoy,* POR LO QUE AQUÍ SE HA TRABAJADO POCO; *Me han mandado una felicitación muy amable,* DE

DONDE DEDUZCO UNA COSA. La adherencia habitual de la
proposición adjetiva con respecto al sustantivo antecedente, al estar en este caso diluida para toda una oración y no
centrada en un sustantivo, se hace más floja, permitiendo
—cuando la oración es larga— una pausa marcada antes de
la proposición. Por ello, también, son construcciones fácilmente disociables en dos oraciones independientes, es
decir, son transformables en una coordinación: *Trabaja
mucho,* Y ESTO *acabará con su salud; El jefe no ha venido
hoy,* Y POR ESO *aquí se ha trabajado poco; Me han mandado una felicitación muy amable,* Y DE AQUÍ *deduzco una
cosa.* Esta tendencia a la disociación ocurre igualmente
cuando la proposición adjetiva se refiere a un nombre que,
funcionando como aposición, resume la oración que precede: *Trabaja mucho,* COSA QUE *acabará con su salud.*
Como se ve, en este caso la pausa se produce antes del
nombre resumidor.

9.1.8.   *Proposición adjetiva de participio*

Un tipo especial de proposición adjetiva es aquella en
que el verbo se presenta en la forma de participio, que es,
precisamente, la forma en que el verbo, sin auxilio de
ninguna palabra de enlace, funciona como adjetivo: *Las
participaciones de lotería* VENDIDAS POR AQUELLA MUJER
eran falsas. El participio, que, en cuanto verbo, admite
complemento de verbo (aquí, por ejemplo, el complemento adverbial de agente *por aquella mujer),* en cuanto adjetivo tiene que coincidir en género (masculino/femenino) y
número (singular/plural) con el sustantivo al que se une:
aquí, *vendidas* tiene concordancia con *participaciones.*

La forma mínima de estas proposiciones es la constituida por un simple participio sin complementos: *Las participaciones* VENDIDAS *eran falsas.* En este caso la proposición viene a confundirse externamente con un puro adjetivo, y, sintácticamente, como simple adjetivo debemos considerarla. Se diferencia el participio del adjetivo, no en la forma, que a veces coincide *(honrado,* participio de *honrar / honrado* «honesto»), sino en la posibilidad que tiene el primero de recibir complementos de verbo *(Un hombre* HONRADO POR SUS SUPERIORES *trabajará con más empeño; Un hombre* HONRADO *trabaja con empeño),* aparte del significado, que en el participio es el de que «al ser designado por el sustantivo le ha ocurrido la acción expresada por el verbo» («las participaciones han sido vendidas», «el hombre ha sido honrado»), mientras que en el adjetivo es el de «mera cualidad».

9.1.9. *Proposición adjetiva de gerundio*

Existen también proposiciones adjetivas en que el verbo, sin palabra de enlace, va en la forma de gerundio: *Había un chico* VENDIENDO POSTALES; *Hoy publica el Boletín una orden* PROHIBIENDO LA FABRICACIÓN DE ESTOS JUGUETES. Observemos que en estas proposiciones el gerundio es sustituible por una forma personal del verbo precedida del relativo *que: un chico* VENDIENDO = *un chico* QUE VENDÍA; *una orden* PROHIBIENDO = *una orden* QUE PROHÍBE. En los casos en que la proposición se agrega a un nombre de cosa —como en el último ejemplo citado, *una orden*— se considera preferible emplear la construcción *que* + verbo *(que prohíbe).*

9.1.10. *Proposición adjetiva de infinitivo*

Hay, por último, proposiciones adjetivas en que el verbo va en la forma de infinitivo; pero estas, a diferencia de las de participio y de gerundio, llevan una palabra de enlace, el relativo *que: Tenemos muchas cosas* QUE HACER;

No faltan algunas enseñanzas QUE TOMAR DE LOS DEMÁS. También, en lugar de esa palabra de enlace, puede aparecer precedido el infinitivo de la preposición *por: Quedan muchas cosas* POR HACER; *Hay todavía medio millón de niños* POR LLEVAR A LA ESCUELA. Es tachado de poco correcto, aunque cada vez está más extendido, el empleo de la preposición *a: Las etapas* A CUBRIR *son cinco; Estos son los aspectos* A CONSIDERAR.

El sentido de las proposiciones que acabamos de ver es el de «obligación o necesidad de realizar, sobre el objeto designado por el nombre, la acción expresada por el infinitivo». Naturalmente, otras proposiciones adjetivas con infinitivo, con preposiciones distintas, expresan distintos sentidos: *He comprado una máquina* DE COSER; *Han inventado un dispositivo* PARA EVITAR ERRORES EN LA TRANSMISIÓN.

9.1.11. *Proposiciones adjetivas especificativas y explicativas*

Volviendo ahora a las proposiciones adjetivas introducidas por un relativo o constituidas por un participio, conviene que observemos que estas proposiciones, aunque todas desempeñan una misma función —la de adjetivo— dentro de la oración, pueden precisar de dos maneras distintas el significado del sustantivo al que van unidas. En estos dos ejemplos,

1. *Los soldados* QUE IGNORABAN ESTO *cayeron en la trampa;*
2. *Los soldados,* QUE IGNORABAN ESTO, *cayeron en la trampa,*

las palabras son exactamente las mismas, pero no lo es el sentido. En la primera oración decimos que «*no todos* los soldados, *solo* aquellos que ignoraban determinada cosa, fueron los que cayeron en la trampa»; en la segunda, lo que decimos es que «*todos* los soldados ignoraban esto y *todos* cayeron en la trampa». La diferencia entre estos dos sentidos está marcada solamente por la pausa que se produce, en la segunda oración, entre el nombre y la proposición adjetiva, y que en la escritura se indica por medio de una coma. En la primera oración no hay pausa (ni coma) ninguna entre el nombre y la proposición. Cuando no hay pausa, la proposición adjetiva aporta un fundamental *detalle especificador* o *limitador* del significado del nombre (proposición *especificativa);* cuando hay pausa, la proposición adjetiva es solo un *desarrollo* o *suplemento* de ese significado, y podría suprimirse sin que se alterase lo esencial del mensaje comunicado por la oración (proposición *explicativa).*

9.1.12. *Adjetivos especificativos y explicativos*

Esta distinción, en realidad, no es exclusiva de las proposiciones adjetivas; puede señalarse igualmente en los adjetivos calificativos normales. Para comprobar esto nos basta comparar las dos oraciones que acabamos de ver con esta otra pareja, de sentido equivalente:

1. *Los soldados* IGNORANTES DE ESTO *cayeron en la trampa;*
2. *Los soldados,* IGNORANTES DE ESTO, *cayeron en la trampa.*

O con esta otra:

1. *El comerciante* ASTUTO *calló el mal estado de la mercancía;*
2. *El comerciante,* ASTUTO, *calló el mal estado de la mercancía,*

donde, en la oración número 1, el adjetivo *astuto* sirve para especificar cuál de los comerciantes fue el que calló el mal estado de la mercancía: precisamente el astuto, y no ninguno de los demás; mientras que, en la oración número 2, el adjetivo *astuto* añade solo un detalle circunstancial, un comentario del hablante, que no se utiliza para diferenciar a este comerciante de los demás.

Cuando, como en este último par de ejemplos, se trata de un simple adjetivo que no lleva complemento detrás, el sentido expresado por la oración número 2 puede expresarse también por medio de la anteposición del adjetivo: *El* ASTUTO *comerciante calló el mal estado de la mercancía.*

9.2. La proposición sustantiva

9.2.1. *Proposición sustantiva introducida por relativo*

Examinemos ahora estas oraciones:

1. QUIEN MAL ANDA *mal acaba.*
2. EL QUE HA DICHO ESTO *no está en sus cabales.*
3. LO QUE HE GANADO EN EL NEGOCIO *ha sido bien poco.*
4. CUANTO NOS DIJERON *era verdad.*

En las cuatro, el sujeto (señalado en VERSALITA) es una proposición. Cada una de estas proposiciones tiene, a su vez, su sujeto (1, *quien;* 2, *el que;* 3, [*yo*]; 4, [*ellos*]) y su predicado (1, *mal anda;* 2, *ha dicho esto;* 3, *lo que he ganado en el negocio;* 4, *cuanto nos dijeron);* y en cada una de ellas hay una palabra de enlace que la inserta dentro de la oración total y que la hace funcionar como un elemento componente de esta. La palabra de enlace es en las cuatro proposiciones un relativo *(que,* precedido de artículo; *quien, cuanto).*

Las cuatro proposiciones hacen —ya lo hemos visto— el papel de sujeto dentro de su respectiva oración. Como, según sabemos ya, la función de sujeto es una función propia de sustantivos, las proposiciones que desempeñan esa función es natural que se llamen *proposiciones sustantivas* [2].

No solo la función de sujeto, sino otras funciones propias del sustantivo, como son la de complemento directo, la de complemento indirecto, la de predicativo, pueden estar desempeñadas por proposiciones, según vemos en estos ejemplos:

1. *No creas* A QUIEN TE DIGA ESO. (La proposición hace de complemento directo.)
2. *No creas* LO QUE TE DIGAN. (La proposición hace de complemento directo.)
3. *Olvidaron* CUANTO SE LES HABÍA MANDADO. (La proposición hace de complemento directo.)

---

[2] En los ejemplos números 2 y 3 vemos que para que la proposición pueda desempeñar su papel sustantivo en la oración tiene que ir precedida de artículo; si no lo llevara, se quedaría en proposición adjetiva, que no podría funcionar sin adherirse a un sustantivo (por ejemplo, *El* HOMBRE *que ha dicho esto...; El* DINERO *que he ganado en el negocio...).* Así pues, en ciertos casos (los del relativo *que)* una proposición adjetiva se traslada a la función sustantiva por medio de la anteposición del artículo, igual que —como vimos en § 7.6.2— ocurre con los adjetivos. Esta traslación también es posible en las proposiciones de participio: LOS AGRACIADOS POR LA FORTUNA *no se acuerdan de los pobres;* LOS EXPULSADOS DEL PAÍS *son inocentes.*

4. *No sé* LO QUE HA PASADO. (La proposición hace de complemento directo.)
5. *Darán un premio* AL QUE LLEGUE ANTES. (La proposición hace de complemento indirecto.)
6. *Precisamente eso es* LO QUE BUSCO. (La proposición hace de predicativo.)

También hay proposiciones sustantivas que funcionan como complemento (sin preposición o con ella) de un nombre:

1. *Mis amigos,* LOS QUE ME QUIEREN BIEN, *saben esto.*
2. *La indignación* DE CUANTOS LO VEÍAN *era inmensa.*
3. *La palabra* DE QUIENES NOS ATACAN *no vale nada.*
4. *No soy muy amigo* DE LOS QUE NO TRABAJAN.

Conviene, sin embargo, no confundir el caso de las últimas oraciones, números 3 y 4, con el de otras en que la proposición presenta construcción semejante a las que ahí figuran, pero tiene función puramente adjetiva: *Los compañeros* DE QUIENES HABLAMOS *son magníficos; Los compañeros* DE LOS QUE HABLAMOS *son magníficos.* En estos casos, los relativos *(quienes, que)* hacen referencia a los sustantivos que los preceden («de esos compañeros hablamos»), cosa que no ocurre cuando la proposición es sustantiva.

Las proposiciones sustantivas que hemos visto hasta ahora van todas introducidas por un pronombre relativo, esto es, una palabra que, además de servir de entrada de la proposición insertando esta en la oración total, desempeña un papel de sustantivo (sujeto, complemento directo, etc.) dentro de la misma proposición por ella introducida. Así, en la oración *No creas a quien te diga eso,* la palabra *quien,* aparte de ser la introductora de la proposición *a quien te diga eso,* hace el papel, dentro de esta proposición, de sujeto; en la oración *No creas lo que te digan,* el pronombre relativo *que* sirve de empalme de la proposición *lo que te digan,* y además desempeña la función de complemento directo dentro de esta misma proposición.

Puede haber proposiciones sustantivas introducidas por un relativo que no es pronombre, sino adjetivo. La palabra *cuanto* (que hemos visto como pronombre relativo en la oración *La indignación* DE CUANTOS LO VEÍAN *era inmensa)* funciona como adjetivo relativo en *La indignación* DE CUANTAS PERSONAS LO VEÍAN *era inmensa;* CUANTO DINERO TENGO *es tuyo.*

9.2.2.   *Proposición introducida por la conjunción* que

Pero también son muchas las proposiciones sustantivas que no van introducidas por un relativo, sino por una palabra que se diferencia de los relativos en no desempeñar en la proposición ninguna otra función que la de simple empalme. Esta palabra pertenece a la categoría de las *conjunciones* y tiene la misma forma que uno de los relativos: *que.* He aquí algunos ejemplos de proposiciones sustantivas iniciadas por la conjunción *que:*

1. *Te ruego* QUE ME LO DES EN SEGUIDA. (La proposición hace de complemento directo.)
2. *Mi deseo es* QUE ME LO DES EN SEGUIDA. (La proposición hace de predicativo.)
3. *Me interesa* QUE ME LO DES EN SEGUIDA. (La proposición hace de sujeto.)

La proposición sustantiva iniciada por la conjunción *que* puede también funcionar, precedida de una preposición, como complemento de un nombre o de un adjetivo: *La alegría* DE QUE HAYAS VENIDO *me hace olvidarlo todo; El miedo* A QUE SE ESCAPE *me tiene aquí inmovilizado; Estoy seguro* DE QUE NO ME HAS ENTENDIDO.

A veces la proposición, subrayando su carácter sustantivo, va precedida del artículo *el*. Esto es más frecuente cuando la proposición funciona como sujeto, y más aún si va al comienzo de la oración: *Le preocupaba mucho* EL QUE ALGUIEN SE ENTERARA; EL QUE LLEGUÉIS A TIEMPO *es fundamental.*

9.2.3. *Proposición sin conjunción*

En la lengua escrita, especialmente en las cartas, ocurre a veces que la proposición se introduce sola, sin conjunción: *Te ruego* ME LO DES EN SEGUIDA.

9.2.4. *Proposición introducida por* si

La proposición que presenta un hecho como ignorado, y que por tanto aparece dentro de una oración en que el verbo expresa pregunta o desconocimiento, va introducida por una conjunción especial, *si:* *Le preguntaron* SI SABÍA LEER; *No sé* SI ME ENTIENDES. En ambos ejemplos, la proposición hace de complemento directo[3].

9.2.5. *Proposición introducida por un interrogativo*

Puede ocurrir que lo que presente como ignorado la proposición no sea un hecho, sino algo (persona, cosa, circunstancia) relacionado con el hecho. Entonces la pala-

---

[3] Cuando la proposición no presenta el hecho como ignorado, sino como dudoso, dependiendo por tanto de un verbo que expresa duda, la conjunción utilizada varía según el grado de incertidumbre: si esta es real, y por consiguiente es una manera de desconocimiento, se emplea *si: Dudaban* SI MERECÍA EL PRIMER PREMIO O LA DESCALIFICACIÓN (es casi como decir «No sabían si...»); en cambio, si la duda es casi la certeza «de que no», la conjunción utilizada es *que: Dudo* QUE ME ENTIENDAS (que equivale a decir «No creo que me entiendas»).

bra de enlace, siempre tónica (es decir, con acento, que en estos casos aparece representado gráficamente por medio de tilde), es un *interrogativo*. Los interrogativos, sin preposición o con ella, pueden ser *pronombres (qué, cuál, quién, cuánto):*

> *Le preguntaron* QUÉ LE HABÍAN DADO;
> QUIÉNES SE LO HABÍAN DADO;
> CUÁL LE HABÍAN DADO;
> CUÁNTO LE HABÍAN DADO;
> A QUIÉN SE LO HABÍAN DADO;
> POR QUÉ SE LO HABÍAN DADO;
> PARA QUÉ SE LO HABÍAN DADO;

pueden ser *adjetivos (qué, cuánto, cuál):*

> *Le preguntaron* QUÉ COSAS LE HABÍAN DADO;
> CUÁLES COSAS LE HABÍAN DADO;
> CUÁNTAS COSAS LE HABÍAN DADO;

y pueden ser *adverbios (dónde, cuándo, cómo, cuánto):*

> *No sabes* DÓNDE TE HAS METIDO;
> CUÁNDO TE LO DEVOLVERÁN;
> CÓMO TE HAS PUESTO EL TRAJE;
> CUÁNTO ME ALEGRO.

Las proposiciones introducidas por pronombres, adjetivos o adverbios interrogativos, igual que las introducidas por *si* que hemos visto en el párrafo anterior, suelen llamarse proposiciones *interrogativas indirectas.* Se diferencian de las *interrogativas directas* (que son oraciones independientes, no proposiciones) en la entonación y en la representación gráfica (v. § 5.7.1).

9.2.6. *Proposición de infinitivo*

Queda, por último, un tipo especial de proposición sustantiva. Si consideramos una oración como *Deseo* QUE PASES UNAS VACACIONES MUY TRANQUILAS, vemos en ella una proposición sustantiva semejante a las que hemos visto en los párrafos anteriores, iniciada con la conjunción *que* y desempeñando dentro de la oración la función de complemento directo. En el interior de la proposición, el sujeto es «tú»; pero ¿qué pasaría si el sujeto fuese «yo»? No diríamos *Deseo* QUE YO PASE UNAS VACACIONES MUY TRANQUILAS, sino *Deseo* PASAR UNAS VACACIONES MUY TRANQUILAS. Solo por haber cambiado un detalle interno de la proposición —su sujeto— ha sido necesario cambiar su forma: el verbo se ha puesto en infinitivo *(pasar)* y se ha suprimido toda palabra de enlace. Estas proposiciones sustantivas con el verbo en infinitivo y sin palabra de enlace son muy frecuentes. He aquí otros ejemplos: VIVIR EN PAZ *es una aspiración universal* (la proposición hace de sujeto); *Afirmaba* HABER VISTO UN PLATILLO VOLANTE (la proposición hace de complemento directo).

No solamente aparecen en esta forma cuando el sujeto de la proposición coincide con el sujeto de la oración; algunas veces —especialmente cuando el verbo de la oración significa «mandato» o «percepción»— se usa la forma de infinitivo en la proposición siendo el sujeto de esta diferente del de la oración: *El Gobierno hizo* SUSPENDER LAS REPRESENTACIONES; *Le prohibieron* ENTRAR EN AQUELLA CASA; *Todas las mañanas veo* SALIR EL SOL; *Te oigo* MURMURAR ENTRE DIENTES.

El infinitivo con sujeto propio también se da con frecuencia cuando la proposición hace de complemento de un nombre: *El ansia* DE GANAR MUCHO DINERO *le domina* (la proposición es complemento del nombre *ansia;* proposición adjetiva, por tanto).

La forma más reducida de las proposiciones sustantivas con infinitivo es, naturalmente, la que consiste en el puro infinitivo: *Necesitaba* COMER. En estos casos el infinitivo —que es, como sabemos, la forma que toma el verbo para funcionar como nombre— coincide externamente (y sintácticamente) con un verdadero nombre; comparemos *Necesitaba* COMER con *Necesitaba* COMIDA; *Quiero* TRABAJAR con *Quiero* TRABAJO. La distinción está en que el verdadero nombre admite artículo y adjetivos *(Necesitaba* UNA BUENA COMIDA; *Quiero* ALGÚN TRABAJO), mientras que el infinitivo admite solo complementos propios de verbo *(Necesitaba* COMER PAN; *Quiero* TRABAJAR BIEN; véase, no obstante, más abajo). Cuando encontremos una palabra con forma de infinitivo acompañada de complementos propios de nombre y capaz de ponerse en plural, tendremos ya, no un verbo funcionando como nombre, sino un verbo en infinitivo que ha pasado a ser un verdadero nombre: *Estudiemos* EL ACONTECER HISTÓRICO; *Mi vicio es* EL BUEN COMER; UN CANTAR ANTIGUO *decía así; Lleva años estudiando* LOS CANTARES DE BODAS.

No debemos confundir, sin embargo, estos infinitivos que se han hecho nombres y que, como tales, llevan artículo, con el uso, que en ocasiones se presenta, del artículo *el* delante de una proposición de infinitivo: EL COMER BIEN *puede ser malo; Me gusta mucho* EL PASEAR POR LA NOCHE. Notemos que, en estas oraciones, los infinitivos *comer* y *pasear* llevan complementos propios de verbo *(bien* y *por la noche,* complementos adverbiales), y que el artículo *el* destaca el carácter sustantivo, no del infinitivo que le sigue, sino de toda la proposición formada por el infinitivo y sus acompañantes. Es un caso idéntico al que vimos algunos párrafos más arriba (§ 9.2.2: *Le preocupaba mucho* EL QUE ALGUIEN SE ENTERARA; EL QUE LLEGUÉIS A TIEMPO *es fundamental*).

9.3. La proposición adverbial

9.3.1. *Proposición adverbial: proposición sustantiva trasladada*

El verbo, según vimos en el capítulo 8, tiene unos complementos propios que hemos llamado directo, indirecto y adverbial. Los dos primeros son funciones propias de sustantivo, y, cuando estas funciones son desempeñadas por una proposición, esta se llama, como hemos visto en el apartado anterior, proposición sustantiva. El tercer complemento, adverbial, es una palabra destinada habitualmente a esta función: el *adverbio (Hemos llegado* TARDE), o bien un *sustantivo «trasladado»* a ella, que suele ir precedido de una preposición *(Hemos llegado* CON RETRASO).

También, como el sustantivo normal, una proposición sustantiva puede ser «trasladada» a la función de complemento adverbial por medio de una preposición: *Entraron* SIN QUE NADIE SE ENTERASE; *Entraron* SIN HACER RUIDO. (Compárese con *Entraron* SIN RUIDO —donde un sustantivo con preposición hace de complemento adverbial— y con *Entraron* SILENCIOSAMENTE —donde el complemento adverbial es un puro adverbio.) Cuando la preposición es *por,* se escribe unida a la conjunción *que: Lo hicieron* PORQUE QUISIERON. (Compárese con *Lo hicieron* POR SU PROPIA VOLUNTAD; *Lo hicieron* VOLUNTARIAMENTE.)

9.3.2.   *Proposición introducida por conjunción*

Pero hay igualmente proposiciones adverbiales que no se han formado anteponiendo una preposición a una proposición sustantiva, sino que van introducidas directamente por una conjunción. Esta conjunción puede ser *que* (la misma usada en las proposiciones sustantivas típicas) o puede ser otra palabra o grupo de palabras *(si, aunque, como, con tal que, tan pronto como,* etc.) [4].

9.3.3.   *Nociones expresadas*

He aquí las nociones principalmente expresadas por las proposiciones adverbiales:

1. Lugar: *Este señor está siempre* DONDE NO DEBE.
2. Tiempo: *Iremos* CUANDO NOS PAREZCA; *Sal* EN CUANTO PUEDAS; MIENTRAS HAY VIDA *hay esperanza;* DESPUÉS DE TOMAR UN BOCADILLO, *siguieron su camino; Me levanto* AL SALIR EL SOL.
3. Paralelismo: *Aprendemos* SEGÚN CAMINAMOS; CUANTO MÁS LUCHA, *menos consigue;* SI TONTO ERA EL PADRE, *el hijo lo era más.*
4. Contraste: MIENTRAS YO NO FALTO NUNCA, *ella viene la mitad de los días.*
5. Modo: *Hacemos la tarea* COMO PODEMOS; *Entraron* SIN HACER RUIDO.

---

[4] Hay un caso, no obstante, en que no se usa conjunción introductora. Es cuando la proposición expone una alternativa entre dos hipótesis que de cualquier modo son incapaces de impedir el hecho enunciado por el verbo principal: QUIERAS O NO [quieras], *te nombrarán;* FUERAN ESTOS SUS PROPÓSITOS, FUERAN OTROS, *lo cierto es que se marchó;* SEA POR ENVIDIA, SEA POR VENGANZA, *está decidido a hacerlo.* En estos casos la proposición está formada a su vez por la suma de dos proposiciones que son coordinadas entre sí (v. §§ 10.2 y 10.3.2).

6. Intensidad: *Se ha esforzado* CUANTO HA PODIDO.

7. Comparación: *Tan sorprendido* COMO ESTÁS TÚ *lo estoy yo; Me gusta más el teatro* QUE [ME GUSTA] EL CINE; *La niña escribe peor* QUE [ESCRIBE] SU HERMANO [5].

8. Causa: *Estamos contentos* PORQUE FALTAN TRES DÍAS PARA LAS VACACIONES; COMO NO TENGO TIEMPO, *te lo contaré otro día; Estaba cerrado* POR SER SÁBADO.

9. Finalidad: *Acercaos,* PARA QUE OS VEAN LOS ABUELOS; A FIN DE QUE EL RENDIMIENTO SEA MAYOR, *se ha ampliado la jornada; Se fue a Berlín* A PERFECCIONAR SU ALEMÁN; POR NO CANSARTE, *no sigo.*

10. Consecuencia: *Hizo un esfuerzo tan grande* QUE CAYÓ AGOTADO; *Hasta tal punto es falsa esta noticia* QUE NO LA HAN CREÍDO NI LOS AMIGOS; *Tengo un frío* QUE ME MUERO.

11. Condición: SI EL TIEMPO NO LO IMPIDE, *habrá corrida de toros; Yo saldría con ella* SI NO FUERA TAN PESADA; *Me ofrecen el dinero,* SIEMPRE QUE ACCEDA A SUS PETICIONES; *Él elogia a los otros* CON TAL QUE ELLOS LE ELOGIEN A ÉL; DE CONTINUAR ASÍ LAS COSAS, *acabaremos mal; No te permiten la entrada* A MENOS QUE PRESENTES EL CARNET DE SOCIO; *No se salvaría* A NO SER QUE OCURRIESE UN MILAGRO; COMO DIGAS ESO, *me voy.*

12. Restricción: *Aquí,* QUE YO SEPA, *no ha pasado nada.*

13. Concesión: *El resultado es bastante dudoso,* POR MU-

---

[5] Las proposiciones de «comparación» llevan casi siempre un verbo idéntico al de la oración; ejemplos como *Tú pintas mejor* QUE YO ESCRIBO son poco frecuentes. Por ello es muy corriente que, por evitar la repetición de una palabra, la proposición aparezca sin verbo (que no significa que no lo tenga): *Me gusta más el teatro* QUE EL CINE. No obstante, el verbo se repite, entre otros casos, cuando se quiere marcar con él una diferencia de tiempo: *El teatro me gusta más* QUE ME GUSTABA.

CHO QUE NOS ESFORCEMOS; AUNQUE LA CASA ERA MODERNA, *se derrumbó en seguida; Las relaciones entre los dos países son normales,* SI BIEN HA HABIDO ROCES EN ALGUNAS OCASIONES; QUIERAS O NO, *te nombrarán* (v. nota 4); A PESAR DE HABER CORRIDO TANTO, *hemos llegado tarde.*

14. Excepción: *No hay ninguna novedad,* SALVO QUE (O SINO QUE, APARTE DE QUE) HA LLAMADO UN SEÑOR.

15. Adición: *Les pagan bien,* APARTE DE QUE TIENEN MEJOR HORARIO; ADEMÁS DE SER MÁS JOVEN, *tiene más talento.*

9.3.4. *Posición*

Observamos, en los ejemplos que preceden, la frecuencia con que la proposición se coloca al comienzo de la oración (lo cual ocurre en forma muy limitada en las proposiciones sustantivas). En la mayoría de los casos, la proposición puede ir tanto al principio como al final, e incluso en medio de la oración:

El resultado es bastante dudoso, POR MUCHO QUE NOS ESFORCEMOS.

POR MUCHO QUE NOS ESFORCEMOS, *el resultado es bastante dudoso;*

El resultado, POR MUCHO QUE NOS ESFORCEMOS, *es bastante dudoso.*

Pero esta flexibilidad a veces está condicionada por el sentido de la proposición y por la conjunción con que esta se inicia. En las proposiciones que denotan «causa» y que van encabezadas por la conjunción *porque,* no es normal la colocación al comienzo de la oración[6]. En cambio, si

---

[6] Pero no es imposible, sobre todo en la lengua literaria: PORQUE ELLA LE RECHAZABA, *la mató.*

como (o *pues,* o *puesto que,* usadas literariamente) es la introductora de la proposición de causa, la única colocación posible es al comienzo de la oración: COMO (PUES, PUESTO QUE) NO HABÉIS QUERIDO, *tenéis que resignaros*[7].

Las proposiciones de «comparación» iniciadas por *que* tampoco pueden ir comenzando oración; tienen que ir, por lo menos, precedidas por la palabra que plantea la comparación *(igual, mismo, menos, más, mejor, peor, mayor, menor): Mejor* QUE [LO HIZO] ÉL *no lo harás tú; Igual* QUE ME LO CONTARON, *lo cuento yo; Lo mismo* QUE ÉL [SE MARCHA], *nos marcharíamos todos.*

Las proposiciones que denotan «consecuencia», aunque coinciden con las de «comparación» en poseer —normalmente— un término anunciador de la proposición *(tal, tan, tanto),* no basta que vayan después de este; han de ir, forzosamente, al final de la oración.

9.3.5.   *Proposición adverbial de gerundio*

Además de las constituidas por una oración precedida de conjunción, o por una proposición sustantiva precedida de preposición, hay otras proposiciones adverbiales, que son las formadas con un *gerundio.* El gerundio —caracterizado por la terminación *-ando* o *-iendo*— es la forma adverbial del verbo, es el adverbio formado directamente sobre un verbo (aunque ya hemos visto, § 9.1.9, que en algunos casos funciona como adjetivo). La función de

---

[7] *Como que,* en posición posterior, aparte de tener un matiz especial («naturalmente: la explicación es que...»), no introduce proposición, sino oración coordinada (v. § 10.2): *El taller estaba cerrado;* COMO QUE *era sábado.* Lo mismo ocurre con *pues* y *puesto que* cuando van en segunda posición.

adverbio no impide al gerundio disponer —pues no ha
perdido toda su naturaleza verbal— de complementos propios de verbo e incluso de sujeto propio. Las nociones
expresadas por las proposiciones de gerundio no son todas las que pueden darse por medio de las otras formas
de proposición adverbial, ni se muestran con tanta precisión como en estas. Las proposiciones constituidas con
gerundio denotan, principalmente, tiempo y modo, y también condición, concesión y causa:

1. ESTANDO EN EL CINE, *se sintió enfermo.* (La proposición expresa tiempo: «cuando estaba en el cine».)
2. *Se divierten* HACIENDO SALVAJADAS. (La proposición
   expresa modo: «en hacer salvajadas».)
3. ESTANDO TÚ CONFORME, *no hay problema.* (La proposición expresa condición: «si tú estás conforme».)
4. AUN AGOTÁNDOSE DE TRABAJO, *gana muy poco.* (La
   proposición expresa concesión: «aunque se agota
   de trabajo».)
5. HABIÉNDOSE TERMINADO EL CUPO DE HOY, *no se
   despachan más localidades.* (La proposición expresa causa: «como se ha terminado el cupo de
   hoy».)

Notemos que la noción expresada por la proposición de
gerundio, salvo, en general, cuando es de tiempo, queda
más o menos teñida de otras nociones posibles, de manera
que a veces, sin conocer la situación a que alude la oración, no es fácil seleccionar la que se quiso exponer. Así,
en el ejemplo 3, *estando tú conforme,* aparte de «si tú estás
conforme» —condición—, puede ser «cuando tú estás conforme» —tiempo— o «puesto que tú estás conforme»
—causa—.

9.3.6. *Proposición adverbial de participio*

También un participio puede formar proposición adverbial. El participio (caracterizado normalmente por la
terminación *-ado* o *-ido*) es, como sabemos, la forma que
toma el verbo para funcionar como adjetivo, y, en efecto,
como base de proposiciones adjetivas lo hemos visto en el
§ 9.1.8. Pero puede ocurrir que no actúe como adjetivo
referido a un nombre que es sujeto o complemento de la
oración, sino que se refiera y acompañe a un nombre que
no desempeña otra función que la de sujeto del propio
participio, con el cual (y con los complementos que puedan llevar) forma una construcción unitaria incrustada
dentro de la oración. Esta construcción funciona como
complemento del verbo (o del verbo y sus acompañantes),
no directo ni indirecto, es decir, no sustantivo, sino adverbial, con idea fundamental de tiempo:

> TERMINADA LA FIESTA, *todos se fueron a casa;*
> MUERTO EL PERRO, *se acabó la rabia;*
> *El rebelde,* REUNIDAS TODAS SUS FUERZAS, *intentó un últi
> mo ataque.*

La noción de tiempo puede ir reforzada o precisada por
algún adverbio antepuesto al participio *(apenas, una vez,
recién...):* APENAS TERMINADA LA FIESTA, *apagaron las
luces; Por fin,* UNA VEZ CUMPLIDOS TODOS LOS REQUISI
TOS, *se celebró la representación;* RECIÉN EMPEZADA LA
GUERRA, *fueron detenidos.* O por la preposición *después
de:* DESPUÉS DE HECHO EL MAL, *se arrepienten.*

Tanto las proposiciones adverbiales de participio como
las de gerundio cuyo sujeto es distinto del de la oración
(TERMINADA LA FIESTA, *todos se fueron a casa;* ESTANDO
TÚ CONFORME, *no hay problema)* reciben tradicionalmen

te en las gramáticas la denominación de construcciones *absolutas*.

9.4. La proposición dentro de otra proposición

Así como, en la oración, un complemento puede llevar dentro de sí uno o más complementos agrupados en torno a una palabra-centro del complemento (v. capítulo 8), también puede suceder que una proposición cuente, entre los elementos que la componen, con uno que sea igualmente una proposición. Examinemos este ejemplo: *Las personas que hemos visto entrar en la casa no son de la familia.* En esta oración, el sujeto, *las personas que hemos visto entrar en la casa,* contiene una proposición adjetiva, adherida al sustantivo *personas: que hemos visto entrar en la casa;* pero, a su vez, esta proposición lleva dentro un complemento directo que es otra proposición, *entrar en la casa.* Nada impediría que hubiese aún otra proposición integrada dentro de esta última; por ejemplo, *donde hemos estado.*

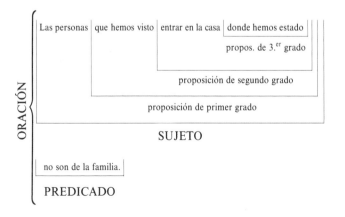

Las personas	que hemos visto	entrar en la casa	donde hemos estado
			propos. de 3.er grado
		proposición de segundo grado	
	proposición de primer grado		

ORACIÓN

SUJETO

no son de la familia.

PREDICADO

Este fenómeno de embutirse una proposición dentro de otra que a su vez está instalada dentro de otra (etcétera) que funciona como un elemento del sujeto o del predicado, se da con suma frecuencia, tanto en la lengua hablada como en la escrita.

10. COORDINACIÓN DE PALABRAS Y DE ORACIONES

10.1. La coordinación de elementos en la oración

10.1.1. *Coordinación*

En la oración *Fuimos a dar un paseo,* el sujeto, implícito, es «nosotros» *(-mos).* Si la frase va dirigida a una persona que sabe de quiénes estoy hablando, el enunciado, tal como es, es suficiente para que la comunicación sea perfecta. Pero si la persona a quien me dirijo no sabe quién es «el otro» que forma «conmigo» el «nosotros» de quienes hablo, será indispensable que yo le despliegue el contenido exacto de ese «nosotros». Y le diré: ELLA Y YO *fuimos a dar un paseo.* Ahora, como sujeto, en vez del «nosotros» aparece un explicador *ella y yo* que detalla cada uno de los seres que componen el resumidor «nosotros». El sujeto *ella y yo* está formado por la suma de dos pronombres: *ella, yo;* y la adición de un pronombre al otro está indicada por la palabra *y,* que es una *conjunción.*

Esta suma de dos o más palabras que desempeñan una misma función se llama *coordinación.* En este caso se

trataba de dos pronombres, cada uno de los cuales funcio-
naba como mitad del sujeto. Podrían ser igualmente dos
nombres (PILAR Y SU HERMANA *fueron a dar un paseo)* o
un nombre y un pronombre (SU HERMANA Y ELLA *fueron
a dar un paseo).* La suma de las dos palabras podría
constituir un complemento directo *(Nos han visto juntos* A
ELLA Y A MÍ), o un complemento adverbial *(Estuve todo el
día* CON ELLA Y CON SU HERMANA), o un complemento
de nombre *(La casa* DE PILAR Y RAFAEL *es acogedora),*
o un predicativo *(Pilar es* ENFERMERA Y TELEFONISTA *a
la vez).*

10.1.2. *Elementos coordinables*

Naturalmente, no son solo sustantivos los que se pueden coordinar; pueden ser verbos *(La gente* BAILABA Y
CANTABA *por las calles),* adjetivos *(La vida en este ambiente es* TRISTE Y DIFÍCIL), adverbios *(Andrés lo hará* PRON-
TO Y BIEN) e incluso preposiciones *(Alquilamos coches*
CON Y SIN *conductor).* Y no es necesario que pertenez-
can a una misma clase las palabras coordinadas; basta
que desempeñen —por medio de la traslación, cuando
sea preciso— un mismo papel en la oración: *Hemos tenido un día* FRÍO Y CON NIEBLA; *Entró* FUMANDO Y EN
CAMISETA.

También pueden coordinarse las proposiciones, siem-
pre que desempeñen una misma función: *Me han pedido*
QUE VAYA Y QUE VUELVA EN SEGUIDA; EL QUE VA CON
UNA CARTERA Y EL QUE LE ACOMPAÑA *son vecinos míos;*
He venido A VER LA EXPOSICIÓN Y TAL VEZ A COM-
PRAR ALGUNA COSA. O una proposición y una palabra
que tenga igual papel que aquella: *La sociedad la
forman* LOS RICOS Y LOS QUE VIVEN DE SU PROPIO TRA-
BAJO.

10.1.3. *Coordinación de más de dos elementos*

Los elementos coordinados, sea cual sea la función que su conjunto desempeñe en la oración, pueden ser dos, como en todos los ejemplos que hasta aquí hemos visto, y es el caso más corriente; pero pueden ser tres o más. Normalmente, en estos casos la conjunción solo se pone entre los dos últimos elementos; para los restantes, el paso de uno a otro se marca por una breve pausa y un descenso en la entonación, lo cual se representa en la escritura por medio de una coma: JUAN, ELLA Y SU HERMANA *fueron a dar un paseo; Esto es* PRÁCTICO, ELEGANTE Y BARATO. No obstante, generalmente con el propósito de dar más realce a los elementos coordinados, a veces se pone la conjunción enlazándolos todos: *Esto es práctico* Y *elegante* Y *barato.* El realce se incrementa si se hacen pausas: *Esto es práctico,* Y *elegante,* Y *barato.*

10.1.4. *Coordinación con* y, ni

La conjunción *y* toma la forma *e* cuando la palabra que la sigue comienza por el fonema /i/: *Francia* E *Inglaterra lucharon juntas; Madre* E *hijo se encuentran bien; En los ríos africanos hay cocodrilos* E *hipopótamos.* Pero esta variante *e* no se usa cuando la /i/ siguiente es semiconsonante; se dice, pues, *Está cubierto de plomo* Y *hierro* (no «*e* hierro»); *En este terreno crecen matas* Y *hierba* (no «*e* hierba»).

Esta conjunción *y* (así como su variante *e)* denota la simple «añadidura», a la noción expuesta antes de ella, de la noción que se expone después. Si las dos nociones expresadas son negativas, la conjunción que añade la una a la otra es *ni: Estos zapatos no son buenos* NI *cómodos; Ningún profesor* NI *ningún alumno de este centro ha dicho tal cosa.* Con frecuencia, en estas coordinaciones, el adverbio *no* es sustituido por otro *ni* que ya no es conjunción, sino adverbio, el cual, a la vez que niega, anticipa expresivamente la negación coordinada que vendrá después: *Estos zapatos* NI *son buenos* NI *cómodos.* Si la coordinación de negaciones se presenta, en la oración, antes del verbo, este esquema *ni - ni* es el único posible: NI *tú* NI *yo somos capaces de hacerlo;* NI *con premios* NI *con amenazas lo conseguirán* (es inusitado «*No* tú *ni* yo...», «*No* con premios *ni* con amenazas...»). En muchas ocasiones el *ni* que precede al primer elemento coordinado no sustituye al *no,* sino que es un puro refuerzo expresivo de la coordinación: NO *ganaron la copa* NI *los rusos* NI *los alemanes;* NO *lo conseguirán* NI *con premios* NI *con amenazas; Estos zapatos* NO *son* NI *buenos* NI *cómodos* (sin refuerzo expresivo, hubiéramos dicho: *No ganaron la copa los rusos ni los alemanes; No lo conseguirán con premios ni con amenazas; Estos zapatos no son buenos ni cómodos*).

10.1.5. *Coordinación con* o

Otra conjunción coordinante es *o: Esto vale cincuenta* O *sesenta pesetas; Con tu ayuda* O *sin ella, lo haré.* También tiene su variante, *u,* que se emplea cuando la palabra que la sigue comienza por el fonema /o/: *Siete* U *ocho días he estado enfermo; No dice si son mujeres* U *hombres.*

La conjunción *o* (como su variante *u*) denota «alternativa» entre la noción expuesta antes de ella y la noción que se expresa después. Así como *y* indica que «las dos» cosas se dan, y *ni* indica que no se da «ninguna» de las dos cosas, *o* indica que se da «solo una» de las dos cosas presentadas como posibles y que es preciso excluir la otra (aunque no se sabe cuál). Véanse, para comprobarlo, los cuatro ejemplos de coordinación con *o* que se acaban de mostrar.

Algunas veces la alternativa va subrayada expresivamente con otro *o* que se antepone al primer elemento coordinado: *O tú* O *tu hermano tenéis que hacerlo; Me lo entregarán* O *esta tarde* O *mañana.* Y se destaca aún más añadiendo *bien* en los dos elementos: *Me lo entregarán en seguida,* O BIEN *esta tarde,* O BIEN *mañana.*

Como la conjunción *o* indica una necesidad de elegir entre dos nociones, a menudo se aprovecha para añadir a un término dado otro que «se puede elegir» en lugar de él, por ser su equivalente: *Siam* O *Tailandia está en el sudeste de Asia.* Es este un medio de dar, sobre la marcha, una aclaración que parece conveniente: *Los lexicógrafos* O *diccionaristas tienen una tarea difícil; Las perras gordas* O *monedas de diez céntimos han desaparecido.* A veces toma la forma *o sea: las perras gordas,* O SEA *las monedas de diez céntimos.*

10.1.6.   *Coordinación con pero, sino*

La conjunción *pero* manifiesta «oposición» (no incompatibilidad) entre las nociones expresadas por los dos elementos coordinados: *Vino cansado,* PERO *contento* [1]. A veces, con el mismo sentido, se usa *aunque* (en este caso se da más relieve a la primera noción): *Vino contento,* AUNQUE *cansado.* Cuando las nociones opuestas son incompatibles, de manera que para afirmar la segunda se niega la primera, se emplea la conjunción *sino: No está enfermo,* SINO *fuerte y lleno de vida; Esto no es propio de hombres,* SINO *de bestias; No fue Felipe,* SINO *Carlos, el que lo deshizo.* Si lo que se niega de la primera noción es que esta exista «sola», la conjunción *sino* que precede a la segunda expone cómo esta destruye y sustituye aquella «soledad»,

---

[1] En la lengua literaria se usa todavía, con el mismo valor de *pero,* la conjunción *mas: Con sacrificios,* MAS *con alegría, se lleva a cabo la labor.*

y de esta manera el sentido resultante viene a ser de
«añadidura»: NO SOLO *es tonta,* SINO *presumida;* NO SOLO
con dinero, SINO *también con valor se puede conseguir el*
triunfo. (En estos dos ejemplos se expresa con más intensidad, por medio de *no solo... sino...,* la idea de suma
que también podría haber sido expuesta por medio de *y:*
Es tonta Y *presumida; Con dinero* Y *también con valor se*
puede conseguir el triunfo.)

10.1.7.   *Coordinación con* así... como...,
(tanto)... como...

De una primitiva idea de «equiparación» entre dos
nociones se pasa también a la de «suma» o «añadidura»
de las mismas en construcciones como estas: *Sufre varias*
heridas en el brazo derecho, ASÍ COMO *diversas contusiones*
en todo el cuerpo; TANTO *mis hermanos* COMO *yo estamos*
muy agradecidos; Por este motivo, COMO *por los antes ex-*
puestos, renuncio al cargo.

10.2.   La coordinación de oraciones

10.2.1.   *Coordinación con* y, o, pero, sino

Sabemos que con una oración se expone una «tesis»
sobre un «tema»; pero, normalmente, el comunicarnos
con otra persona no consiste en decir una sola cosa de un
determinado «tema», sino en manifestar diversas cosas
acerca de este o de varios otros. Con ello, nuestra comunicación, en cada caso, no estará hecha de una sola oración, sino de varias, enunciadas en cadena.

El encadenamiento está con frecuencia expresado por
medio de conjunciones, algunas de las cuales son las mis-

mas que acabamos de ver en la coordinación de elementos de oración, ya que expresan el mismo tipo de relación.

Así, *y*, *ni* denotan «adición»; a lo dicho en la primera oración se agrega lo que se dice en la segunda: *Entramos por una puerta lateral* Y *no nos vio nadie; No tengo dinero* NI *hay quien me lo preste* (que también podría ser: NI *tengo dinero* NI *hay quien me lo preste).*

La conjunción *o* denota «alternativa»; solo una de las dos oraciones que se dicen puede ser verdad: *¿Fuiste* O *no fuiste?* O *yo estoy mal de la vista* O *aquel es tu hermano.*

Con *pero* se presenta, «además» de un hecho, otro que está de algún modo en desacuerdo con él, pero no lo impide: *La chica se casará,* PERO *sus padres no irán a la boda.* (El mismo valor tiene la conjunción *mas,* empleada literariamente: *La chica se casará,* MAS...)

Sino —casi siempre seguido de *que*— introduce una segunda oración que nos ofrece un hecho en sustitución del que se niega en la oración primera: *No ha vendido el piso,* SINO QUE *lo ha alquilado.* Cuando lo que se niega en la primera oración no es el hecho, sino que este hecho exista «solo», entonces el *sino* o *sino que* viene a denotar que el hecho expuesto a continuación se «añade» al citado. Por ejemplo: NO SOLO *ha vendido un piso,* SINO QUE *ha alquilado el otro* (forma más expresiva de decir que «ha vendido un piso y alquilado el otro»).

10.2.2. *Coordinación propia de oraciones*

Pero hay otras conjunciones que no actúan más que uniendo oraciones, nunca palabras o elementos de oración. Estas conjunciones se caracterizan por ir precedidas siempre por un descenso en la entonación y por una pausa bastante marcada, de tal manera que a veces se escribe,

no una simple coma, sino punto y coma, o incluso punto, después de la primera oración y antes de la conjunción[2].

10.2.3. *Coordinación con* luego, conque, así que

La palabra *luego* (pronunciada átona, a diferencia del
luego —«después»—, adverbio, que es tónico) es una de
estas conjunciones, que denota que la oración que sigue
contiene una «consecuencia» de lo dicho antes: *Ha llovido,*
LUEGO *estará mojada la calle;* o una «deducción»: *Está
mojada la calle,* LUEGO *ha llovido.* Las mismas nociones
pueden ser expresadas con las conjunciones *conque* o *así
que: Esto ya está listo,* CONQUE (o ASÍ QUE) *podemos mar-
charnos; Han dado las cuatro,* CONQUE (o ASÍ QUE) *no
pueden tardar ya.*

10.2.4. *Coordinación con* pues, que, ya que,
puesto que, porque

Se emplean también en la coordinación las conjunciones *pues, que, ya que, puesto que,* denotadoras de «causa»:
No insistas, PUES *es muy testarudo; No me esperes,* QUE *hoy
llevo otro camino; «¡Antes me desprendiera yo de la piel que
de un buen vestido!* QUE *nada importa tanto como parecer..., y el vestido es lo que antes parece»* (Benavente). La
conjunción *porque,* que normalmente introduce proposiciones adverbiales (como vimos en el capítulo anterior,
§ 9.3.3), funciona asimismo coordinando dos oraciones
cuando entre estas se produce una pausa: *No estoy en*

---

[2] Esta posibilidad de establecer una pausa larga (la representada gráficamente con punto o con punto y coma) antes de la palabra de enlace
es característica de la coordinación de oraciones en general. En cambio,
no es normal en las proposiciones.

absoluto de acuerdo con lo que ha dicho la radio; PORQUE *yo estuve allí y lo vi todo*[3].

10.2.5. *Usos especiales de* pues

A veces, en la lengua hablada se usa *pues* al comienzo de una oración, después de pausa, sin un sentido determinado, solo con el propósito de enlazarla vagamente con lo dicho antes. Esto ocurre a menudo al iniciar una respuesta: *¿Qué debemos hacer?,* PUES *lo que he dicho; —¿Cómo está usted?* —PUES [*estoy*] *un poco mejor.* O de exponer una opinión que no coincide con la que se acaba de oír: *—Creo que debemos ir. —*PUES *yo pienso que no.* Este uso «vacío» de la conjunción puede ocurrir también después de una proposición puesta al principio de la oración: *Como no tengo dinero,* PUES *me aguanto; Si tú estás contento con esto,* PUES *yo también* [*lo estoy*]; o después de cualquier complemento relativamente largo antepuesto al verbo: *Con la preocupación de la tardanza de los niños,* PUES *se me olvidó llamarte.* En ninguno de estos casos existe coor-

---

[3] En un importante artículo de 1978, Rafael Lapesa observa que las coordinaciones de causa son en el fondo subordinaciones (aunque de índole distinta de las que hemos visto en la subordinación adverbial, § 9.3.3). La independencia sintáctica que existe entre los dos enunciados, en una construcción del tipo *Ha llovido, porque el suelo está mojado,* se debe, no precisamente a que entre ellos exista una coordinación, sino a que ambos están subordinados a un verbo implícito de declaración, interrogación, mandato, voluntad o afecto, representativo del acto lingüístico de emitir el mensaje con la modalidad correspondiente a cada caso: «[Digo que] ha llovido, porque el suelo está mojado». Se trata, pues, de acuerdo con esta explicación, de dos «cosubordinadas» heterogéneas, con distinta función cada una: de complemento directo, la no causal; de complemento adverbial, la de causa. Ahora bien, la reconocida independencia sintáctica entre los dos enunciados y la ausencia formal del verbo subordinante nos inclina a considerarlos como una modalidad particular de coordinación.

dinación, ya que se trata de la simple conexión o contacto, en suma, de dos oraciones o de dos segmentos de oración.

10.3.   Coordinación sin conjunción

10.3.1.   *Yuxtaposición*

La suma de dos (o más) elementos que desempeñan una misma función, así como la suma de dos (o más) oraciones, puede darse sin hacer uso de ninguna conjunción. La separación entre los elementos así coordinados se marca por una ligera pausa. Esta forma de coordinación —que suele llamarse *yuxtaposición*— ocurre más en la lengua literaria que en la coloquial: *La aldea, el río, la montaña eran todo su mundo; A nuestros pies corre el río, lento, silencioso; No temo nada, no espero nada, no creo en nada; No es lo que tú piensas, es algo muy distinto; Me gusta la carne, no el pescado; Que quieras, que no, irás; Unos escuchan, otros duermen.*

10.3.2.   *Reiteración o alternancia de adverbios o verbos*

Cuando la coordinación es de dos términos entre los que se establece una alternativa o una sucesión alternada, frecuentemente se repite antes de cada término uno de los adverbios *ya, bien, ora: Bien con tu ayuda, bien sin ella, lo haré; Pasaba los días enteros ora* (o *ya*) *leyendo, ora* (o *ya*) *escribiendo.* También puede emplearse la forma verbal *sea,* que se convierte en *fuera* (o *fuese*) cuando se trata de un hecho pasado: *Sea por envidia, sea por venganza, está decidido a hacerlo; Fuera* (o *fuese*) *por envidia, fuera* (o *fuese*) *por venganza, estaba decidido a hacerlo.* Pero estos verbos y adverbios solo se emplean en la lengua literaria.

El uso coloquial prefiere denotar la alternancia por medio de otros adverbios *(tanto... como...)* o complementos adverbiales *(unas veces... otras veces...; a ratos... a ratos...)*: *Tanto con tu ayuda como sin ella, lo haré; Tan pronto ríe, tan pronto llora; Pasaba los días enteros, a ratos* (o *unas veces*) *leyendo, a ratos* (u *otras veces*) *escribiendo.*

10.3.3. *Relación mental expresada por adverbio*

A menudo la relación mental que concebimos entre dos oraciones coordinadas sin conjunción la ponemos de manifiesto por medio de un adverbio al comienzo o dentro (a veces al final) de la segunda oración, separada esta de la primera por una pausa marcada (que se representa con punto o punto y coma):

> *Tenía muchos amigos;* SIN EMBARGO, *solo dos personas fueron a verle.* (O también: *solo dos personas fueron a verle,* SIN EMBARGO. O: *solo dos personas,* SIN EMBARGO, *fueron a verle.*)
>
> *El presidente parecía satisfecho;* NO OBSTANTE, *se negó a hacer declaraciones.* (O también: *se negó,* NO OBSTANTE, *a hacer declaraciones.* O: *se negó a hacer declaraciones,* NO OBSTANTE.)
>
> *Nuestro equipo ha logrado la victoria;* CON TODO, *aún le falta mucho para ser campeón.*
>
> *Se han inscrito dos nuevos candidatos. Son,* PUES, *seis los que se presentan hasta ahora* [4].
>
> *Al anochecer llegó la noticia de la retirada enemiga. Terminó el día,* ASÍ, *con grandes esperanzas.*
>
> *Ya es la hora;* ASÍ PUES (O POR TANTO, O POR CONSIGUIENTE), *entreguen sus ejercicios.*

---

[4] Este adverbio *pues* —que, a diferencia de la conjunción *pues,* es tónico— no puede ir nunca como primera palabra de la oración.

10.3.4.   *Coordinación en paréntesis*

Un caso particular de coordinación de oraciones sin conjunción es el de la oración que se intercala dentro de otra, interrumpiéndola para aclarar o ampliar, sobre la marcha, lo que ha empezado a decirse. Esta especie de comentario al margen se enuncia con una entonación más baja que la normal; en la escritura se representa entre comas, entre rayas o entre paréntesis:

> *Me ocurrió una cosa,* NO RECUERDO DÓNDE FUE, *que me hizo pasar un mal rato.*
> *Elisa y Ana eran muy guapas* —POR LA CALLE TODOS SE VOLVÍAN A MIRARLAS— *y aún más simpáticas.*
> *El tío Felipe* (ESTE ES EL NOMBRE DEL PERSONAJE) *tiene cincuenta años.*

10.3.5.   *Yuxtaposición «narrador-actor»*

Con estas oraciones intercaladas se relaciona otro tipo de yuxtaposición, el empleado por el narrador que, al exponer en una oración las palabras textuales dichas por otro (o a veces sus pensamientos), añade una segunda oración que sirve de presentación de aquella:

> —*Las cosas* —DIJO (O PENSÓ) JUAN— *son buenas o malas según el momento en que vienen.*
> DIJO (O PENSÓ) JUAN: —*Las cosas son buenas o malas según el momento en que vienen.*
> —*Las cosas son buenas o malas según el momento en que vienen* —DIJO (O PENSÓ) JUAN.

Lo «dicho» o lo «pensado» por Juan es la oración *Las cosas son buenas o malas según el momento en que vienen;* pero, en términos gramaticales, no sería exacto afirmar que esta oración es complemento directo de *dijo* o *pensó,* ya que es una oración perfectamente independiente, sin ninguna palabra de enlace. El verdadero complemento directo sería un imaginado pronombre «esto» que, como un dedo índice, apuntaría a las palabras dichas o pensadas por Juan.

11. LAS PALABRAS: LOS SUSTANTIVOS Y SUS ADJUNTOS

11.1. Sustantivos: el nombre

11.1.1. *Los sustantivos*

Sabemos ya (capítulos 7 y 8) que las palabras con que están constituidas las oraciones pertenecen a distintas clases o categorías. En este capítulo y en los dos siguientes vamos a pasar revista a todas estas clases de palabras, examinando los caracteres de cada una.

Una de las categorías es la de los *sustantivos,* que se distingue por su capacidad de funcionar en la oración como núcleo del sujeto, como complemento directo y como complemento indirecto. Esto no quita que, según vimos, por traslación puedan actuar como sustantivos, y por tanto desempeñar estas mismas funciones, otras clases de palabras; y que, a su vez, también por traslación, los sustantivos puedan hacer papeles propios de otras clases de palabras (complemento adverbial, complemento de un adjetivo, complemento de otro sustantivo).

Los sustantivos se dividen en dos subclases que, aunque coinciden en las funciones que hemos dicho, se diferen-

cian en la manera de realizarlas, así como en su forma y
en su contenido. Son el *nombre* y el *pronombre.*

Por su contenido, los sustantivos, tanto el nombre como
el pronombre, son palabras que designan a un ser u objeto
animado o inanimado, real o irreal que nosotros imaginamos como susceptible de que de él se diga algo. Son, pues,
sustantivos *camionero, ministro, madre, Lorenzo, río, aire,
paz, sospecha, esto, nadie, ella.* Pero nombres y pronombres se distinguen entre sí por la diferente manera de
designar a los seres o a los objetos. Los nombres están
fijados a los seres designados por ellos: unas veces (caso
de los nombres propios) de una manera individual y arbitraria, es decir, sin atender a la especie de ser que se
nombra; otras veces (caso de los nombres comunes) defi-
niendo el ser por medio de una etiqueta que es, para el
hablante como para el oyente, como una enumeración
condensada de una serie de características precisas que,
reunidas, solo existen en una determinada especie de seres. Cuando se pronuncia la palabra *perro,* se evocan con
ella unos caracteres («animal», «cuadrúpedo», «domésti-
co», «que ladra», etc.) cuya suma solo se encontraría en
un particular grupo de seres. No ocurre esto con los
pronombres, cuya significación consiste fundamentalmente en circunstancias pasajeras, como el lugar, la situación
en el diálogo, la cantidad, la indeterminación en que los
seres mencionados son vistos en el puro momento en que
se les menciona. Así, lo que designo con la palabra *ella* es
un ser (no varios) cuyo nombre sería femenino, que igual
podría ser una persona que un animal o una cosa, y que
en este momento no es quien habla ni a quien se habla;
lo que designo con el pronombre *esto* es algo (¿persona?, ¿cosa?, ¿uno solo?, ¿un conjunto?) que en el instante en que hablo se encuentra cerca de mí materialmente

(p. ej., ESTO *es un perro)* o moralmente (p. ej., ESTO *se está poniendo cada vez más difícil).*

11.1.2. *Nombres concretos y abstractos*

Entre los nombres, los hay que designan seres que, para el que habla, tienen (o han tenido, o tendrán) existencia real; como mi *hermano,* este *banco, Europa,* el *trigo.* A veces esta existencia, provisionalmente, se supone (pues de verdad no creemos en ella), como cuando nombro al dios *Neptuno.* Y los hay que designan cosas que no tienen existencia real, porque son simplemente el nombre que damos a fenómenos o cualidades que no existen si no es «en algo» que los produce o posee: la *limpieza* es «la acción de limpiar» *(La limpieza de esta sala da mucho trabajo)* o «la cualidad de limpio» *(La limpieza de esta sala es extraordinaria);* la *marcha* es «la acción de marchar»; la *salud* es «la cualidad de sano». Los nombres del primer grupo, los que designan seres reales, son los nombres *concretos;* los del segundo, los nombres de acciones o de cualidades, son los *abstractos.* No todos los nombres son siempre concretos o siempre abstractos; los hay que son una cosa u otra, según las ocasiones: *paseo* es abstracto cuando decimos *Vamos a dar un* PASEO («acción de pasear»), y concreto cuando decimos *Tienes que ir por el* PASEO («vía pública») *de la Castellana; salida* es abstracto en *Me lo encontré a la* SALIDA («acción de salir») *del cine,* y concreto en *¿Me puede decir dónde está la* SALIDA («lugar por donde se sale»)?

11.1.3. *Nombres comunes y propios*

Los nombres concretos pueden ser *comunes* o *propios.* Según ya vimos (§§ 7.2.1 y 7.2.2), los primeros son «clasificadores», y los segundos, «individualizadores». Es decir, un nombre común —*tienda, libro, camino,* etc.— actúa como una etiqueta que se pone a un ser para incluirlo en una clase de seres, porque se ve en aquel una serie de caracteres comunes con estos. En cambio, un nombre propio —*María, Jordán, Lérida*— no representa ninguna característica del ser nombrado; solamente se propone distinguirlo entre todos los que pertenecen a su misma especie —«mujeres», «ríos», «ciudades»—.

11.1.4. *Nombres masculinos y femeninos*

Todos los nombres, abstractos o concretos, comunes o propios, se distribuyen en dos grandes grupos: los de género *masculino* y los de género *femenino*. Se llaman masculinos todos los que pueden ir acompañados por el artículo *el* o por la forma en -*o* de adjetivos como *bueno, alto, corto, bello;* femeninos, los que pueden ir acompañados por el artículo *la* o la forma en -*a* de adjetivos como los citados. Así, son masculinos *sur, tiempo, valor, Ebro* (se dice EL *sur*, CORTO *tiempo*, ALTO *valor*, EL *Ebro),* y femeninos, *paz, calle, Toledo, sal* (se dice LA *paz, calle* CORTA, LA BELLA *Toledo, sal* BUENA). Pertenecerán al género masculino naturalmente los nombres que designen personas del sexo masculino: el *escritor,* el *chófer,* el *padre,* el *centinela,* el *trompeta* («músico que toca la trompeta»); y al género femenino, los nombres de personas del sexo femenino: la *madre,* la *directora,* la *monja.*

Pero esta norma, en lo que se refiere a animales, solo es válida para algunas especies: el *toro,* la *vaca;* el *perro,* la *perra;* el *gato,* la *gata;* el *caballo,* la *yegua;* el *león,* la *leona...* En muchos otros casos, el animal recibe siempre un mismo nombre (masculino o femenino) que es independiente de su sexo masculino o femenino: la *rata* (macho o hembra), la *ballena* (macho o hembra), el *ruiseñor* (macho o hembra). Notemos que también esto ocurre en parte en lo referente a los seres humanos: el nombre *persona* (que es siempre femenino) designa tanto a un hombre como a una mujer; el nombre *criatura* (también femenino siempre) vale para designar igual a un niño que a una niña. Estos nombres, como *rata, ruiseñor, persona,* que tienen un género determinado y constante y que designan indistintamente a individuos de uno u otro sexo sin aludir para nada a este, se llaman *nombres epicenos.*

Generalmente, los nombres que terminan en *-o* —de personas, de animales o de cosas— son del género masculino, y los terminados en *-a,* del femenino: el *disco,* el *canto,* el *movimiento, el monstruo,* el *socialismo;* la *manta,* la *copa,* la *carpeta,* la *costura,* la *prudencia.* Pero hay algunos nombres en *-o* que son femeninos: la *mano,* la *nao,* la *seo,* la *dinamo* [1]; y bastantes nombres en *-a* que son masculinos: el *día,* el *poeta,* el *profeta,* el *mapa, el fantasma,* el *clima,* el *panorama,* el *sistema.*

Por otra parte, una serie de nombres en *-a* designan, por su profesión o por otra característica, a personas de uno u otro sexo, por lo cual tales nombres son unas veces masculinos y otras femeninos: el/la *artista,* el/la *oficinista,* el/la *periodista,* el/la *solista,* el/la *accionista,* el/la *suicida.* Con algunos nombres en *-o* ocurre lo mismo: el/la *reo,* el/la *testigo.* Estos nombres *(artista, periodista, testigo,* etc.), que no expresan el sexo de la persona por medio de una terminación masculina o femenina, sino por medio de adjuntos masculinos o femeninos, suelen denominarse *nombres comunes en cuanto al género* [2].

---

[1] *Dinamo,* en algunos países americanos, es masculino.

[2] En algunos casos existe cierta oscilación entre la diferenciación (masculino *-o* / femenino *-a)* y la neutralización (masculino *-o,* con artículo *el* / femenino *-o* también, con artículo *la):* el *ministro* / la *ministra,* el *médico* / la *médica,* el *abogado* / la *abogada,* frente a el / la *ministro,* el / la *médico,* el / la *abogado.* La tendencia normal de la lengua es la duplicidad de formas, asignando al femenino la terminación *-a:* la *ministra* (como se dice la *maestra,* y no la *maestro),* la *médica* (como se dice la *doctora,* y no la *doctor),* la *abogada* (como se dice la *delegada,* y no la *delegado),* la *catedrática,* la *funcionaria,* la *ingeniera,* la *arquitecta.*

Si es poco segura para determinar el género de un nombre la terminación en *-o* o en *-a,* menos lo son otras terminaciones; así, en *-e* tenemos el *diente,* el *monte,* el *cisne,* el *albaricoque,* el *dique,* el *coche,* el *norte,* el *coste* (y como este, todos los derivados en *-e* de verbos), frente a la *nave,* la *lumbre,* la *salve,* la *noche,* la *leche,* la *parte,* la *muerte,* la *nube;* en *-u* tenemos el *espíritu,* frente a la *tribu;* en consonante tenemos el *haz,* el *almirez,* el *solaz,* el *trasluz,* frente a la *paz,* la *coz,* la *honradez,* la *luz;* el *corazón,* el *montón,* frente a la *razón,* la *porción;* el *dolor,* el *color,* frente a la *flor;* el *análisis,* frente a la *síntesis...*

Hay nombres que son masculinos o femeninos según el significado en que se empleen. En unos casos se trata de una misma palabra usada con distintos sentidos *(nombres con dos géneros;* p. ej., *orden, margen);* en otros son realmente dos palabras distintas que han coincidido en tener una misma forma *(homónimos;* p. ej., el *corte* y la *corte,* el *pez* y la *pez):*

Hubo que cambiar el ORDEN *de los festejos.*	*Nadie hizo caso de la* ORDEN *del alcalde.*
Tienes que dejar un MARGEN *más amplio en este escrito.*	*La* MARGEN *derecha del río es más rica que la izquierda.*
Se han roto algunos RADIOS *de la rueda.*	*No creas lo que dice la* RADIO [3].
El COMA *es el comienzo de la muerte.*	*Después de esa frase hay que poner una* COMA.
El CURA *ha comentado un pasaje del Evangelio.*	*Al herido le han hecho una* CURA *de urgencia.*
No me gusta el CORTE *de este traje.*	*El rey trasladó la* CORTE *a Valladolid.*
En el lago no queda un solo PEZ.	*La* PEZ *es una sustancia negra.*

---

[3] En este sentido, *radio* es masculino en algunos países americanos.

Y unos pocos nombres (los *nombres ambiguos),* sin cambiar su significado, se usan unas veces como masculinos y otras como femeninos, si bien predomina en cada caso alguna preferencia. Entre *el armazón* y *la armazón,* se considera mejor el segundo uso (teniendo en cuenta que pertenece a la misma serie que los abstractos *razón, sazón, cerrazón, hinchazón* y los colectivos *tablazón, ramazón,* sin relación con nombres concretos como *corazón, tazón, pezón, buzón);* de las dos posibilidades, *el mar* y *la mar,* la primera es hoy la que aparece siempre en el uso corriente, mientras que la segunda está limitada al lenguaje literario (recordemos el «Margarita, está linda *la mar»,* de Rubén Darío), al de la gente «de mar» y al de los meteorólogos; *azúcar* puede ser masculino o femenino, pero suele usarse como masculino cuando le acompaña el artículo o un demostrativo *(el azúcar, este azúcar, los azúcares),* y como femenino cuando le sigue un adjetivo *(azúcar blanquilla, azúcar refinada)*[4]; *arte* es normalmente masculino en singular *(el arte griego)* y femenino en plural *(las bellas artes).*

11.1.5. *Nombres en singular y en plural*

Todos los nombres —abstractos o concretos, comunes o propios, masculinos o femeninos— se comportan de una de estas dos maneras: o bien admiten la compañía del artículo *el* o *la* o de adjetivos como *bueno, buena, viejo, vieja,* y decimos que están en número *singular;* o bien lo que admiten es el artículo *los* o *las* y las formas en -*s* de los adjetivos *(buenos, buenas, viejos, viejas),* y entonces se dice que esos nombres están en número *plural.* Ejemplos de nombres en singular: el *país,* la *ciudad, obra* buena,

---

[4] Este doble uso da lugar a frecuentes discordancias del tipo EL *azúcar* BLANCA.

viejo *Madrid;* de nombres en plural: los *Andes,* las *mujeres,* buenos *ingresos, mentiras* piadosas.

Normalmente, como vemos en los ejemplos, los nombres en plural se distinguen en su forma de los nombres en singular por llevar al final un sonido /s/. Esta terminación, que se llama *formante de plural,* convierte un nombre en plural uniéndose directamente a la forma de singular cuando esta termina en cualquier vocal átona o /e/ tónica: *hombre,* plural *hombres; mano,* pl. *manos; paciencia,* pl. *paciencias; espíritu,* pl. *espíritus; café,* pl. *cafés.* Cuando la forma de singular termina en consonante o en /i/ tónica, el formante de plural aparece en la variante /es/: *camión,* pl. *camiones; paz,* pl. *paces; temblor,* pl. *temblores; jabalí,* pl. *jabalíes.* Si la forma de singular termina en una vocal tónica distinta de /e/ o /i/, generalmente el formante de plural es /s/: *papá, mamá, sofá, dominó,* pl. *papás, mamás, sofás, dominós;* pero en algunos casos es /es/: *bajá, albalá, faralá,* pl. *bajaes, albalaes, faralaes;* y en otros coexisten las dos formas: *tabú, zulú,* pl. *tabúes, zulúes* y *tabús, zulús* (aunque los gramáticos prefieren la primera). Los nombres que en singular terminan en /s/ no llevan formante ninguno si la vocal precedente es átona; así, de la *dosis,* el *martes,* el *chasis,* el plural es las *dosis,* los *martes,* los *chasis;* llevan el formante /es/ si la vocal que precede es tónica: de *marqués, dios, compás,* pl. *marqueses, dioses, compases.*

A muchos nombres terminados en consonante que se han tomado de lenguas extranjeras no se les da un plural en /es/, como sería lo normal, sino en /s/: *fan, fans; trust, trusts; club, clubs* (pero también *clubes); frac, fracs* (aunque las gramáticas dan la forma *fraques); ticket, tickets; film, films; chalet, chalets.* Lo mismo pasa con algunas voces tomadas «en crudo» del latín: *accésit, accésits; déficit, déficits; fórum, fórums; ultimátum, ultimátums; referéndum, referéndums; auditórium, auditóriums; sympósium, sympósiums.* En algunos casos la voz extranjera o latina ha sido asimilada más a fondo por el idioma, y recibe un tratamiento igual al de las voces tradicionales: *yogur, yogures; bar, bares; gol, goles; chófer, chóferes; álbum, álbumes.* Y algunas de las citadas antes tienen una segunda forma, adaptada a las españolas, con un plural normal: *filme, filmes; chalé, chalés; simposio, simposios.*

Hemos visto ya un caso de nombres en plural sin formante de plural: el de los que en singular terminan en /s/ precedida de vocal átona, como *dosis, martes, chasis.* También ocurre esto —sobre todo en la lengua hablada— en muchos nombres tomados de otros idiomas: es corriente oír *dos sándwich, los smóking, tres accésit, los déficit, los cineclub,* frente a las formas escritas *sándwiches, smókings, accésits, cineclubs.* Igualmente, se extiende cada vez más el uso de la palabra sin formante de plural cuando se nombra con el apellido a varios miembros de una familia: los *Calvo,* los *Alonso,* los *Mendoza;* en algunos casos —los de terminación *-z—* esto ha sido siempre lo normal: los *Fernández,* los *Sanz,* los *Muñoz;* en otros todavía es posible oír las formas con *-s:* los *Madrazos,* los *Quinteros.*

11.1.6. *Nombres colectivos. Nombres de cosas no numerables. Nombres usados genéricamente*

Habitualmente, como podemos observar en todos los ejemplares anteriores, cuando un nombre está en singular designa «un solo» ser, y cuando está en plural designa «varios». Pero a veces ocurre que deseamos nombrar a «varios» seres a los que vemos formando, entre todos, «una unidad». Hacemos uso entonces de un nombre en singular que designa como una unidad ese conjunto de seres: el *ejército* (conjunto de soldados), la *armada* (conjunto de barcos de guerra), la *familia* (conjunto de personas unidas por parentesco), la *muchedumbre* (conjunto de muchas personas o cosas), la *docena* (conjunto de doce objetos), el *par* (conjunto de dos objetos), etc. Estos nombres que significan un «conjunto» que es visto como una «unidad» se llaman nombres *colectivos*.

Con ellos se relacionan los nombres que designan cosas que, por formar series de multitud de unidades prácticamente imposibles de contar, imaginamos como si fuesen una materia continua: el *trigo,* la *sal,* el *azúcar,* el *polvo*. Estos nombres, lo mismo que los verdaderos nombres de materia (como el *cemento,* el *agua,* el *gas,* la *madera),* no se pueden emplear en plural sin que cambie más o menos su significado.

No hay que olvidar, por otra parte, el uso que con frecuencia hacemos de los nombres en singular para designar, no un solo individuo, sino en general todos los que constituyen la clase entera a la que conviene ese nombre: *El* ALEMÁN *es más laborioso que el* ESPAÑOL; *El* PERRO *es el mejor* AMIGO *del* HOMBRE.

11.1.7.   *Nombres plurales de cosas singulares. Pluralia tantum*

Así como los nombres colectivos designan en forma *singular* todo un conjunto de seres, hay otros nombres que designan en forma *plural* cosas que son singulares: las *tijeras,* las *tenazas,* las *gafas,* los *prismáticos,* los *pantalones...* El hecho de que el nombre sea plural, a pesar de designar un solo objeto, se debe a que este está formado por dos partes complementarias. No obstante, hoy se dice casi siempre el *pantalón;* a veces se oye la *tijera,* la *tenaza,* y no es raro que un óptico diga *una gafa muy elegante* o *este prismático es de primera calidad.*

Al lado de estos casos hay que citar el de algunos nombres que, por designar en general algo esencialmente múltiple, no se usan más que en plural: *añicos, víveres, ambages, entendederas.* Tales nombres se llaman *pluralia tantum* (locución latina que literalmente significa «solamente plurales»).

11.2. Sustantivos: el pronombre

11.2.1. *Los pronombres*

En el § 11.1.1 (v. también § 7.2.3) ya queda dicho que los pronombres son sustantivos que se distinguen de los nombres en la manera de designar a los seres: mientras un nombre está siempre referido a un determinado ser (p. ej., *Roma)* o a un grupo de seres pertenecientes a un mismo tipo (p. ej., *ciudad),* un pronombre se refiere, según el momento en que sea usado, a uno o a otro ser (p. ej., *ella* puede ser «la ciudad», «mi hermana», «esta casa», según digamos la palabra en una situación o en otra); y, frente al nombre, que lleva dentro de sí un significado formado por cualidades precisas del ser que se nombra, un pronombre apenas significa otra cosa que una circunstancia utilizada para señalar al ser de una manera provisional.

Se distinguen también los pronombres de los nombres en que los primeros no pueden ir precedidos de artículo (salvo una excepción: *cual,* que siempre tiene que ir con el artículo *el),* mientras que los segundos todos pueden llevarlo. Esto no solo ocurre en los nombres comunes, sino también en los propios; pues, si bien es verdad que normalmente estos se usan sin artículo *(Europa, Eduardo),* muchos de ellos lo llevan normalmente (EL *Brasil,* LA *Mancha,* EL *Cairo,* LA *Coruña),* otros lo reciben a menudo

hablar popular (EL *Pepe,* LA *Petra),* y todos, si van seguidos de ciertos complementos, lo necesitan: LA *Andalucía
baja,* EL *Madrid de antes,* UN *Hitler a quien todos obe-
decían.* En cuanto a los pronombres, precisamente van
precedidos de artículo cuando dejan de ser pronombres
(EL *yo,* EL *nueve,* por ejemplo, son nombres), o bien cuando solo «parecen» pronombres, siendo adjetivos sustantivados *(los dos, los mismos, los otros:* compárese con *los
altos, los nuevos, los siguientes).*

11.2.2. *Pronombres personales*

Hemos dicho antes que un pronombre señala al ser de
una manera provisional a través de una circunstancia. En
algunos pronombres, esta circunstancia es el papel que el
ser designado desempeña en la conversación: el papel de
«el que habla» —que los gramáticos llaman *primera persona*—, el papel de «aquel a quien se habla» —*segunda persona*— o el papel de «aquel de quien se habla» —*tercera
persona*—. Este grupo de pronombres son los *pronombres
personales* (v. § 7.2.4), que tienen formas distintas no
solo según el «número» y el «género», como los nombres, sino también según la «persona» (primera, segunda o tercera) y según la función que la palabra desempeñe en la frase.

Hay que observar que, en cuanto al género, no existe la
diferencia masculino/femenino en el singular de las personas primera y segunda, mientras que la tercera persona
ofrece, además de formas masculinas y femeninas, otras
formas, llamadas *neutras,* que designan cosas indetermina-
das, conjuntos de cosas, o hechos; así, son ejemplos de
pronombres personales neutros *ello* y *lo* en las frases *No
hay noticias, pero no te preocupes por* ELLO; *Me he equivo-
cado,* LO *siento.* Desde el punto de vista de la concordancia, las formas «neutras» son siempre singulares (esto es,

los adjetivos que se refieren a ellas irán en singular, y cuando estas formas actúen como sujeto, también el verbo irá en singular) y masculinas (es decir, van en forma masculina los adjetivos que a ellos se refieren). Por eso no es muy acertado hablar de «género» neutro, ya que el género de un sustantivo es su exigencia de forma -*o* (masculina) o de forma -*a* (femenina) en los adjetivos del tipo *alto/alta.*

Por otra parte, para la segunda persona hay dos series distintas de formas, que el que habla utiliza según se dirija a alguien con quien tenga cierta confianza o camaradería *(tú, te, ti, vosotros,* etc.) o a alguien con quien no las tenga *(usted, le, la, ustedes,* etc.). Las formas usadas en este segundo caso, llamadas *de cortesía,* se caracterizan porque, a pesar de pertenecer a la segunda persona, llevan, cuando hacen de sujeto, el verbo en la forma de tercera persona: *usted* DIRÁ, *ustedes* SABEN.

Puede ocurrir que el pronombre personal sea utilizado para designar, en función de complemento, al mismo ser que se presenta como sujeto de la oración: *Yo ya* ME *he bañado; Lo he comprado para* MÍ; *La llevaréis con* VOSO-TROS. Cuando este caso se da para la segunda persona de cortesía o para la tercera persona, se recurre a formas especiales (que las gramáticas llaman «reflexivas»): *Ella ya* SE *ha bañado; Él lo ha comprado para* SÍ; *Ustedes la llevarán* CONSIGO. No obstante, en la lengua hablada hay tendencia a sustituir *sí, consigo* por las formas no «reflexivas»: *Lo ha comprado para* ÉL *mismo; La pueden llevar con* USTEDES.

Como sustantivos que son, los pronombres personales tienen las mismas funciones que los nombres, excepto la de aposición. Estas funciones se detallan, para cada una de las formas, en la lista de la página siguiente.

Pronombres personales

	persona	*número*	*género*	*funciones*
yo	1.ª	sing.	m. y f.	núcleo del sujeto; predicativo
me	»	»	»	compl. (dir. o indir.) sin prep.
mí	»	»	»	compl. con preposición [5]
nosotros	»	pl.	m.	núcleo del sujeto; predicativo; compl. con preposición
nosotras	»	»	f.	»
nos	»	»	m. y f.	compl. (dir. o indir.) sin prep.
tú	2.ª	sing.	»	núcleo del sujeto; predicativo
te	»	»	»	compl. (dir. o indir.) sin prep.
ti	»	»	»	compl. con preposición [5].
vosotros	»	pl.	m.	núcleo del sujeto; predicativo; compl. con preposición
vosotras	»	»	f.	»
os	»	»	m. y f.	compl. (dir. o indir.) sin prep.
usted	2.ª de cortesía	sing.	»	núcleo del sujeto; predicativo; compl. con preposición
ustedes	»	pl.	»	»
él	3.ª	sing.	m.	núcleo del sujeto; predicativo; compl. con preposición
ella	»	»	f.	»
ello	»	»	m. [6]	»

---

[5] Cuando la preposición que precede a los pronombres, *mí, ti, sí* es *con*, en lugar de *con mí, con ti, con sí* se dice *conmigo, contigo, consigo* (que se escriben como una sola palabra).

[6] Usado con sentido neutro.

Pronombres personales *(cont.)*			
persona	*número*	*género*	*funciones*
lo 3.ª, o 2.ª de cortesía	sing.	m. [7]	compl. (dir.) sin preposición; predicativo [8]
la »	»	f.	compl. (dir.) sin preposición
le »	»	m. [7] y f.	compl. (dir. o indir.) sin prep. [9]
se »	sing. y pl.	»	compl. (dir. o indir.) sin prep.
sí »	»	»	compl. con preposición [5]
ellos 3.ª	pl.	m.	núcleo del sujeto; predicativo; compl. con preposición
ellas »	»	f.	»
los 3.ª, o 2.ª de cortesía	»	m.	compl. (dir.) sin preposición
las »	»	f.	»
les »	»	m. y f.	compl. (indir.) sin preposición [10]

Acerca de las particularidades del uso de las formas que funcionan como complemento directo e indirecto sin preposición, así como sobre los diversos empleos de forma *se,* ya hemos hablado en el capítulo 8. Allí también nos hemos ocupado de la colocación de estos pronombres con respec-

---

[7] Puede usarse también con sentido neutro.

[8] La función de predicativo corresponde exclusivamente al uso neutro.

[9] La función de complemento directo, solo en el caso de ser masculino.

[10] A veces aparece usado *les* como complemento directo masculino.

to al verbo. Sobre el uso impersonal de *tú,* v. la nota 11 de este capítulo.

11.2.3. *Pronombres demostrativos*

Hay otro grupo de pronombres que designa a los seres por otra circunstancia: la situación con respecto al que habla. Así, *este* es «uno que está cerca de mí» y *aquel* es «uno que está lejos de mí». El que habla puede tomar como punto secundario de referencia a la persona a quien habla; así, *ese* es «uno que está cerca de ti». La situación puede ser considerada, no ya en el espacio, sino en el tiempo, tomando como momento de referencia el momento «en que yo hablo»: *esto* será «lo que ocurre ahora», y *aquello,* «lo que ocurrió en un pasado»; y a lo largo de un relato o un discurso, *este* se referirá «al que acabo de citar», y *aquel,* «al que cité antes»: *El padre y el hijo terminaron riñendo, pues este quería ir al Norte y aquel al Sur.*

Estos pronombres, llamados *demostrativos,* no solo tienen distinta forma, de acuerdo con la situación respecto a la persona tomada como referencia, sino que además presentan variaciones de género y número. Como en el pronombre personal de tercera persona, existen —solo en singular— formas neutras. He aquí, pues, todas las formas de los tres pronombres demostrativos:

a) *este, esta;* pl., *estos, estas;* neutro, *esto;*
b) *ese, esa;* pl., *esos, esas;* neutro, *eso;*
c) *aquel, aquella;* pl., *aquellos, aquellas;* neutro, *aquello.*

Estas formas desempeñan en la oración cualquiera de las funciones propias del sustantivo (excepto la de aposición); por ejemplo, la de núcleo del sujeto: ESTO *es imper-*

donable; la de predicativo: *Las casas nuevas son* AQUE-
LLAS; la de complemento de un nombre: *La familia de*
ESTOS; la de complemento directo: *No entiendo* ESO; la de
complemento adverbial: *Por* ESO *hay que seguir traba-
jando.*

11.2.4. *Pronombres numerales*

Para señalar provisionalmente a los seres por una particularidad que, de momento, interesa en ellos —su cantidad—, existe una serie de pronombres *numerales* que designan a los seres por medio del número exacto de aquellos a los que se alude: *Con este ya son* SIETE *los que
fracasan; Esta mañana vinieron* TRES *a informarse, pero
solo* UNO *se interesó; Atacó con* DOSCIENTOS *de a caballo.*
Salvo en algunos casos (como en los ejemplos que acabamos de ver) en que se designa a personas, estos pronombres hacen referencia a seres mencionados antes en la
oración: *Encontré muchos libros buenos, y al final me llevé*
CUATRO. A veces la referencia no está en palabras anteriores, sino supuesta en el sentido de toda la frase o en la
situación en que esta se dice: *Esta camisa vale* SETECIEN-
TAS; *Estamos a* SEIS *bajo cero.*

Este grupo de pronombres no tiene variación de «número»: *uno* es siempre singular, y todos los demás son
siempre plurales. Variación de «género» la tienen solamente *uno* y *veintiuno* (femeninos: *una* y *veintiuna),* la serie
de los terminados en *-cientos (doscientos, trescientos,* etc.,
cuyos femeninos terminan en *-cientas)* y *quinientos*
(f., *quinientas).*

Contra lo que suele creerse, la lista de los numerales es
limitada y bastante reducida (la que es ilimitada es la lista
de los *números,* que no es lo mismo). Aun contando todas
las que están formadas por unión de otras dos (como

dieciséis = diez y seis), en total no llegan a cincuenta las palabras de este grupo. Véase su lista:

a)   constituidos por una palabra simple: *uno* (f., *una), dos, tres, cuatro, cinco, seis, siete, ocho, nueve, diez, once, doce, trece, catorce, quince, veinte, treinta, cuarenta, cincuenta, sesenta, setenta, ochenta, noventa, ciento* o *cien, quinientos* (f., *quinientas), mil;*

b)   constituidos por una palabra compuesta: *dieciséis, diecisiete, dieciocho, diecinueve, veintiuno* (f., *veintiuna), veintidós, veintitrés, veinticuatro, veinticinco, veintiséis, veintisiete, veintiocho, veintinueve, doscientos* (f., *doscientas), trescientos* (f., *trescientas), cuatrocientos* (f., *cuatrocientas), seiscientos* (f., *seiscientas), setecientos* (f., *setecientas), ochocientos* (f., *ochocientas), novecientos* (f., *novecientas).*

Para la expresión de todos los restantes números se recurre a la combinación —unas veces directa, otras por medio de la conjunción *y*— de dos o más palabras de la lista precedente: *treinta y nueve; ciento veinte; doscientas cuarenta y cuatro; mil setecientos noventa y nueve; quinientas dos mil.* El número «mil veces mil» se designa valiéndose, no de un numeral, sino de un nombre masculino, *millón* (pl., *millones),* que pertenece a la misma serie de los nombres colectivos *decena, docena, centenar, millar.* Lo mismo ocurre en la denominación de otras unidades superiores, como *billón, trillón,* etc.

Ofrece un sentido especial, junto a los numerales corrientes, el pronombre *ambos* (f., *ambas),* que, al mismo tiempo que un número, expresa que con él quedan mencionados «todos» los seres que forman el conjunto: *El ilustre visitante fue recibido por el ministro, y* AMBOS *pasaron al salón.* Es palabra propia de la lengua escrita; la hablada prefiere decir *los dos.* La misma idea de mencionar con el número la «totalidad» del conjunto de seres puede expresarse anteponiendo —como en el caso de *los dos*— el artículo *los* o *las* a cualquier numeral: *Saludos a* LOS CUATRO («a todos, que son cuatro»); pero en este caso el numeral no es pronombre, sino adjetivo sustantivado.

Las funciones que pueden desempeñar en la oración los pronombres numerales son las mismas que hemos visto en las otras clases de pronombres.

11.2.5. *Pronombres cuantitativos*

Así como los pronombres numerales designan a los seres por su número preciso, hay otros pronombres que los designan también por su número, pero en una forma imprecisa (pronombres *cuantitativos): Ayer vinieron* MU-CHOS *al museo;* ALGUNOS *de mis amigos están invitados;* POCOS *pueden permitirse ese lujo; Han faltado* BASTANTES *al trabajo.* La imprecisión del sentido de estos pronombres está en que denotan la cantidad, no de una manera objetiva (a través de los números), sino de una manera subjetiva (según la ve el que habla): los que para mí son «muchos» para ti pueden ser «pocos», o al revés. Algunos de ellos tratan de dar idea de la cantidad por la comparación con otra citada o pensada: *Esta tarde vendrán* MÁS [que ayer]; *Nosotros somos* MENOS [que vosotros]; *Se han presentado al concurso* DEMASIADOS. En otros casos no interesa exponer la cantidad de los seres aludidos, sino el hecho de que en ellos «no falta ninguno» de su serie: TODOS *están de acuerdo;* o, por el contrario, el hecho de que «faltan todos»: NINGUNO (o NADIE) *está conforme.*

Salvo en el último caso, todos los pronombres que figuran en estos ejemplos —a los que hay que añadir *algunos, varios*— podrían ser sustituidos por algún numeral: «Ayer vinieron *doscientos* al museo», «*Tres* de mis amigos están invitados», «*Dos o tres* pueden permitirse ese lujo», «Se han presentado al concurso *quinientos*», «*Los diez* están de acuerdo», etc. Es decir, designan «seres numerables». Notemos que todos estos pronombres van en plural. En singular, estos mismos pronombres —y otros que no se usan más que en singular *(algo, nada)*— no designan seres, sino puras «cantidades», con un sentido neutro parecido al de los pronombres *ello, esto, eso, aquello: Dame* ALGO *de dinero;* MUCHO *de lo que has dicho es falso;* DEMASIADO *habéis hecho; Ponme* MÁS; TODO *les parece* POCO; *Han recaudado* BASTANTE; *De* MENOS *nos hizo Dios; Aquí* NADA *es auténtico.* Se exceptúa *alguno,* que en este sentido cuantitativo se usa en singular designando seres numerables (como en plural), con el sentido especial de «tal vez uno», «uno o dos»: *Sí, este año he vendido* ALGUNO.

Los pronombres cuantitativos usados en plural, al poder referirse a seres con nombre masculino o con nombre femenino, exigirán, según los casos, formas masculinas o femeninas en los adjetivos referidos a ellos: *Algunos son buenos/Algunas son buenas.* Pero no todos tienen variación de género: *bastantes, más* y *menos* no tienen forma especial para el femenino. De los singulares, solo *alguno* y *ninguno* admiten forma femenina; todos los demás son invariables y, a efectos de concordancia, funcionan siempre como masculinos.

11.2.6. *Pronombres indefinidos*

La indeterminación puede referirse, no ya, como en los pronombres que acabamos de ver, al número o a la cantidad de los seres designados, sino a la «identidad» de estos. Ocurre esto en los pronombres llamados *indefinidos,* como *alguien, alguno, algo* (estos dos también son cuantitativos, como hemos visto), *cualquiera, otro* y *uno: Si viene* ALGUIEN (o ALGUNO), *que me espere; Espero que hoy me digan* ALGO; *Esto te lo compra* CUALQUIERA; *Pregúntaselo a* OTRO, *pues yo no lo sé; Un día vendrá* UNO *con ganas de pelea y os echará a la calle* [11].

De estos pronombres tienen variación de género y número *alguno* (f., *alguna;* pl., *algunos, -as), uno* (f., *una;* pl., *unos, unas) y otro* (f., *otra;* pl., *otros, otras).* No tienen variación ninguna —siempre son masculinos singulares— *alguien,* que siempre designa personas, y *algo,* que siempre designa cosas. *Cualquiera,* que siempre designa personas, es invariable en cuanto al género (pero cuando alude a persona femenina exige concordancia femenina en el adjetivo: *Cualquiera de vosotras es lista);* en cuanto al número, tiene una forma plural, *cualesquiera,* que prácticamente solo se usa en la lengua escrita (CUALESQUIERA *que sean sus razones, no las admiten).*

11.2.7. *Pronombres interrogativos*

Un limitadísimo grupo de pronombres designa también seres cuya «identidad» o cuya «cantidad» están por precisar; pero —a diferencia de los pronombres indefinidos y cuantitativos— son utilizados justamente para eliminar esa imprecisión. Por ello aparecen dentro de oraciones interrogativas, y de ahí su nombre de pronombres interrogativos: ¿QUIÉN *es usted?,* ¿QUÉ *quiere?,* ¿CUÁL *compraremos?,* ¿CUÁNTOS *esperan todavía?* Cuando las oraciones interrogativas pasan a ser proposiciones (v. § 9.2.5), desa-

---

[11] *Uno* y su f. *una* se usan también, especialmente en la lengua hablada, para designar al propio hablante de manera más «impersonal» que con el pronombre *yo: Perdóname, es que no sabe* UNO *lo que se dice.* En el uso coloquial de hoy, el valor impersonal de *uno* es asumido frecuentemente por el pronombre personal *tú* y la forma «tú» del verbo: VAS *por la calle tan tranquilo y* TE *cortan el paso.*

parecen la entonación interrogativa y los signos de interrogación: *No sé* QUIÉN *es usted; Le preguntaron* QUÉ *quería; Te diré* CUÁL *es el mío* [12].

De estos pronombres, *quién* se refiere siempre a personas; *qué* se refiere siempre a cosa; los otros dos, a persona o cosa. *Cuánto* tiene variación de género y número *(cuánto, cuánta, cuántos, cuántas); quién* y *cuál,* solo de número *(quién, quiénes; cuál, cuáles); qué* es invariable. Este último (igual que el indefinido-cuantitativo *algo)* tiene sentido neutro y funciona, a efectos de concordancia, como masculino: ¿QUÉ *es* BUENO *para adelgazar?* Lo mismo hay que decir de la forma *cuánto* (igual que del cuantitativo *mucho)* cuando no evoca con precisión un objeto de nombre masculino.

11.2.8.   *Pronombres relativos*

Los pronombres *relativos* son muy distintos de todos los otros pronombres. Desde luego, como estos, son sustantivos, y desempeñan, por tanto, funciones propias de los sustantivos; pero, junto con esta función, actúan como palabras de enlace que convierten su oración en una proposición. Como ya hemos hablado ampliamente de estos pronombres en los §§ 9.1.2 y 9.2.1, aquí no haremos más que resumir lo más característico de ellos.

En cuanto a su significación, estos pronombres normalmente se limitan a ser «representación» de un sustantivo enunciado antes de la proposición. Así, en la oración *Las ayudas con que cuento son muy pocas,* tenemos una propo-

---

[12] *Quién* puede usarse exclamativamente: *¡Quién lo pillara!* Y, exento ya de todo sentido interrogativo, se emplea como equivalente de «persona calificada o autorizada» en la locución verbal *no ser* [uno] *quién para* + infinitivo: *No soy* QUIÉN *para opinar en este asunto.*

sición adjetiva, *con que cuento,* cuya palabra de enlace
—precedida en este caso de la preposición *con*— es el
pronombre relativo *que.* Este relativo representa al sustantivo *ayudas,* mencionado al principio; y, como él mismo
es sustantivo, desempeña una función dentro de la proposición: en este caso, la de complemento adverbial (el sentido de la proposición es «cuento con las ayudas»).

No siempre el relativo «representa» o hace referencia a
un sustantivo precedente. En la oración QUIEN *mal anda*
mal acaba, el pronombre *quien* —que convierte en proposición la oración *mal anda,* y funciona en ella como sujeto— no se refiere a ningún sustantivo anterior. Lo mismo
ocurre con *cuanto* en la oración *Creo* CUANTO *me dices.* Al
faltar el sustantivo referido, las proposiciones introducidas por relativo son sustantivas, y no adjetivas como en
los otros casos. Estos pronombres relativos que carecen de
sustantivo antecedente tienen un sentido vago y poco preciso, como los pronombres cuantitativos e indefinidos:
QUIEN (= «cualquiera que», «todo el que») *mal anda...;*
CUANTO (= «todo lo que») *me dices...*

Los pronombres relativos son *que, quien, cual* (este,
precedido siempre de artículo) y *cuanto. Que* es invariable
en cuanto al género y al número; *quien* y *cual* tienen
variación de número *(quien, quienes; cual, cuales); cuanto*
las tiene de género y de número *(cuanto, cuanta, cuantos,*
cuantas). Se refieren indistintamente a personas o cosas
que y *cual; quien* solo se refiere normalmente a personas,
y *cuanto* se refiere solo a cosas cuando va en singular, y a
personas o cosas cuando se usa en plural [13].

---

[13] *Cuyo,* que las gramáticas incluyen entre los pronombres relativos,
no es pronombre, sino adjetivo. V. §§ 9.1.3 y 11.3.4.

11.3. Adjuntos de los sustantivos: el artículo y el adjetivo

11.3.1. *Los adjuntos*

La primera clase de palabras, que hemos estado viendo en los dos apartados anteriores, es la de los *sustantivos,* y está constituida por el nombre y el pronombre. La segunda clase es la de los *adjuntos,* palabras que —según sabemos desde el capítulo 7— se caracterizan por su función de acompañantes de los sustantivos. Así, en la oración LA *noche* PASADA *hubo* UNA GRAN *tormenta,* son adjuntos del nombre *noche* las palabras *la* y *pasada,* y del nombre *tormenta,* las palabras *una* y *gran;* en TODOS *ellos pasaron aquí* LA ÚLTIMA *semana,* son adjuntos *todos* (de *ellos), la* y *última* (de *semana).*

Los adjuntos no funcionan solo como acompañantes inmediatos de los sustantivos; muchos de ellos (no todos) pueden acompañarlos «a distancia», cuando, sin dejar de referirse a esos sustantivos, actúan respecto a ellos como predicativos (v. § 8.8): *El clavel* es ROJO; *El sistema era* NUEVO; *Te encuentro* DELGADO; *Le consideran* APTO *para el cargo.*

La condición de acompañantes de los sustantivos hace que los adjuntos, en general, acomoden su forma al género y número de los acompañados; esta acomodación se llama *concordancia.* Por la concordancia, por ejemplo, decimos LAS ROJAS *amapolas* frente a EL ROJO *clavel;* ESTA *amiga* NUESTRA frente a ESTE *amigo* NUESTRO; UNA *vida* NUEVA frente a UN *sistema* NUEVO. El formante característico de plural es, como en los nombres, /s/ o /es/: *aquellos tiempos felic*ES, *su*S *manías, toda*S *la*S *mujeres, lo*S *último*S *días, mucha*S *noticias, ataques brutal*ES. El plural de *cualquiera* es especial: *cual*ES*quiera.* Pero hay algunos casos en que no existe variación de número, bien porque el adjunto en cuestión se usa solo con nombres en un determinado número (p. ej., CADA *persona,* solo en singular; CINCO *personas,* solo en plural), o bien porque el tal adjunto no se altera aunque cambie el número de su nombre (p. ej., *Dame* MÁS *dinero,* junto a *Dame* MÁS *pesetas;* ¡QUÉ *tiempo!,* junto a ¡QUÉ *tiempos!).* En cuanto al género, algunos adjuntos poseen una forma en /o/ para concertar con sustantivos masculinos, y una forma en /a/ para concertar con femeninos: *día tranquilO*; *jornada tranquilA*; otros tienen una forma masculina terminada en consonante, y una femenina que se construye añadiendo /a/ a la masculina: *país catalán, tierra catalanA; libro francés, comedia francesA; hombre gruñón, mujer gruñonA.* Hay algunos adjuntos en que la diferencia entre la forma masculina y la femenina es más profunda: EL *gato,* LA *gata;* AQUEL *árbol,* AQUELLA *planta.* Por otra parte, también se dan casos en que no hay cambio de forma motivado por el género del sustantivo: *caballero* CORTÉS, *persona* CORTÉS; *pueblo* MARROQUÍ, *ciudad* MARROQUÍ; *trabajo* FÁCIL, *tarea* FÁCIL; MEJOR *precio,* MEJOR *calidad;* OCHO *cuadros,* OCHO *fotografías.*

11.3.2. *Los artículos*

De todos los adjuntos, los más importantes son *el* y *un,* llamados *artículos,* que, como «actualizadores» (v. § 7.3.1), son los acompañantes más constantes de los nombres. Su presencia denuncia la presencia inmediata de un nombre, y el hecho de anteponerse un artículo a cualquier palabra que no sea nombre, o a una frase incluso, la hace funcionar precisamente como nombre, es decir, la sustantiva. Así, en oraciones como *Los sabios no siempre son inteligentes; No te preocupes por el mañana; Yo no soy un cualquiera; El saber no ocupa lugar; El centinela le dio el quién vive,* las palabras *sabios* (adjetivo), *mañana* (adverbio), *cualquiera* (pronombre), *saber* (verbo), *quién vive* (oración), las cuales llevan todas delante un artículo, están sustantivadas.

El artículo *el* denota que lo designado por el nombre es un ser preciso ya sabido o supuesto por el oyente *(Dame* EL *libro)* o que está considerado en general y no como un ser individual (EL *libro es el mejor amigo).* El artículo *un* denota que lo designado por el nombre es algo no conocido o no supuesto por el oyente *(Te traigo* UN *libro),* o algo que es indiferente para el que habla *(Dame* UN *libro).* De acuerdo con esta distinta significación, *el* se llama artículo *definido,* y *un,* artículo *indefinido* [14]. Sus variaciones según el género y el número son estas:

Artículo definido	masculino: sing. *el,* pl. *los*
	femenino: sing. *la* (o *el),* pl. *las*

Artículo indefinido	masculino: sing. *un,* pl. *unos*
	femenino: sing. *una* (o *un),* pl. *unas*

Las formas que van entre paréntesis son las que toma el artículo femenino singular cuando le sigue inmediatamente un nombre que comienza por /a/ tónica: *el alma, el hacha, un alza, un águila.*

Los adjetivos sustantivados con sentido abstracto –con valor de «nombres de cualidad» o de «nombres de conjunto»– llevan un artículo especial, invariable, *lo,* llamado artículo *neutro: lo alto, lo bueno, lo fácil, lo otro* [15]. En

---

[14] Muchas gramáticas españolas los llaman, respectivamente, «determinado» e «indeterminado».

[15] Cuando el grupo *lo* + adjetivo va seguido de la palabra *que, lo* (que ya no es artículo, sino pronombre *neutro:* v. § 8.8.3) y *que* forman un

algunos casos muy contados ese mismo sentido abstracto puede ser expresado por *el: el alto de un mueble; el absurdo de esa afirmación.*

Al sustantivarse un adjetivo que hace referencia a una persona o cosa determinada (o a varias), toma el género y el número que tendría el nombre de esa persona o cosa, y de acuerdo con ese género y número será la forma del artículo acompañante: LAS *viejas* (si nos referimos, por ejemplo, a «las *maletas* viejas»), LA *mayor* (p. ej., «la *hermana* mayor», LOS *cinco* (p. ej., «los cinco *dedos*»). Lo mismo ocurre en la sustantivación de una proposición adjetiva: *No dejaron entrar a* LOS *que llegaron tarde.* A otras clases de palabras o de proposiciones, o a cualquier grupo de palabras, al sustantivarse, se les atribuye género masculino y número singular: *Se presenta* UN *mañana sombrío;* EL *que quieras o no quieras me tiene sin cuidado; Más vale* UN *por si acaso que* UN *quién pensara.*

Los artículos van colocados delante (nunca detrás) del nombre, palabra sustantivada o grupo sustantivado a los que acompañan. Entre el artículo y el nombre puede intercalarse otro adjunto *(las* BUENAS *intenciones; el* TRISTE-MENTE CÉLEBRE *Barbarroja);* pero nunca puede darse un artículo que no vaya seguido de un nombre o de un elemento sustantivado. Por esta razón los artículos, a diferencia de otros adjuntos, nunca pueden funcionar como predicativos.

---

adverbio que hace de complemento del adjetivo y que significa «qué» o «cuánto» (o «cuán»): *Lo fuertes que eran* = «cuán fuertes eran»; *No sabes lo buenas que son* = «no sabes qué buenas son». En estos casos vemos que el adjetivo no está sustantivado y funciona como predicativo, concertando con el sustantivo al que se refiere.

11.3.3. *Los adjetivos*

Todos los restantes adjuntos, los que no son artículos, son los *adjetivos.* Observemos en las siguientes oraciones algunos de ellos, señalados en VERSALITAS:

ESTE *mes no ha llovido.*
TALES *informaciones son falsas.*
NUESTRA *casa está más allá.*
El periódico cuesta CIEN *pesetas.*
CADA *policía llevaba una metralleta.*
Los dos gobiernos se dirigieron SENDAS *notas de protesta.*
Se necesitan empleados de AMBOS *sexos.*
Los MISMOS *alumnos lo han pedido.*
Se han juntado VARIOS *amigos.*
No podré trabajar en UNOS *meses.*
ALGUNOS *artistas se negaron a actuar.*
No encontré NINGÚN *taxi.*
Se reunían en CIERTO *bar del centro.*
Esto no lo sabe un estudiante CUALQUIERA.
Mis MUCHAS *ocupaciones me lo impiden.*
POCO *tiempo nos queda.*
Tiene BASTANTE *influencia en el Ministerio.*
En este país hay DEMASIADO *holgazán.*
No tenemos MÁS *noticias.*
Me ha hecho MENOS *daño de lo que temía.*
No esperaba TANTOS *invitados.*
Siga usted la OTRA *dirección.*
Apartándose de los DEMÁS *expedicionarios, se fueron a dar*
    un paseo.
Se vende en TODOS *los establecimientos.*
*¿*QUÉ *hora es?*
¿A CUÁLES *países quieres ir?*
*¡*CUÁNTO *tiempo sin verte!*
Esta era la película CUYO *nombre no recordábamos.*
Le quitaron CUANTAS *alhajas llevaba encima.*
Nos hemos apartado del BUEN *camino.*

La tarta ofrecía EXCELENTE *aspecto.*
No ha habido progreso en el PRESENTE *año.*
La ÚLTIMA *puerta es la del jefe.*
Es la PRIMERA *vez que vengo.*
La PRÓXIMA *semana iremos a veros.*

Algunos de los adjetivos que figuran en estas oraciones son gemelos de algunos pronombres: *este* (y los restantes demostrativos: *ese, aquel), cien* (y los restantes numerales: *tres, seis,* etc.), *ambos, varios, unos, algunos, ningún(o), cualquiera, muchas, poco, bastante, demasiado, más, menos, tantos, otra, todos, qué, cuáles, cuánto, cuántas.* En estos casos de palabras idénticas (pronombre y adjetivo), la que vaya acompañando a un nombre será adjetivo; pero no siempre será pronombre la que vaya desempeñando un papel de sustantivo, ya que puede tratarse de adjetivo sustantivado. La distinción, cuando esto ocurre, entre el pronombre y el adjetivo sustantivado está en que el pronombre no admite artículo, mientras que el adjetivo sustantivado no solo lo admite, sino que, al menos funcionando como sujeto, lo lleva; así, *dos* es pronombre en *Vinieron* DOS, y adjetivo sustantivado en *Vinieron* LOS DOS. Debemos observar que algunos de estos adjetivos gemelos de pronombres no se sustantivan; la función sustantiva es desempeñada solo por el pronombre correspondiente: tal ocurre con *este, ese, aquel* [16], *alguno, ninguno, ambos, tanto, varios, qué, cuánto, bastante, demasiado.* Hay otros adjetivos, sin pronombre gemelo, que no pueden sustantivarse: *cierto, sendos, cada* [17].

La manera de presentarse en la oración varía de unos

---

[16] Sobre el uso de tilde en los demostrativos, v. § 5.3.8, cuadro.

[17] *Cada* puede ser pronombre en determinadas construcciones de la lengua coloquial: *A cien pesetas* CADA.

adjetivos a otros. En cuanto a su posición respecto al sustantivo, hay algunos que solo pueden usarse delante: *cada, sendos, ambos, otro, demás, mucho, poco, más, menos, tanto, cuanto, demasiado, qué, cuál, cuánto, cuyo,* así como los numerales [18]. Algunos pueden colocarse también detrás, pero con ciertas limitaciones; por ejemplo, decir *La humanidad toda* o *No he visto a hombre ninguno* (en lugar de *toda la humanidad* o *a ningún hombre)* es más bien literario; *mil* solo se pospone al nombre en algunas raras fórmulas, como el refrán *Abril, aguas mil* o la expresión *Gracias mil.* Otros hay que puestos detrás cambian de sentido: no es igual *el mismo hombre* y *el hombre mismo; bastante dinero* («en cantidad notable») y *dinero bastante* («suficiente»); *un cierto negocio* («alguno no precisado») y *un negocio cierto* («seguro»); *varias páginas* («algunas») y *páginas varias* («variadas»); *algún hombre* («uno indeterminado») y *hombre alguno* («ninguno»). Los demás adjetivos pueden ponerse antes o después del nombre; pero aun entre ellos hay algunas diferencias: los demostrativos *(este, ese, aquel)* y los posesivos *(mi, tu, su, nuestro, vuestro),* así como *cualquier* y *tal,* van normalmente delante: *aquel cuadro, nuestro trabajo, cualquier cosa, tal falsedad;* los que indican cualidades, en la lengua hablada, suelen colocarse detrás del nombre: *un vestido caro, los países extranjeros, la hierba seca;* algunos, en fin, que expresan distintas circunstancias, como «lugar», «cantidad», etc., admiten ambas posiciones en la lengua hablada: *No tengo suficiente valor / No tengo valor suficiente; Vivo en el tercer*

---

[18] Sin embargo, a menudo se usan los numerales, no para expresar «cantidad», sino «orden»; en este caso se ponen normalmente detrás: *página* VEINTINUEVE, *Luis* DIECISÉIS, *División* TREINTA Y CUATRO (pero también TREINTA Y CUATRO *División).*

piso / Vivo en el piso tercero; Es la última casa / Es la casa última. Naturalmente, existen fórmulas fijas en que el adjetivo se mantiene inmóvil: *Felices Pascuas; Buenos días*.

También hay diferencias entre unos adjetivos y otros en cuanto a su posibilidad de acompañar al nombre juntamente con un artículo (u otro actualizador). Hay adjetivos que nunca concurren con el artículo *(alguno, ninguno, tanto, más* [19], *menos, cada, sendos, ambos, qué, cuál, cuánto);* otros que solo coinciden con el artículo en determinados casos *(vario,* cuando significa «variado»; *cierto,* cuando significa «seguro»; *bastante,* cuando significa «suficiente»; *mucho, poco, demasiado...);* algunos que no admiten la presencia del artículo si ellos van delante del nombre, pero cuando van detrás la admiten o incluso la piden *(este hombre / el hombre este; nuestra amistad / la amistad nuestra; cualquier tontería / una tontería cualquiera). Todo* tiene la particularidad de que se anticipa al artículo cuando concurre con él delante del nombre; ofrece, pues, con distintos sentidos, estas posibilidades: *todo hombre = todos los hombres = los hombres todos; todo el hombre = el hombre todo; todo un hombre.* Por otra parte, algunos adjetivos, entre ellos parte de los que acabamos de examinar, aunque admiten la presencia del artículo, son incompatibles con una de las dos clases de este; por ejemplo, *mucho, este, otro, demás,* con el indefinido; *cualquiera,* con el definido. El resto de los adjetivos, en general, admite la concurrencia con uno y otro artículo.

---

[19] *Más,* excepcionalmente, concurre con el artículo en la fórmula fija *las más veces* = «la mayoría de las veces», y, sustantivado, en *las más de las veces* y en *los más* = «la mayoría». También *menos* puede aparecer en la sustantivación *los menos* = «la minoría».

11.3.4. *Adjetivos relativos*

Dos adjetivos que figuran en la lista de ejemplos, *cuyo* y *cuanto,* se distinguen de todos los demás por una función especial. En las oraciones *Esta era la película cuyo nombre no recordábamos* y *Le quitaron cuantas alhajas llevaba encima,* encontramos que las palabras *cuyo* y *cuantas,* adjuntos que acompañan, respectivamente, a los sustantivos *nombre* y *alhajas,* desempeñan además el papel de palabras de enlace que introducen proposiciones: *cuyo nombre no recordábamos,* proposición adjetiva referida a *película; cuantas alhajas llevaba encima,* proposición sustantiva que hace de complemento directo de *quitaron.* De estos adjetivos que introducen proposiciones, llamados *adjetivos relativos,* ya hablamos en los §§ 9.1.3 y 9.2.1. *Cuyo,* de significado posesivo, se usa poco en la lengua hablada, y nada en la popular, sustituido por *que* (pronombre relativo) + *su: Esta es la película* QUE *no recordábamos* SU *nombre. Cuanto* significa cantidad, y también es vencido en la lengua hablada por su competidor *todo el* + *que: Le quitaron* TODAS *las alhajas* QUE *llevaba encima.*

11.3.5. *Variaciones. Apócope*

En cuanto a la forma de los adjetivos, ya hemos visto que los adjuntos en general, obedientes a la concordancia, suelen tomar terminaciones masculinas, femeninas, singulares, plurales, según el número y el género de los nombres a los que acompañen, si bien no todos los adjetivos son susceptibles de estas variaciones *(más, menos, demás, cada, dos,* etc.). Aparte de estos cambios de forma, algunos adjetivos están sometidos a una mutilación o acortamiento *(apócope)* que depende de su posición con respecto al nombre y también, casi siempre, del género y número de este. La apócope ocurre solo cuando tales adjetivos preceden al nombre. Ante cualquier nombre, masculino o femenino, singular o plural, sufren apócope los posesivos *mío (mía, míos, mías), tuyo (tuya, tuyos, tuyas), suyo (suya, suyos, suyas):* MI (O TU, SU) *hermano,* MI (O TU, SU) *amiga,* MIS (O TUS, SUS) *papeles,* MIS (O TUS, SUS) *ropas.* Ante un nombre masculino o femenino, pero solo en singular, sufren apócope *grande* y *cualquiera: un* GRAN *escándalo, una* GRAN *confusión* [20], CUALQUIER *aventurero,* CUALQUIER *tienda.* Ante masculino o femenino plural se apocopa *ciento:* CIEN *kilos,* CIEN *pesetas* [21]. Solo ante nombres masculinos en singular se apocopan *bueno, malo, primero, tercero, postrero, alguno, ninguno;* BUEN *corazón,* MAL *compañero,* PRIMER *piso,* TERCER *despacho,* POSTRER *esfuerzo,* ALGÚN *remedio,* NINGÚN *descanso* [22]. Ante nombres masculinos en plural, o ante *mil,* se apocopan los numerales compuestos de *uno:* VENTIÚN *kilos,* TREINTA Y UN *mil pesetas* [23].

---

[20] No ocurre la apócope cuando *grande* va precedido de los adverbios *más* o *menos: la más* GRANDE *satisfacción.*

[21] Pero también ocurre a veces la apócope en casos en que *cien* no aparece como adjunto: *un billete de* CIEN (sobrentendido «pesetas»; *el* CIEN *por* CIEN (pero *el veinte, el setenta, el noventa... por* CIENTO; no es normal *el veinte, el setenta... por* CIEN); *noventa y ocho, noventa y nueve y* CIEN. Cuando le siguen otros numerales, sufre apócope si los multiplica: CIEN *mil;* no, si se suma a ellos: CIENTO *cinco.*

[22] Ante femenino, hay apócope de *bueno* en el refrán *A* BUEN *hambre no hay pan duro. Primero, tercero y postrero* se oyen a veces apocopados ante femenino: *la* PRIMER *vez, la* POSTRER *vez;* pero no es uso recomendable. *Algún* y *ningún* pueden oírse ante nombres femeninos que comienzan por sonido /a/ tónica, a semejanza del artículo *un: ¿Hay* ALGÚN *aula libre?; No tenían* NINGÚN *ansia de triunfo.* Tampoco este uso es normal.

[23] Junto a TREINTA Y UN *mil pesetas,* CIENTO UN *mil toneladas,* se oye a menudo TREINTA Y UNA *mil pesetas,* CIENTO UNA *mil toneladas,* por analogía con la concordancia que se ha impuesto en DOSCIENTAS (no *doscientos) mil pesetas,* SETECIENTAS (no *setecientos) mil toneladas.*

12. LAS PALABRAS: EL VERBO Y EL ADVERBIO

12.1. El verbo

12.1.1. *El verbo*

Como ya vimos en el capítulo 8, verbo es la palabra cuya función característica es la de núcleo del predicado. Sirve para «situar en el tiempo» a la persona o cosa protagonista de la oración, denotando «algo que pasa» relacionado con esa persona o cosa: lo que hace, o lo que le ocurre, o su simple existencia. Cuando la oración es unimembre (como *Esta noche ha llovido),* el verbo expresa simplemente lo que ocurre, el puro fenómeno.

12.1.2. *Variación de número y persona*

Al estar directamente conectado, por su función, con el núcleo del sujeto, el verbo está enlazado con este por una concordancia: toma distintas terminaciones según el núcleo del sujeto esté en singular o plural y según sea primera, segunda o tercera persona. En la oración *Dije que no vinieseis* hay dos verbos: *dije,* que está en la forma «primera persona del singular» (distinta de *dijiste, dijimos,* etc.),

porque corresponde a un sujeto «yo»; y *vinieseis,* que está
en «segunda persona del plural» (distinta de *viniese, vinie-
ses,* etc.), porque corresponde a un sujeto «vosotros». Esta
concordancia en persona y número con el núcleo del sujeto, característica de los verbos, permite muchas veces no
mencionar expresamente ese núcleo, ya que queda manifiesto en la propia terminación o *indicador de persona* del
verbo. A efectos de concordancia, la segunda persona de
cortesía funciona como tercera persona; así pues, a *usted*
corresponderá siempre la misma forma verbal que a *él:*
usted SABE, *él* SABE; en plural, *ustedes* SABEN, *ellos* SABEN.

12.1.3. *Variación de tiempo*

Otra de las variaciones que ofrece el verbo responde a
su papel de situador en el tiempo. El verbo denota en su
forma «cuándo» pasa lo que se dice del sujeto: *compren-
dimos,* junto a la indicación de persona *(-mos,* primera
persona del plural), que hace referencia a «nosotros»,
sitúa nuestro hecho en un tiempo «pasado»; si lo mencio-
nara respecto de un tiempo «presente», sería *comprende-
mos;* y si fuese respecto de un tiempo «venidero», sería
comprenderemos. Pero la expresión de «tiempo» no se
reduce a denotar si el hecho es «ahora», «antes de ahora»
o «después de ahora», sino que a veces detalla si el hecho
«pasado» es anterior a otro hecho pasado, si el «futuro»
es anterior a otro hecho futuro, si el hecho es visto o no
como algo durativo... Así, para exponer un hecho ocurrido podemos emplear hasta cinco formas verbales diferentes: *ocurrió, ha ocurrido, ocurría, había ocurrido, hubo
ocurrido.* Las cinco formas corresponden a una misma
persona, tercera de singular; pero en cada una de ellas el
indicador de persona toma una forma especial, porque va
combinado con el *indicador de tiempo* (por ejemplo,

ocurrió tiene un indicador de persona y tiempo, *-ió,* que significa «persona tercera de singular, tiempo pretérito»).

Los *tiempos* del verbo son diez en total: uno para expresar lo «presente», cinco para expresar lo «pasado» y cuatro para expresar lo «venidero».

a)   *Presente.* El *presente* expone el hecho como ocurriendo en el momento en que hablamos: *Me* GUSTA *este café;* o como algo que ocurre habitualmente, aunque no sea en este mismo momento: *Por las tardes* TRABAJA *en otro sitio;* o como una realidad intemporal: *Dos y dos* SON *cuatro.*

b)   *Tiempos pasados.* Los tiempos *pasados* enfocan el hecho «pasado» de diferentes maneras. El hecho pasado que presentamos como «terminado» puede expresarse así: *Me* GUSTÓ *el café* (tiempo llamado *pretérito* [o *pretérito indefinido*]) [1], o así: *Me* HA GUSTADO *el café (antepresente* [*pretérito perfecto*]*).* En el primer caso sentimos el hecho

---

[1]   En los casos en que damos para un mismo tiempo verbal dos nombres, el primero pertenece a la nomenclatura que estableció en su *Gramática* Andrés Bello (1781-1865), y el segundo [entre corchetes], a la tradicional, implantada por la Real Academia Española, tal como aparece expuesta en su *Gramática* de 1931. Cuando damos un solo nombre es porque ambas nomenclaturas coinciden. El sistema de Bello, adoptado en la enseñanza en varios países americanos, es, sin duda, si no perfecto, sí más claro y racional que el académico. Este último fue modificado por la propia Corporación en el *Esbozo de una nueva gramática* (1973); y, aunque las propuestas de esta obra no tenían carácter normativo, la nueva nomenclatura ha sido acogida desde entonces por numerosos libros de texto españoles, en competencia con la académica tradicional, con lo cual se ha conseguido incrementar un poco la confusión en la enseñanza del español en España. En la página siguiente ofrecemos un cuadro de equivalencias de las tres nomenclaturas de los tiempos verbales: la de Bello (adoptada por nosotros), la académica de 1931 y la académica de 1973.

Nomenclatura de las formas verbales

Forma verbal	Bello (usada en este libro)	Academia 1931	Academia 1973
		MODO INDICATIVO	
canto	presente	presente	presente
canté	pretérito	pretérito indefinido	pretérito perfecto simple
cantaba	copretérito	pret. imperfecto	pret. imperfecto
he cantado	antepresente	pret. perfecto	pret. perfecto compuesto
hube cantado	antepretérito	pret. anterior	pret. anterior
había cantado	antecopretérito	pret. pluscuamperfecto	pret. pluscuamperfecto
cantaré	futuro	futuro imperfecto	futuro
cantaría	pospretérito	potencial simple o imperfecto	condicional
habré cantado	antefuturo	futuro perfecto	futuro perfecto
habría cantado	antepospretérito	potencial compuesto o perfecto	condicional perfecto
		MODO SUBJUNTIVO	
cante	presente	presente	presente
cantara o cantase	pretérito	pret. imperfecto	pret. imperfecto
haya cantado	antepresente	pret. perfecto	pret. perfecto
hubiera o hubiese cantado	antepretérito	pret. pluscuamperfecto	pret. pluscuamperfecto
cantare	futuro	futuro imperfecto	futuro
hubiere cantado	antefuturo	futuro perfecto	futuro perfecto
		MODO IMPERATIVO	
canta	futuro	presente	presente
		FORMAS NO PERSONALES	
cantar	infinitivo		
cantando	gerundio		
cantado	participio		
haber cantado	infinitivo compuesto		
habiendo cantado	gerundio compuesto		

como ocurrido en un tiempo ido, anterior al momento que vivimos ahora; en el segundo caso, el hecho ocurrió dentro de un tiempo que todavía alcanza a incluir nuestro momento actual. Esta distinción a menudo es solo psicológica: un mismo suceso puedo exponerlo diciendo MURIÓ *ayer* o HA MUERTO *ayer,* según que lo considere como un hecho ya liquidado y ajeno al hoy, o como un hecho que todavía hoy es operante.

Frente a estos dos tiempos que dan el hecho pasado como terminado, el *copretérito* [*pretérito imperfecto*] lo muestra «en su transcurrir»: *El día de la bomba, la gente* IBA *tranquilamente a su trabajo.*

Por último, los otros dos pretéritos presentan un hecho pasado como «anterior» al momento pasado del que se habla: *Hasta entonces nunca* HABÍA ESTADO *enfermo (antecopretérito* [*pretérito pluscuamperfecto*])[2]; *Cuando todos se* HUBIERON MARCHADO, *Luisa dio un suspiro de alivio (antepretérito* [*pretérito anterior*]). Esta última forma —el antepretérito— añade a la idea de anterioridad la insistencia en la «terminación» del hecho. Su empleo (solo en proposiciones introducidas por *cuando* u otra conjunción equivalente) es muy reducido, y solo surge, raras veces, en la lengua escrita.

c)   *Tiempos de futuro.* La expresión del hecho «venidero» se hace por medio del *futuro* [*futuro imperfecto*]: *Mañana nos* TRAERÁN *la lámpara.* Para exponer un hecho venidero como «anterior» al momento futuro del que se

---

[2] En la lengua literaria, como resto de un uso antiguo, aparece a veces una forma de antecopretérito [pretérito pluscuamperfecto] distinta de la normal *había* + participio: *Se arrepintió de las palabras que* DIJERA («había dicho») *el día anterior.* Esta forma en *-ra* del antecopretérito, que es idéntica a la del pretérito de subjuntivo, suele usarse solamente en proposiciones. El uso —en proposición o no— existe también, por calco de la lengua nativa, en el castellano hablado por gallegos.

está hablando, recurrimos al *antefuturo* [*futuro perfecto*]: *Mañana ya* HABRÁN PINTADO *el comedor.*

Pero a veces enfocamos los hechos venideros, no desde el punto de vista de nuestro momento actual (como en los dos ejemplos anteriores), sino desde el punto de vista de un momento pasado. Así, frente a *Hoy dices que mañana* [momento venidero respecto a «hoy»] *estudiarás,* es posible decir: *Ayer dijiste que hoy* [momento venidero respecto a «ayer»] ESTUDIARÍAS. Este *estudiarías (pospretérito* [*potencial simple*]) es la expresión de un hecho que era «venidero» en un momento pasado; es el trasplante, a una perspectiva pasada, del futuro que correspondería a una perspectiva presente. El mismo trasplante puede efectuarse con respecto a la noción expresada por el antefuturo: al día siguiente de decir *Mañana ya habrán pintado el comedor,* puedo afirmar, refiriéndome al día ya transcurrido: *Ayer creíamos que hoy* [momento venidero respecto a «ayer»] *ya* HABRÍAN PINTADO *el comedor.* Este «futuro de anterioridad» visto desde una perspectiva pasada es el *antepospretérito* [*potencial compuesto*].

Los *tiempos* verbales se aplican con frecuencia a momentos de la realidad que no les corresponden propiamente. Por ejemplo, el *presente* puede usarse para exponer hechos pasados *(presente histórico): Esta mañana me* METO *en el metro, y me* DICEN *que no* FUNCIONA; *España* ES, *en el siglo XVI, una gran potencia;* o para exponer hechos futuros: *Mañana mismo me* COMPRO *unos zapatos.* En uno y otro caso se trata de inyectar realidad a hechos que ya, o todavía, no la tienen. El *copretérito* [*pretérito imperfecto*], por el contrario, expone un hecho presente restándole realidad, bien porque de verdad es fantástico —como cuando un niño, jugando con otro, dice: *Yo* ERA *el cazador y tú* ERAS *el león—,* o bien porque, con modestia o cortesía, se le quita importancia al hecho: DESEABA *pedirle un favor.* Los *futuros* se emplean para exponer hechos que son «probables en este momento»: *A estas horas* ESTARÁ *Juan examinándose; Luis ya* HABRÁ TERMINADO *sus vacaciones;* o —en las formas de pospretérito y antepospretérito [potencial simple y compuesto]— hechos que eran probables en una perspectiva pasada: *Yo pensaba que entonces* ESTARÍA *Juan examinándose; Dijo que Luis ya* HABRÍA TERMINADO *sus vacaciones.* El pospretérito [potencial] también se usa para denotar que un hecho (pasado, presente o venidero) es una simple imaginación, incapaz de realidad porque no se cumplen determinadas condiciones: *Yo por mi gusto* ESTARÍA *ahora en la playa; Si hubiesen llamado a tiempo, ya se* HABRÍA SALVADO[3]. Se usa, en fin como un atenuador de la realidad (igual que el copretérito [pretérito imperfecto]): QUERRÍA *pedirle un favor*[4].

12.1.4. *Variación de modo*

Hay en el verbo aún otra variación, que expresa cuál de estas actitudes toma el hablante ante el hecho del que habla: *a)* lo considera dentro del plano de los hechos «reales» (tanto si son presentes como si son pasados o futuros); *b)* lo considera en el plano de los hechos «pensa-

---

[3] Con el antepospretérito [potencial compuesto] alterna corrientemente, en este sentido, la forma de antepretérito [pretérito pluscuamperfecto] de subjuntivo: *Si hubiesen llamado a tiempo, ya se* HUBIERA (O HUBIESE) SALVADO; *Yo con gusto me* HUBIERA (O HUBIESE) QUEDADO *a verlo.* En cambio, la alternancia del pospretérito [potencial simple] con el pretérito de subjuntivo solo se presenta, en escasa medida, en la lengua literaria: *Bueno* FUERA *que ahora lo prohibiesen.*

[4] Con este pospretérito [potencial] atenuador alterna —en el caso del verbo *querer*— la forma *-ra* de pretérito de subjuntivo: QUISIERA *pedirle un favor.*

dos», sin que ello signifique afirmarlos ni negarlos; o *c)* lo presenta ante un «tú» como un hecho que desea que este realice. Si decimos *El director* VENDRÁ, hablamos de un hecho que consideramos real (en un futuro); mientras que si decimos *Espero que* VENGA *el director,* consideramos ese mismo hecho en suspenso, en el terreno de lo puramente supuesto; si, en cambio, decimos VENGA, *señor director,* lanzamos una llamada a otra persona para exhortarla a que convierta en realidad un hecho que todavía no es más que deseado por nosotros. La diferencia entre uno y otro enfoque se expresa por la variación de forma que se llama *modo.* El modo «real» *(El director* VENDRÁ) se llama modo *indicativo;* el modo «no real» *(Espero que* VENGA *el director)* se llama *subjuntivo;* y el modo «pro-real» (VENGA, *señor director)* se llama *imperativo* [5].

Cada uno de los modos del verbo dispone de un conjunto de *tiempos,* cada uno de los cuales, a su vez, consta de seis *personas* (las tres de singular y las tres de plural). Pero el sentido puramente «temporal» de los tiempos no existe más que en el modo *indicativo* —que dispone de todos los presentes, pasados y futuros que antes hemos visto— y en el *imperativo* —que tiene siempre una orientación al futuro más o menos inmediato—. El *subjuntivo* puede «hablar» de un hecho presente, pasado o futuro; pero esto no lo «indica» el mismo verbo, sino el sentido general de la frase o

---

[5] La noción de «mandato» propia del modo imperativo no se expresa exclusivamente por medio de las formas propias de este. A veces se usa la forma de presente o de futuro de indicativo: *Ahora mismo le* PIDES *perdón;* AMARÁS *a Dios sobre todas las cosas.* Cuando el mandato es negativo, nunca se emplean las formas de imperativo, sino, normalmente, las de presente de subjuntivo: *No* VAYAS; *No* OBEDEZCÁIS. Si el mandato está, no en una oración, sino en una proposición, se usan las formas de presente o pretérito de subjuntivo: *Te ordeno que lo* DEJES *ya; Le dijeron que se* RETIRASE.

la situación en que se habla. Se ve esto, por ejemplo, en las oraciones en que el subjuntivo es núcleo del predicado: *Quizá* ESTÉ *ahora en el examen; Quizá* LLEGUEMOS *esta noche; Ojalá* LLEGUEMOS *a tiempo; Ojalá* LLEGÁRAMOS *a tiempo.* Y se ve, sobre todo, en los casos —que son más frecuentes— en que el subjuntivo está dentro de una proposición: *No creo que Felipe* VIVA *todavía en Londres; Espero que* OBTENGAS *muchos éxitos; Si* SUPIERAS *cuánto sufro, no me odiarías; Si esta tarde* SUPIERAS *algo, avísame.*

Lo único que indican los tiempos verbales del subjuntivo es la «anterioridad», o la «no anterioridad» (esto es, simultaneidad o posterioridad), del hecho con respecto al verbo principal de la oración: *Deseo que todo* TERMINE *bien* (posterioridad); *Deseo que todo* HAYA TERMINADO *bien* (anterioridad); *Deseo que todos* ESTÉN *bien* (simultaneidad); *Deseaba que todo* TERMINARA *bien* (posterioridad); *Deseaba que todo* HUBIERA TERMINADO *bien* (anterioridad); *Deseaba que todos* ESTUVIERAN *bien* (simultaneidad). Para la «no anterioridad» se emplean el presente *(termine)* y el pretérito [pretérito imperfecto] *(terminara);* para la «anterioridad», el antepresente [pretérito perfecto] *(haya terminado),* y el antepretérito [pretérito pluscuamperfecto] *(hubiera terminado).*

Dentro de cada una de estas dos nociones, la elección de uno u otro tiempo está determinada normalmente por el tiempo del verbo principal de la oración: si este es un presente, el subjuntivo será presente o antepresente [pretérito perfecto]; si es un pretérito, el subjuntivo será pretérito o antepretérito [imperfecto o pluscuamperfecto][6].

---

[6] Cuando el subjuntivo es núcleo del predicado (esto es, no depende de otro verbo), lo expresado por él —algo deseado o algo visto como probable— puede ser «anterior» o «no anterior» al momento (actual) en que se sitúa la expresión: *Ojalá* (o *quizá*) HAYA NEVADO; *Ojalá* (o *quizá*)

Los *futuros* de subjuntivo (futuro [imperfecto]: *terminare;* antefuturo [perfecto]: *hubiere terminado)* son un caso aparte; se emplean solo para exponer una «condición futura»: *Si el plazo* HUBIERE TERMINADO, *serán rechazados.* Su uso está anticuado y únicamente aparece en el lenguaje jurídico y administrativo.

12.1.5. *Formas no personales*

A todas estas formas de indicativo, subjuntivo e imperativo —que poseen variación de persona— hay que agregar todavía una breve serie de formas sin variación: las *formas no personales,* que son las que el verbo toma cuando deja de ser verdadero verbo, esto es, cuando se traslada a funciones distintas de la suya: el *infinitivo* —el verbo funcionando como nombre *(cantar, obtener, construir)*—; el *participio* —el verbo funcionando como adjetivo *(cantado, obtenido, construido)*— y el gerundio —el verbo funcionando como adverbio *(cantando, obteniendo, construyendo)*—. El infinitivo y el gerundio ofrecen una forma simple, que expresa «no anterioridad», y una forma compuesta *(haber* + participio, *habiendo* + participio), que expresa «anterioridad»: *No quiero* EXPONERME *a un fracaso; Estábamos* EXPONIÉNDONOS *a un fracaso; Temo* HABER COMETIDO *un error; No podíamos continuar,* HABIENDO COMETIDO *un error.* En cualquiera de sus formas, el infinitivo y el gerundio no solo carecen de variación de persona, sino también de género y número; solo el primero, cuando se convierte totalmente en nombre, posee variación de número y exige concordancia masculina: *un cantar, los cantares.*

NIEVE; SIGAMOS *nuestro camino.* En estos casos, la elección del antepretérito [pret. pluscuamperfecto] o del pretérito [pret. imperfecto] denotaría fuertes dudas sobre la posibilidad de realización: *Ojalá* HUBIERA NEVADO; *Ojalá* NEVARA.

En cuanto al participio, su función adjetiva le obliga a la concordancia con el sustantivo, y por tanto tiene variaciones de género y número: *Los beneficios* OBTENIDOS *por el dueño; Unas viviendas* CONSTRUIDAS *en 1955.* Pero el participio tiene otro importante papel: el de constituir, uniéndose a un verbo auxiliar, *haber,* toda una serie de formas personales del verbo al que el participio pertenece. Estas formas, en que el participio es invariable, son los llamados *tiempos compuestos,* como *hemos obtenido, habían construido, hayáis cantado.*

12.1.6.   *Conjugaciones*

Los verbos son designados por su infinitivo, que es su forma-nombre; así, se habla del «verbo *cantar*», del «verbo *comer*», del «verbo *cumplir*». Los infinitivos pueden terminar en *-ar,* en *-er* o en *-ir,* y según sea una u otra esta terminación en un verbo, seguirá un determinado sistema de terminaciones (o *conjugación)* para todo el conjunto de sus formas [7]. Se llama *primera conjugación* el sistema de terminaciones correspondientes a los verbos con infinitivo en *-ar; segunda conjugación,* el de los verbos con infinitivo en *-er,* y *tercera conjugación,* el de los verbos con infinitivo en *-ir.*

Si a un infinitivo le quitamos la terminación *-ar, -er* o *-ir,* queda un grupo de fonemas que, normalmente, se presenta de manera constante en todas las demás formas del verbo; a esta parte constante, que encierra la significación general del verbo, la llamaremos *base.* Así, en *cantar,* la base es *cant-,* que reaparece en *canto, cantabas, cantamos, canten, cantando,* etc. Lo que en cualquier forma verbal sigue o acompaña a la base es el conjunto de los

---

[7] También se llama *conjugación* todo el conjunto de las formas de un verbo; *conjugarlo* es componer una por una estas formas.

CONJUGACIONES

PRIMERA	SEGUNDA	TERCERA
Ejemplo: *cantar.* (Base: *cant-.)*	Ejemplo: *comer.* (Base: *com-.)*	Ejemplo: *sufrir.* (Base: *sufr-.)*

MODO INDICATIVO

Presente

[*cant-*]-o, -as, -a, -amos, -áis, -an.	[*com-*]-o, -es, -e, -emos, -éis, -en.	[*sufr-*]-o, -es, -e, -imos, -ís, -en.

Pretérito [*pretérito indefinido*]

[*cant-*]-é, -aste, -ó, -amos, -asteis, -aron.	[*com-*]-í, -iste, -ió, -imos, -isteis, -ieron.	[*sufr-*]-í, -iste, -ió, -imos, -isteis, -ieron.

Copretérito [*pretérito imperfecto*]

[*cant-*]-aba, -abas, -aba, -ábamos, -abais, -aban.	[*com-*]-ía, -ías, -ía, -íamos, -íais, -ían.	[*sufr-*]-ía, -ías, ía, -íamos, -íais, -ían.

Antepresente [*pretérito perfecto*]

he + *participio* ([*cant-*]-ado, [*com-*]-ido, [*sufr-*]-ido), has + *part.,* ha + *part.,* hemos + *part.,* habéis + *part.,* han + *part.*

Antepretérito [*pretérito anterior*]

hube + *participio* ([*cant-*]-ado, [*com-*]-ido, [*sufr-*]-ido), hubiste + *part.,* hubo + *part.,* hubimos + *part.,* hubisteis + *part.,* hubieron + *part.*

Antecopretérito [*pretérito pluscuamperfecto*]

había + *participio* ([*cant-*]-ado, [*com-*]-ido, [*sufr-*]-ido), habías + *part.,* había + *part.,* habíamos + *part.,* habíais + *part.,* habían + *part.*

Futuro [*futuro imperfecto*]

[*cant-*]-aré, -arás, -ará, -aremos, -aréis, -arán.	[*com-*]-eré, -erás, -erá, -eremos, -eréis, -erán.	[*sufr-*]-iré, irás, -irá, -iremos, -iréis, -irán. →

MODO INDICATIVO *(cont.)*

Pospretérito *[potencial simple]*

[cant-]-aría, -arías, -aría, -aríamos, -aríais, -arían.	*[com-]*-ería, -erías, -ería, -eríamos, -eríais, -erían.	*[sufr-]*-iría, -irías, -iría, -iríamos, -iríais, -irían.

Antefuturo *[futuro perfecto]*

habré + *participio* (*[cant-]*-ado, *[com-]*-ido, *[sufr-]*-ido), habrás + *part.,*
habrá + *part.,* habremos + *part.,* habréis + *part.,* habrán + *part.*

Antepospretérito *[potencial compuesto]*

habría + *participio* (*[cant-]*-ado, *[com-]*-ido, *[sufr-]*-ido), habrías + *part.,*
habría + *part.,* habríamos + *part.,* habríais + *part.,* habrían + *part.*

MODO SUBJUNTIVO

Presente

[cant-]-e, -es, -e, -emos, éis, -en.	*[com-]*-a, -as, -a, -amos, áis, -an.	*[sufr-]*-a, -as, -a, -amos, -áis, -an.

Pretérito *[pretérito imperfecto]*

1.ª forma

[cant-]-ara, -aras, -ara, -áramos, -arais, -aran.	*[com-]*-iera, -ieras, -iera, -iéramos, -ierais, -ieran.	*[sufr-]*-iera, -ieras, -iera, -iéramos, -ierais, -ieran.

2.ª forma

[cant-]-ase, -ases, -ase, -ásemos, -aseis, -asen.	*[com-]*-iese, -ieses, -iese, -iésemos, -ieseis, -iesen.	*[sufr-]*-iese, -ieses, -iese, -iésemos, -ieseis, -iesen.

Antepresente *[pretérito perfecto]*

haya + *participio* (*[cant-]*-ado, *[com-]*-ido, *[sufr-]*-ido), hayas + *part.,* haya + *part.,*
hayamos + *part.,* hayáis + *part.,* hayan + *part.*

Antepretérito *[pretérito pluscuamperfecto]*

1.ª forma

hubiera + *participio* (*[cant-]*-ado, *[com-]*-ido, *[sufr-]*-ido), hubieras + *part.,*
hubiera + *part.,* hubiéramos + *part.,* hubierais + *part.,* hubieran + *part.* →

MODO SUBJUNTIVO *(cont.)*

Antepretérito [*pretérito pluscuamperfecto*]

2.ª forma

hubiese + *participio* ([*cant-*]-ado, [*com-*]-ido, [*sufr-*]-ido), hubieses + *part.,* hubiese + *part.,* hubiésemos + *part.,* hubieseis + *part.,* hubiesen + *part.*

Futuro [*futuro imperfecto*]

[*cant-*]-are, -ares, -are, -áremos, -areis, -aren.	[*com-*]-iere, -ieres, -iere, -iéremos, -iereis, -ieren.	[*sufr-*]-iere, -ieres, -iere, -iéremos, -iereis, -ieren.

Antefuturo [*futuro perfecto*]

hubiere + *participio* ([*cant-*]-ado, [*com-*]-ido, [*sufr-*]-ido), hubieres + *part.,* hubiere + *part.,* hubiereis + *part.,* hubiéremos + *part.,* hubieren + *part.*

MODO IMPERATIVO

[*cant-*]-a, *(tú),* -e *(usted),* -ad *(vosotros),* -en *(ustedes)*	[*com-*]-e, *(tú),* -a *(usted),* -ed *(vosotros),* -an *(ustedes).*	[*sufr-*]-e *(tú),* -a *(usted),* -id *(vosotros),* -an *(ustedes).*

FORMAS NO PERSONALES

Infinitivo

[*cant-*]-ar.	[*com-*]-er.	[*sufr-*]-ir.

Gerundio

[*cant-*]-ando.	[*com-*]-iendo.	[*sufr-*]-iendo.

Participio

[*cant-*]-ado.	[*com-*]-ido.	[*sufr-*]-ido.

Infinitivo compuesto

haber + *participio* ([*cant-*]-ado, [*com-*]-ido, [*sufr-*]-ido).

Gerundio compuesto

habiendo + *participio* ([*cant-*]-ado, [*com-*]-ido, [*sufr-*]-ido).

indicadores de persona, tiempo y modo; a esta parte la llamaremos *formante*. En los ejemplos anteriores: *cantar, canto, cantabas, cantamos, canten, cantando,* los formantes respectivos son *-ar, -o, -abas, -amos, -en, -ando*.

En el cuadro que acompaña exponemos la lista de los formantes correspondientes a las tres conjugaciones. Para conjugar cualquier verbo, normalmente basta añadir a su *base* (que se extrae fácilmente del infinitivo, como acabamos de ver) cada uno de los *formantes* que corresponden a su conjugación.

Gran número de verbos se conjugan sencillamente por este procedimiento de sumar a su *base* los *formantes* correspondientes a su conjugación: *amar, pasear, entrar, emplear, juzgar, tomar, montar, cobrar, pecar, matar, quitar, llegar, lavar, temer, meter, vender, coger, comprender, coser, partir, surtir, vivir, rugir, crujir, subir, añadir* son unos pocos entre los más importantes de esta numerosísima serie.

El hecho de que en algunos verbos tengan que escribirse algunas formas cambiando la grafía de la base para reflejar exactamente la pronunciación de esta no supone ninguna anormalidad en ellos, ya que precisamente por el cambio de grafía se mantiene intacta la pronunciación de la base. Este es el caso de formas como *juzgué, juzgue* (de *juzgar), llegué, lleguemos* (de *llegar), pequé, pequéis* (de *pecar), coja, cojas* (de *coger), rujo, ruja, rujan* (de *rugir)*.

12.1.7. *Conjugaciones irregulares*

Es cuando existe un cambio en la pronunciación de la base o de los formantes cuando hay que hablar de conjugación *irregular*. Los verbos irregulares que más abundan son los que alteran en alguna de sus formas la base que aparece en su infinitivo. Del verbo *contar,* por ejemplo, cuya base vemos que es *cont-,* la persona «yo» del presente no es *cont-o,* como sería lo lógico, sino *cuent-o.* Otros verbos irregulares, pocos, pero muy usados, alteran en alguna de sus formas no solo la base, sino los formantes, o bien solamente estos, o intercalan sonidos entre una y otros. Así, la persona «yo» del pretérito del verbo *tener* (cuya base es *ten-* y a la que correspondería el formante *-i*) en lugar de ser *ten-í* es *tuv-e;* en el verbo *leer,* la persona «él» del pretérito no es *le-ió,* sino, con cambio en el formante, *le-yó;* en el verbo *huir,* la persona «yo» del presente no es *hú-o,* sino —introduciendo un sonido postizo entre base y formante— *hu-y-o.*

Generalmente, las irregularidades no se presentan en una forma del verbo aislada. Cuando hay una irregularidad en el *presente* de indicativo, también se encontrará en el presente de subjuntivo y en el imperativo. La irregularidad que aparezca en el *pretérito* de indicativo aparecerá también en el pretérito de subjuntivo y en el futuro de este mismo modo (y a veces igualmente en el gerundio). Y cuando sea irregular el *futuro* de indicativo, la misma irregularidad se presentará en el pospretérito [potencial simple].

Por otra parte, la mayoría de las irregularidades que se encuentran en los verbos no son exclusivas de uno de ellos, sino compartidas por un grupo más o menos numeroso.

12.1.8. *Diptongación*

La irregularidad más frecuente es la diptongación de la vocal /e/, /o/ (a veces /i/, /u/) en la base, en aquellas personas del presente en que tal vocal debe ir acentuada. Esto ocurre, por ejemplo, en los verbos *cerrar, acordar, atender, mover, adquirir, jugar.* (V. cuadro 1.)

1. Verbos con diptongación

CERRAR.   Presente de ind.: *cierro, cierras, cierra, cerramos, cerráis, cierran.* Presente de subj.: *cierre, cierres, cierre, cerremos, cerréis, cierren.* Imperativo: *cierra, cierre, cerrad, cierren.*

ACORDAR.   Presente de ind.: *acuerdo, acuerdas, acuerda, acordamos, acordáis, acuerdan.* Presente de subj.: *acuerde, acuerdes, acuerde, acordemos, acordéis, acuerden.* Imperativo: *acuerda, acuerde, acordad, acuerden.*

ATENDER.   Presente de ind.: *atiendo, atiendes, atiende, atendemos, atendéis, atienden.* Presente de subj.: *atienda, atiendas, atienda, atendamos, atendáis, atiendan.* Imperativo: *atiende, atienda, atended, atiendan.*

MOVER.   Presente de ind.: *muevo, mueves, mueve, movemos, movéis, mueven.* Presente de subj.: *mueva, muevas, mueva, movamos, mováis, muevan.* Imperativo: *mueve, mueva, moved, muevan.*

ADQUIRIR.   Presente de ind.: *adquiero, adquieres, adquiere, adquirimos, adquirís, adquieren.* Presente de subj.: *adquiera, adquieras, adquiera, adquiramos, adquiráis, adquieran.* Imperativo: *adquiere, adquiera, adquirid, adquieran.*

JUGAR.   Presente de ind.: *juego, juegas, juega, jugamos, jugáis, juegan.* Presente de subj.: *juegue, juegues, juegue, juguemos, juguéis, jueguen.* Imperativo: *juega, juegue, jugad, jueguen.*

La misma irregularidad de *cerrar, acordar, atender* y *mover* se presenta en muchos otros verbos de los grupos *-ar* y *-er*, como *acertar, alentar, almorzar, apostar, apretar, aprobar, arrendar, atravesar, avergonzar, calentar, cegar, cocer, colar, colgar, comenzar, concertar, confesar, consolar, contar, costar, defender, descender, despertar, desterrar, doler, empezar, encender, encontrar, entender, enterrar, escarmentar, extender, fregar, forzar, gobernar, helar, llover, manifestar, merendar, morder, mostrar, negar, nevar, oler, pensar, poblar, probar, quebrar, recomendar, recordar, regar, renovar, resolver, rodar, rogar, segar, sembrar, sentar, soler, soltar, sonar, soñar, temblar, tender, torcer, tostar, tronar, tropezar, volar, volcar, volver.*

V. la segunda parte del cuadro 2 (verbos con diptongación y cierre de vocal, como *sentir).*

12.1.9. *Cierre de vocal*

Otra irregularidad que afecta a la vocal de la base es el cierre de /e/, /o/, que se convierten, respectivamente, en /i/, /u/, en los presentes, siempre que a esas vocales les corresponde ir acentuadas, y, en los pretéritos, siempre que en los formantes aparece un diptongo /ie/, /io/; también en el gerundio. Así lo vemos en los verbos *vestir* y *reír*. (V. cuadro 2.)

12.1.10. *Interposición de consonante*

En una serie de verbos, sus presentes ofrecen una irregularidad en la que, sin alterarse la base, ni tampoco los formantes, se interpone entre aquella y estos una consonante postiza, /k/, /g/ o /y/: la primera —escrita *c*—, en verbos cuya base termina en el fonema /θ/ —escrito *c* o *z*—, como *agradecer;* la segunda, en verbos cuya base termina en /l/ o /n/, como *valer;* la tercera, en verbos cuya base termina en /u/, como *huir.* La interposición de /k/ y /g/ se produce solo ante vocales /o/, /a/ (por ejemplo, *agradezco* /agradéθko/, *agradezca* /agradéθka/, *valgamos;* pero, en cambio, *agradeces, valemos).* La interposición de /y/ se da ante cualquier vocal que no sea /i/ (por ejemplo, *huyo, huye, huya;* pero, en cambio, *huimos, huís, huid).* (V. cuadro 3.)

12.1.11. *Semiconsonante alterada en el formante*

La consonante /y/ se presenta también, no interpuesta, sino sustituyendo en el formante a la semiconsonante /i/, en los pretéritos de los mismos verbos que interponen /y/ en el presente, es decir, los terminados en -*uir,* y también en los verbos terminados en -*eer* (como *creer, leer),* así como en el verbo *oír: huyó, creyó, oyó.* En los pretéritos

2. Verbos con cierre de vocal

VESTIR.   Presente de ind.: *visto, vistes, viste, vestimos, vestís, visten.*
Presente de subj.: *vista, vistas, vista, vistamos, vistáis, vistan.* Imperativo: *viste, vista, vestid, vistan.*
Pretérito de ind.: *vestí, vestiste, vistió, vestimos, vestisteis, vistieron.* Pretérito de subj.: *vistiera, vistieras, vistiera, vistiéramos, vistierais, vistieran* (o *vistiese, vistieses,* etc.).
Futuro de subj.: *vistiere, vistieres, vistiere, vistiéremos, vistiereis, vistieren.* Gerundio: *vistiendo.*

REÍR.   Presente de ind.: *río, ríes, ríe, reímos, reís, ríen.* Presente de subj.: *ría, rías, ría, riamos, riáis, rían.* Imperativo: *ríe, ría, reíd, rían.*
Pretérito de ind.: *reí, reíste, rió, reímos, reísteis, rieron.* Pretérito de subj.: *riera, rieras, riera, riéramos, rierais, rieran* (o *riese, rieses,* etc.). Futuro de subj.: *riere, rieres, riere, riéremos, riereis, rieren.* Gerundio: *riendo.*

Tienen esta irregularidad, entre otros, los verbos *competir* (y *repetir*), *concebir, desvestir* (e *investir, revestir*), *elegir* (y *colegir*), *freír, gemir, henchir, medir, pedir* (e *impedir*), *rendir, seguir* (y *conseguir, perseguir, proseguir*), *servir, sonreír.*

En algunos verbos se dan a la vez esta irregularidad y la de diptongación. Por ejemplo, en el verbo *sentir:*

SENTIR.   Presente de ind.: *siento, sientes, siente, sentimos, sentís, sienten.* Presente de subj.: *sienta, sientas, sienta, sintamos, sintáis, sientan.* Imperativo: *siente, sienta, sentid, sientan.*
Pretérito de ind.: *sentí, sentiste, sintió, sentimos, sentisteis, sintieron.* Pretérito de subj.: *sintiera, sintieras, sintiera, sintiéramos, sintierais, sintieran* (o *sintiese, sintieses,* etc.).
Futuro de subj.: *sintiere, sintieres, sintiere, sintiéremos, sintiereis, sintieren.* Gerundio: *sintiendo.*

En el mismo caso están los verbos *adherir, advertir* (y *convertir, divertir, invertir, pervertir*), *arrepentirse, consentir* (y *disentir, resentir*), *diferir* (y *conferir, inferir, preferir, proferir, referir, transferir*), *herir* (y *malherir*), *mentir* (y *desmentir*), *morir, dormir.*

3. Verbos con interposición de consonante

AGRADECER.   Presente de ind.: *agradezco, agradeces, agradece, agra-decemos, agradecéis, agradecen*. Presente de subj.: *agradezca, agradezcas, agradezca, agradezcamos, agradezcáis, agradezcan*. Imperativo: *agradece, agradezca, agradeced, agradezcan*.

La interposición de /k/ *(agradezco* por *agradezo)* se presenta en todos los verbos terminados en *-ecer (aborrecer, parecer, obedecer, ofrecer,* etc.), y también en *complacer, conocer* (y *desconocer, reconocer), lucir* (y *deslucir, relucir), nacer* (y *renacer), pacer, yacer* (este último puede presentar, en vez de interposición de /k/, interposición de /g/: *yazgo, yazga,* etc.).

En los verbos de la serie *-ducir (aducir, conducir, deducir, in-, intro-, pro-, re-, repro-, se-, tra-),* a esta irregularidad se une la de pretérito fuerte (cuadro 5).

VALER.   Presente de ind.: *valgo, vales, vale, valemos, valéis, valen*. Presente de subj.: *valga, valgas, valga, valgamos, valgáis, valgan*. Imperativo: *vale, valga, valed, valgan*.

La interposición de /g/ ocurre también en los verbos *asir, salir* (y *sobresalir), tener* (y *atener, contener, detener, entre-, man-, ob-, re-, sos-), poner* (y *anteponer, componer, contra-, de-, descom-, dis-, ex-, im-, indis-, inter-, o-, pos-, predis-, presu-, pro-, recom-, re-, sobre-, su-, super-, tras-, yuxta-), venir* (y *advenir, convenir, contra-, de-, inter-, pre-, pro-, sobre-, sub-).* Todos estos verbos, excepto *asir,* tienen además la particularidad de perder el formante *-e* en la persona «tú» del imperativo: *sal, pon, ten, ven (valer* también era *val,* pero hoy siempre es *vale: Válete por ti mismo).*

Por otra parte, *tener* y *venir,* con todos los verbos que se agrupan con ellos, tienen en el presente la irregularidad de diptongación en las personas con base tónica que no tienen interposición de /g/; así: *tengo, tienes, tiene, tenemos, tenéis, tienen; vengo, vienes, viene, venimos, venís, vienen.*

Todos los verbos que en el presente ofrecen interposición de /g/, excepto *asir,* tienen futuro irregular *(valdré, saldré,* etc.: v. cuadro 6); algunos —*tener, poner, venir* y sus respectivos derivados— también tienen irregulares los pretéritos (v. cuadro 5).

HUIR.   Presente de ind.: *huyo, huyes, huye, huimos, huís, huyen*. Presente de subj.: *huya, huyas, huya, huyamos, huyáis, huyan*. Imperativo: *huye, huya, huid, huyan*.

La interposición de /y/ en los presentes ocurre en todos los demás verbos terminados en *-uir (destruir, construir, obstruir, instruir,* etc.). Todos estos verbos, además, presentan la /y/ como sustituta de semiconsonante /i/ en los pretéritos *(huyó, construyó,* etc.: v. cuadro 4).

de otros verbos —aquellos cuya base termina en /ñ/ o /l/, como *reñir, mullir*— esa misma semiconsonante del formante desaparece, absorbida por la consonante palatal que la precede: *riñó, mulló.* (V. cuadro 4.)

---

4.   Verbos con semiconsonante alterada en el formante

LEER.   Pretérito de ind.: *leí, leíste, leyó, leímos, leísteis, leyeron.* Pretérito de subj.: *leyera, leyeras, leyera, leyéramos, leyerais, leyeran* (o *leyese, leyeses,* etc.). Futuro de subj.: *leyere, leyeres, leyere, leyéremos, leyereis, leyeren.* Gerundio: *leyendo.*

Presentan esta misma irregularidad —cambio de /i/ semiconsonante por /y/— los demás verbos terminados en *-eer,* como *creer, poseer, proveer;* los verbos en *-uir,* como *huir, construir* (que también tienen la irregularidad de interposición de consonante: v. cuadro anterior), y los verbos *oír* y *caer* (que tienen, además, otras irregularidades propias: v. cuadro 8).

MULLIR.   Pretérito de ind.: *mullí, mulliste, mulló, mullimos, mullisteis, mulleron.* Pretérito de subj.: *mullera, mulleras, mullera, mulléramos, mullerais, mulleran* (o *mullese, mulleses,* etc.). Futuro de subj.: *mullere, mulleres, mullere, mulléremos, mullereis, mulleren.* Gerundio: *mullendo.*

Esta irregularidad —pérdida de /i/ semiconsonante— también se da en los verbos *ceñir, heñir, reñir* y *teñir* (que además tienen la irregularidad de cierre de vocal, cuadro 1) y en *tañer* y *atañer.*

12.1.12.   *Pretérito fuerte*

Algunos verbos muy importantes tienen un pretérito caracterizado por una forma especial de la base en todas las personas, unida a unos formantes *-e* (átono), *-iste, -o* (átono), *-imos, -isteis, -ieron,* que son comunes a todos esos verbos, tanto si son de la primera conjugación como si son de la segunda o tercera *(anduve, anduviste, anduvo; supe, supiste, supo; dije, dijiste, dijo)*. Esta forma irregular de pretérito se llama *pretérito fuerte*. Casi todos los verbos que poseen esta irregularidad tienen además otras en otros tiempos. (V. cuadro 5.)

---

5. Verbos con pretérito fuerte

ANDAR.
Pretérito de ind.: *anduve, anduviste, anduvo, anduvimos, anduvisteis, anduvieron*. Pretérito de subj.: *anduviera, anduvieras, anduviera, anduviéramos, anduvierais, anduvieran* (o *anduviese, anduvieses,* etc.). Futuro de subj.: *anduviere, anduvieres, anduviere, anduviéremos, anduviereis, anduvieren*. Como este verbo se conjuga *desandar*.

CABER.
Pretérito de ind.: *cupe, cupiste, cupo, cupimos, cupisteis, cupieron*. Pretérito de subj.: *cupiera, cupieras,* etc. (o *cupiese,* etc.). Futuro de subj.: *cupiere, cupieres,* etc.—En los presentes y en los futuros tiene otras irregularidades (véase cuadro 8).

CONDUCIR.
Pretérito de ind.: *conduje, condujiste, condujo, condujimos, condujisteis, condujeron*. Pretérito de subj.: *condujera, condujeras,* etc. (o *condujese,* etc.). Futuro de subj.: *condujere, condujeres,* etc.—Tiene también en los presentes la irregularidad de interposición de consonante (v. cuadro 3). Como este verbo se conjugan todos los demás terminados en *-ducir* *(aducir, deducir,* etc.).

DECIR.
Pretérito de ind.: *dije, dijiste, dijo, dijimos, dijisteis, dijeron*. Pretérito de subj.: *dijera, dijeras,* etc. (o *dijese,* etc.). Futuro de subj.: *dijere, dijeres,* etc.—Tiene otras irregularidades en los presentes, futuros y formas no personales (v. cuadro 8). Como este verbo se conjugan *bendecir, maldecir, predecir* y *contradecir,* salvo en las formas que en el cuadro 8 se indican.

ESTAR.
Pretérito de ind.: *estuve, estuviste, estuvo, estuvimos, estuvisteis, estuvieron*. Pretérito de subj.: *estuviera, estuvieras,* etc. (o *estuviese,* etc.). Futuro de subj.: *estuviere, estuvieres,* etc.—Tiene otras irregularidades en los presentes (v. cuadro 8).

→

HABER.   Pretérito de ind.: *hube, hubiste, hubo, hubimos, hubisteis, hubieron.* Pretérito de subj.: *hubiera, hubieras,* etc. (o *hubiese,* etc.). Futuro de subj.: *hubiere, hubieres,* etc.—Tiene otras irregularidades en los presentes y futuros (véanse cuadros 6 y 8).

HACER.   Pretérito de ind.: *hice, hiciste, hizo, hicimos, hicisteis, hicieron.* Pretérito de subj.: *hiciera, hicieras,* etc. (o *hiciese,* etc.). Futuro de subj.: *hiciere, hicieres,* etc.—Tiene otras irregularidades en los presentes, futuros y participio (v. cuadros 6, 7 y 8). Como este verbo se conjugan *deshacer, rehacer* y *satisfacer.*

PODER.   Pretérito de ind.: *pude, pudiste, pudo, pudimos, pudisteis, pudieron.* Pretérito de subj.: *pudiera, pudieras,* etc. (o *pudiese,* etc.). Futuro de subj.: *pudiere, pudieres,* etc.—Tiene, además, irregularidades en los presentes y en los futuros (v. cuadros 1 y 6). Su gerundio es *pudiendo.*

PONER.   Pretérito de ind.: *puse, pusiste, puso, pusimos, pusisteis, pusieron.* Pretérito de subj.: *pusiera, pusieras,* etc. (o *pusiese,* etc.). Futuro de subj.: *pusiere, pusieres,* etc.—Tiene, además, irregularidades en los presentes, futuros y participio (v. cuadros 3, 6 y 7). Como este verbo se conjugan otros que se citan en el cuadro 3.

QUERER.   Pretérito de ind.: *quise, quisiste, quiso, quisimos, quisisteis, quisieron.* Pretérito de subj.: *quisiera, quisieras,* etc. (o *quisiese,* etc.). Futuro de subj.: *quisiere, quisieres,* etc.—Tiene también irregularidades en los presentes y futuros (v. cuadros 1 y 6).

SABER.   Pretérito de ind.: *supe, supiste, supo, supimos, supisteis, supieron.* Pretérito de subj.: *supiera, supieras,* etc. (o *supiese,* etc.). Futuro de subj.: *supiere, supieres,* etc.—Tiene otras irregularidades en los presentes y futuros (v. cuadros 6 y 8).

TENER.   Pretérito de ind.: *tuve, tuviste, tuvo, tuvimos, tuvisteis, tuvieron.* Pretérito de subj.: *tuviera, tuvieras,* etc. (o *tuviese,* etc.). Futuro de subj.: *tuviere, tuvieres,* etc.—Tiene también irregularidades en los presentes y futuros (v. cuadros 3 y 6). Como este verbo se conjugan otros que se citan en el cuadro 3.   →

TRAER.	Pretérito de ind.: *traje, trajiste, trajo, trajimos, trajisteis, trajeron.* Pretérito de subj.: *trajera, trajeras,* etc. (o *trajese,* etc.). Futuro de subj.: *trajere, trajeres,* etc.—Tiene otras irregularidades en los presentes y el gerundio (v. cuadro 8). Como este verbo se conjugan otros que se citan en el cuadro 8.
VENIR.	Pretérito de ind.: *vine, viniste, vino vinimos, vinisteis, vinieron.* Pretérito de subj.: *viniera, vinieras,* etc. (o *viniese,* etc.). Futuro de subj.: *viniere, vinieres,* etc.—Tiene también irregularidades en los presentes y futuros (v. cuadros 3 y 6). Su gerundio es *viniendo.* Como este verbo se conjugan otros que se citan en el cuadro 3.

12.1.13. *Futuro sincopado*

En los futuros, algunos verbos de las conjugaciones segunda y tercera presentan pérdida *(síncopa)* de la primera vocal del formante: *pod-ré,* en lugar de *pod-eré, de poder; querré, cabré, sabré, habrá* (por *quer-eré, cab-eré, sab-eré, hab-eré), de querer, caber, saber, haber.* En aquellos verbos cuya base termina en /n/ o /l/, se interpone un fonema /d/ entre aquella y el formante; así, de *poner* y *valer,* los futuros son *pon-d-ré* y *val-d-ré.* (V. cuadro 6.)

---

6. Verbos con futuro sincopado

PODER. Futuro de ind.: *podré, podrás, podrá, podremos, podréis, podrán.* Pospretérito [potencial]: *podría, podrías, podría, podríamos, podríais, podrían.*

Presentan la misma irregularidad *caber, haber, querer, saber.* Sobre otras irregularidades de todos estos verbos, v. cuadro anterior.

VALER. Futuro de ind.: *valdré, valdrás, valdrá, valdremos, valdréis, valdrán.* Pospretérito [potencial]: *valdría, valdrías, valdría, valdríamos, valdríais, valdrían.*

Interponen /d/, como *valer,* los verbos *poner, salir, tener, venir,* así como los derivados de los cinco. Todos estos verbos tienen otras irregularidades, ya explicadas en los cuadros 3 y 5.

La síncopa del futuro toma forma especial en los verbos *decir* y *hacer: diré* y *haré,* respectivamente (v. cuadro 8).

12.1.14. *Participio irregular*

Queda, por último, la irregularidad de algunos participios correspondientes a verbos de la segunda y tercera conjugaciones, los cuales, tienen, en lugar del formante -*ido,* un formante -*to* (como *abierto,* de *abrir)* o, raras veces, -*cho* (como *hecho,* de *hacer)* o -*so* (como *impreso,* de imprimir). En ellos, además, también aparece alterada la base. (V. cuadro 7.)

---

7. Verbos con participio irregular

a) Con participio en -*to.*

ABRIR:	*abierto.*
CUBRIR:	*cubierto.* Lo mismo *descubrir, encubrir, recubrir.*
ESCRIBIR:	*escrito.* Lo mismo *circunscribir, describir, inscribir, prescribir, proscribir, suscribir.*
FREÍR:	*frito.* Lo mismo *refreír, sofreír.* (También se emplean —menos— las formas regulares: *freído,* etc.) Otra irregularidad de estos verbos: v. cuadro 2.
MORIR:	*muerto.* Otras irregularidades de este verbo: v. cuadros 1 y 2.
PONER:	*puesto.* Lo mismo todos los verbos formados sobre *poner: anteponer, componer,* etc. Otras irregularidades de estos verbos: v. cuadros 3 y 5.
PROVEER:	*provisto.* Otra irregularidad de este verbo: v. cuadro 4.
RESOLVER:	*resuelto.* Lo mismo *absolver, disolver.* Otra irregularidad de estos verbos: v. cuadro 1.
ROMPER:	*roto.*
VER:	*visto.* Lo mismo *prever.* Otras irregularidades de estos verbos: v. cuadro 8.
VOLVER:	*vuelto.* Lo mismo *devolver, envolver, revolver.* Otra irregularidad de estos verbos: v. cuadro 1. →

b)   Con participio en *-cho.*

DECIR: *dicho.* Lo mismo *contradecir, desdecir* y *predecir* (no
                  bendecir y *maldecir,* cuyos participios son regulares:
                  bendecido y *maldecido).* Otras irregularidades de es-
                  tos verbos: v. cuadro 8.

HACER: *hecho.* Lo mismo *deshacer, rehacer, satisfacer.* Otras
                  irregularidades de estos verbos: v. cuadro 8.

c)   Con participio en *-so.*

IMPRIMIR: *impreso.* (También se emplea —menos— la forma re-
                  gular: *imprimido.)*

12.1.15.   *Irregularidades especiales*

Fuera de las irregularidades comunes —a las que acabamos de pasar revista— quedan una serie de formas pertenecientes a verbos muy usados, y que son importantes en
la medida en que lo son tales verbos. Estas irregularidades
especiales aparecen sobre todo en los presentes, y en la
mayoría de estos verbos concurren con otras irregularidades de tipo común. (V. cuadro 8.)

---

8.   Verbos con irregularidades especiales

HABER.   Presente de ind.: *he, has, ha, hemos, habéis, han.* Pre-
                  sente de subj.: *haya, hayas, haya, hayamos, hayáis, ha-
                  yan.* (Imperativo no se usa.)
                  Pretérito de ind.: *hube,* etc. Pretérito de subj.: *hubiera,*
                  etc. Futuro de subj.: *hubiere,* etc. (V. cuadro 5.)
                  Futuro de ind.: *habré,* etc. Pospretérito [potencial]: *ha-
                  bría,* etc. (V. cuadro 6.)
                       En el uso impersonal —en el que solo se emplea la for-
                  ma de tercera persona singular— el presente de ind. es *hay.*

SER.   Presente de ind.: *soy, eres, es, somos, sois, son.* Presente
                  de subj.: *sea, seas, sea, seamos, seáis, sean.* Imperativo:
                                                                        →

sé, sea, sed, sean. Copretérito [pret. imperfecto]: *era, eras, era, éramos, erais, eran.*
Pretérito de ind.: *fui, fuiste, fue, fuimos, fuisteis, fueron.*
Pretérito de subj.: *fuera, fueras, fuera, fuéramos, fuerais, fueran* (o *fuese, fueses,* etc.). Futuro de subj.: *fuere, fueres, fuere, fuéremos, fuereis, fueren.*

ESTAR.   Presente de ind.: *estoy, estás, está, estamos, estáis, están.*
Presente de subj.: *esté, estés, esté, estemos, estéis, estén.*
Imperativo: *está, esté, estad, estén.*
Pretérito de ind.: *estuve,* etc. Pretérito de subj.: *estuviera,* etc. Futuro de subj.: *estuviere,* etc. (V. cuadro 5.)

IR.   Presente de ind.: *voy, vas, va, vamos, vais, van.* Presente de subj.: *vaya, vayas, vaya, vayamos, vayáis, vayan* (en uso exhortativo se dice normalmente *vamos* por *vayamos).* Imperativo: *ve, vaya, id, vayan.* Copretérito [pret. imperfecto]: *iba, ibas, iba, íbamos, ibais, iban.*
Pretérito de ind.: *fui,* etc. (igual que el de SER). Pretérito y futuro de subj. (iguales que los de SER). Gerundio: *yendo.*

DAR.   Presente de ind.: *doy, das, da, damos, dais, dan.* Presente de subj.: *dé, des, dé, demos, deis, den.* Imperativo: *da, dé, dad, den.*
Pretérito de ind.: *di, diste, dio, dimos, disteis, dieron.*
Pretérito de subj.: *diera, dieras, diera, diéramos, dierais, dieran* (o *diese, dieses,* etc.). Futuro de subj.: *diere, dieres, diere, diéremos, diereis, dieren.*

DECIR.   Presente de ind.: *digo, dices, dice, decimos, decís, dicen.*
Presente de subj.: *diga, digas, diga, digamos, digáis, digan.* Imperativo: *di, diga, decid, digan.*
Pretérito de ind.: *dije,* etc. Pretérito de subj.: *dijera,* etc. Futuro de subj.: *dijere,* etc. (V. cuadro 5.)
Futuro de ind.: *diré, dirás, dirá, diremos, diréis, dirán.*
Pospretérito [potencial]: *diría, dirías, diría, diríamos, diríais, dirían.*
Gerundio: *diciendo.* Participio: *dicho.*
Se conjugan como este verbo *predecir, contradecir, desdecir, bendecir* y *maldecir,* excepto en la persona «tú» de los imperativos, que es *-dice* y no *-dí (predice, contradice, bendice,* etc.), y en los futuros y pospretéritos enteros, que son regulares *(prediciré, contradeciré, desde-*
→

ciré, bendeciré, maldeciré; predeciría, contradeciría, mal-deciría, etc.). Existen también formas irregulares para estos tiempos *(contradiré, contradiría,* etc.), pero su uso es raro hoy. En cuanto al participio, *predecir, contra-decir* y *desdecir* siguen el modelo irregular *dicho (predi-cho,* etc.), mientras que *bendecir* y *maldecir* tienen for-mación regular: *bendecido, maldecido.*

HACER. Presente de ind.: *hago, haces, hace, hacemos, hacéis, hacen.* Presente de subj.: *haga, hagas, haga, hagamos, hagáis, hagan.* Imperativo: *haz, haga, haced, hagan.* Pretérito de ind.: *hice,* etc. Pretérito de subj.: *hicie-ra,* etc. Futuro de subj.: *hiciere,* etc. (V. cuadro 5.) Futuro de ind.: *haré, harás, hará, haremos, haréis, ha-rán.* Pospretérito [potencial]: *haría, harías, haría, haría-mos, haríais, harían.* Participio: *hecho.*

Se conjugan como este verbo *deshacer, rehacer, satis-facer.* Este último tiene para la persona «tú» de impera-tivo *satisfaz* o *satisface.*

SABER. Presente de ind.: *sé, sabes, sabe, sabemos, sabéis, saben.* Presente de subj.: *sepa, sepas, sepa, sepamos, sepáis, sepan.* Imperativo: *sabe, sepa, sabed, sepan.* Pretérito de ind.: *supe,* etc. Pretérito de subj.: *supie-ra,* etc. Futuro de subj.: *supiere,* etc. (V. cuadro 5.) Futuro de ind.: *sabré,* etc. Pospretérito [potencial]: *sa-bría,* etc. (V. cuadro 6.)

CABER. Presente de ind.: *quepo, cabes, cabe, cabemos, cabéis, caben.* Presente de subj.: *quepa, quepas, quepa, quepamos, quepáis, quepan.* Imperativo: *cabe, quepa, cabed, que-pan.* Pretérito de ind.: *cupe,* etc. Pretérito de subj.: *cupie-ra,* etc. Futuro de subj.: *cupiere,* etc. (V. cuadro 5.) Futuro de ind.: *cabré,* etc. Pospretérito [potencial]: *ca-bría,* etc. (V. cuadro 6.)

VER. Presente de ind.: *veo, ves, ve, vemos, veis, ven.* Presente de subj.: *vea, veas, vea, veamos, veáis, vean.* Imperativo: *ve, vea, ved, vean.* Copretérito [pret. imperfecto]: *veía, veías, veía, veíamos, veíais, veían.* Participio: *visto.*

Como este verbo se conjuga *prever.*   →

OÍR	Presente de ind.: *oigo, oyes, oye, oímos, oís, oyen.* Presente de subj.: *oiga, oigas, oiga, oigamos, oigáis, oigan.* Imperativo: *oye, oiga, oíd, oigan.* Pretérito de ind.: *oí, oíste, oyó,* etc. Pretérito de subj.: *oyera,* etc. Futuro de subj.: *oyere,* etc. Gerundio: *oyendo.* (V. cuadro 4.)
	Como *oír* se conjuga *desoír.*
CAER.	Presente de ind.: *caigo, caes, cae, caemos, caéis, caen.* Presente de subj.: *caiga, caigas, caiga, caigamos, caigáis, caigan.* Imperativo: *cae, caiga, caed, caigan.* Pretérito de ind.: *caí, caíste, cayó,* etc. Pretérito de subj.: *cayera,* etc. Futuro de subj.: *cayere,* etc. Gerundio: *cayendo.* (V. cuadro 4.)
	Se conjugan como este verbo *decaer* y *recaer.*
TRAER.	En los presentes y gerundio se conjuga como CAER. Pretérito de ind.: *traje,* etc. Pretérito de subj.: *trajera,* etc. Futuro de subj.: *trajere,* etc. (V. cuadro 5.)
	Como este verbo se conjugan *abstraer, atraer, contraer, detraer, distraer, extraer, retraer, retrotraer, sustraer.*
ERRAR.	Presente de ind.: *yerro, yerras, yerra, erramos, erráis, yerran.* Presente de subj.: *yerre, yerres, yerre, erremos, erréis, yerren.* Imperativo: *yerra, yerre, errad, yerren.*
ERGUIR.	Presente de ind.: *yergo, yergues, yergue, erguimos, erguís, yerguen.* Presente de subj.: *yerga, yergas, yerga, irgamos, irgáis, yergan.* Imperativo: *yergue, yerga, erguid, yergan.* Pretérito de ind.: *erguí, erguiste, irguió, erguimos, erguisteis, irguieron.* Pretérito de subj.: *irguiera, irguieras,* etc. (o *irguiese,* etc.). Futuro de subj.: *irguiere,* etc. Gerundio: *irguiendo.*

12.2. El adverbio

12.2.1. *El adverbio*

El adverbio es, como vimos en capítulos anteriores, una palabra destinada a actuar como adjunto de verbos o de adjetivos: *Trabaja* BIEN; *Es* MUY *bueno.* También puede actuar como adjunto de otro adverbio: *Trabaja* MUY *bien.* Y puede extender su actividad, como ocurre con otros adjuntos, no ya sobre una sola palabra —verbo, adjetivo o adverbio—, sino sobre todo un grupo de palabras cuyo centro sea un verbo, adjetivo o adverbio o que tenga en la frase la misma función que uno de estos. Así, del mismo modo que decimos *Es una persona* MUY *inmoral* (donde el adverbio *muy* acompaña al adjetivo *inmoral),* podemos decir *Es una persona* MUY *sin escrúpulos* (donde el mismo adverbio acompaña al complemento *sin escrúpulos,* constituido por un nombre con preposición y que desempeña un papel idéntico al de un adjetivo con respecto al nombre *persona).* Como el verbo es centro del grupo de palabras que llamamos predicado, elemento esencial de la oración, puede ocurrir que un adverbio actúe como adjunto de toda una oración en bloque; tal es el caso del adverbio *evidentemente* en la oración EVIDENTEMENTE, *esta es una disposición disparatada.*

A diferencia de los adjuntos de sustantivos, el adverbio no está sometido a concordancia ninguna respecto a la palabra a la que acompaña; es, por consiguiente, una palabra sin variaciones. Esto no quiere decir que los adverbios tengan uniformidad externa. Solo una serie de ellos, los construidos sobre adjetivos, presentan una terminación igual: *-mente (fácilmente, enormemente, extremadamente, inútilmente, concienzudamente,* etc.). Esta serie es abierta, prácticamente infinita, pues cualquier hablante, en cualquier momento, puede crear un adverbio bien comprensible, y por tanto útil en ese instante, aplicando a la forma femenina de un adjetivo la terminación indicada (se exceptúan, entre otros, muchos casos en que ya existe un adverbio con la misma forma del adjetivo: *mucho, mejor, medio,* etc.). En realidad, se trata de un fenómeno de traslación de un adjetivo a la función de adverbio por medio de un elemento trasladador, que es aquí la terminación *-mente.* (V. § 14.3.3 y nota.)

Todos los demás adverbios —que son los más importantes— presentan forma muy diversa. Algunos coinciden con adjetivos o pronombres de igual significación básica: *mucho, poco, algo, nada, bastante, demasiado, mejor, peor, fuerte, primero, tanto, cuanto, tal, cual.* Otros poseen una forma propia: *aquí, delante, así, ahora, no, quizá, donde...* De estos, hay algunos que se escriben como si fuesen dos o más palabras, porque en su origen se trataba de un conjunto de palabras distintas: *a propósito, desde luego, sin embargo, no obstante, con todo, en cambio, por tanto, por consiguiente, tal vez, en medio, de pronto, por las buenas, a lo mejor,* etc.; suelen llamarse *locuciones adverbiales* (v. § 8.3.3). Muchos adverbios que hoy se escriben en una sola palabra tienen también origen en una suma: *acaso, apenas, encima, debajo, adentro, afuera, atrás, adelante, también, tampoco, asimismo...* Por otra parte, hay casos en que el uso actual vacila: hoy puede escribirse *en seguida* (más frecuente) o *enseguida, deprisa* (más frecuente) o *de prisa, a donde* o *adonde* [8].

12.2.2. *Apócope*

Algunos adverbios —como les ocurre a algunos adjetivos— sufren un acortamiento o *apócope* en determinadas posiciones. *Mucho* se convierte en *muy* cuando va inmediatamente antes de un adjetivo o de otro adverbio: MUY *bueno*, MUY *tarde*, MUY *superior*, MUY *por encima*, MUY *de tarde en tarde* (pero se dice *mucho* ante *más, menos, antes,*

---

[8] Según la regla ortográfica todavía vigente, se escribe *adonde* cuando hay un antecedente expreso: *Voy al mismo sitio* ADONDE *voy todos los años.* Se escribe *a donde* cuando no está expreso el antecedente: *Voy* A DONDE *todos los años.*

después, mejor, peor, mayor[9], *menor). Tanto, cuanto* y el exclamativo *cuánto* se convierten, respectivamente, en *tan, cuan* y *cuán* en las mismas condiciones: TAN *bueno,* CUAN *largo era,* ¡CUÁN *hermoso!* Pero, así como es muy abundante el uso de *tanto* o *tan,* es hoy raro el uso de *cuanto, cuan, cuánto, cuán* ante adjetivo o adverbio.

12.2.3. *Significación*

Atendiendo a su significación, hay dos clases de adverbios. Unos (que llamaremos *tipo 1)* denotan circunstancias —lugar, tiempo, modo, intensidad— con las que se precisa el significado de la palabra acompañada: *La chica vive* ENFRENTE; TODAVÍA *tenemos que esperar; La autoridad castigó* DURAMENTE *a los que discrepaban; Desconfío* MUCHO *de esta gente.* Otros adverbios *(tipo 2)* se refieren a la existencia misma, a la realidad, a la sustancia de lo significado por la palabra o grupo de palabras acompañado por aquellos; unas veces afirman: Sí, *creo en Dios;* otras niegan: *Es una tarea* NO *muy grata;* otras dudan o insinúan: QUIZÁ *muy pronto cambie todo esto;* otras marcan una relación de consecuencia, acumulación u oposición con respecto a lo dicho en un momento anterior: *Nos encontramos,* PUES, *ante una encrucijada; Lo que dicen es* ADEMÁS *inverosímil; Muchos,* SIN EMBARGO, *votaron a favor.* Como puede verse en los ejemplos, estos adverbios del tipo 2 actúan más frecuentemente refiriéndose a la frase entera que a una sola palabra de ella.

Los adverbios del tipo 1 incluyen, al lado de sus series

---

[9] Si *mayor* tiene sentido comparativo, decimos MUCHO *mayor que tú;* si tiene solo sentido de «crecido» o «anciano», referido a personas, decimos *Es un niño* MUY *mayor; Es una señora* MUY *mayor.*

Principales adverbios

(Se excluyen los formados con *-mente*)

Tipo 1	Informativos	Interrogativos	Relativos
de lugar	*aquí, ahí, allí, acá, allá; encima, debajo, arriba, abajo; delante, detrás, adelante, atrás; dentro, fuera, adentro, afuera; cerca, lejos*	*¿dónde?*	*donde*
de tiempo	*ahora, entonces, hoy, ayer, mañana, antes, después, temprano, pronto, tarde, todavía, aún, ya, siempre, nunca, jamás*	*¿cuándo?*	*cuando*
de modo	*así, tal, bien, mal, peor, mejor, deprisa, despacio*	*¿cómo?*	*como, cual, según*
de intensidad	*así, tanto (tan), mucho (muy), poco, bastante, demasiado, algo, nada, más, menos, medio, apenas, casi*	*¿cuánto?*	*como, cuanto*

→

Principales adverbios *(cont.)*	
Tipo 2	Informativos
de afirmación	*sí, claro, desde luego*
de negación	*no*
de duda	*quizá, acaso, tal vez*
de relación con lo dicho	consecuencia: *pues, así pues, por tanto* acumulación: *además, también, tampoco* oposición: *sin embargo, no obstante*

normales que aportan a la frase información sobre lugar, tiempo, modo, intensidad *(aquí, ahora, así, tanto),* unas formas especiales con que no se da, sino que se pide información sobre esas circunstancias: son las formas interrogativas: *¿dónde?, ¿cuándo?, ¿cómo?, ¿cuánto?* [10].

12.2.4. *Adverbios relativos*

Y existen, por otra parte, expresando las mismas circunstancias de lugar, tiempo, modo e intensidad, unas formas que a la vez que su función adverbial desempeñan una función de enlace, introduciendo proposiciones. Estos adverbios, llamados *relativos,* son *donde,* para lugar; *cuan-*

---

[10] *Cuánto* se usa también exclamativamente: ¡CUÁNTO *lo siento!* Ante adjetivo o adverbio, como se ha dicho antes, se apocopa en la forma *cuán:* ¡CUÁN *exactamente lo dijo el sabio!* Pero en este caso la lengua actual prefiere usar *qué:* ¡QUÉ *exactamente...!,* ¡QUÉ *gracioso!*

do, para tiempo; *como,* y más raramente *cual,* para modo; *cuanto,* y más frecuentemente *como,* para intensidad. Las proposiciones introducidas por los adverbios relativos pueden ser adjetivas: *El pueblo* DONDE NACÍ *está muy lejos; El modo* COMO LO CONSIGUIERON *fue muy extraño* (v. § 9.1.4); o adverbiales: *Este señor está siempre* DONDE NO DEBE; *Iremos* CUANDO NOS PAREZCA; *Hacemos la tarea* COMO PODEMOS; *Se ha esforzado* CUANTO HA PODIDO.

13. LAS PALABRAS: ENLACES E INTERJECCIONES

13.1. Los enlaces

13.1.1. *Los enlaces*

La oración es un encadenamiento de palabras destinado a transmitir un mensaje. El encadenamiento se produce en muchos casos por la simple sucesión de las palabras: una palabra se conecta con otra por el mero hecho de ir delante o detrás de ella. Muchas veces la conexión que existe entre dos palabras se pone de manifiesto por una cierta adaptación externa de una de ellas a la otra, como si tomase su color para uniformarse de algún modo con ella; esta acomodación externa de una palabra a otra es la concordancia. Pero en gran número de casos el encadenamiento de unas palabras con otras, o de unos grupos de palabras con otros, se realiza por medio de palabras destinadas especialmente a este uso.

Las palabras cuya misión propia es la de enlace son las preposiciones, las conjunciones y los relativos.

13.1.2.   *La preposición*

Ya sabemos (§ 7.4.1) que la *preposición* es una palabra de enlace que se antepone a un sustantivo para convertirlo en complemento. Encontramos preposiciones en los siguientes ejemplos: *El vigilante* DE *la obra no nos dejó pasar; Las familias* SIN *hogar son cada vez más numerosas; La desobediencia* A *la autoridad será castigada; No me interesa nada un viaje* CON *ellos; La consideración* HACIA *los demás es algo que no debes olvidar; La lucha* POR *la vida es muy dura.* En estos ejemplos, los sustantivos *obra, hogar, autoridad, ellos, demás, vida* funcionan como complementos de otros sustantivos porque una preposición *(de, sin, a, con, hacia, por)* los une con estos. El sustantivo con preposición puede ser, naturalmente, complemento de otras clases de palabras: de un verbo *(Dormiremos* EN *este hotel; El valle fue arrasado* POR *las aguas),* de un adjetivo *(Es un animal muy apto* PARA *el trabajo),* de un adverbio *(La escoba está detrás* DE *la puerta).* Por otra parte, los sustantivos capaces de enlazarse por medio de una preposición con otro elemento de la frase no son solo los sustantivos por naturaleza —el nombre y el pronombre—, sino cualquier palabra que, por traslación, se haya sustantivado, o cualquier grupo de palabras —incluso proposición— que esté puesto en la frase en calidad de sustantivo: *Déjame el periódico* DE *hoy; Vino* CON *los de la oficina; Esto es fácil* DE *entender; Es hora* DE *que os vayáis.*

El hecho de que la preposición sirva de enlace entre dos palabras o elementos de la frase no significa que necesariamente haya de estar en medio de los dos elementos enlazados. La única exigencia, en cuanto a emplazamiento, es que la preposición vaya precediendo al sustantivo al que hace funcionar como complemento. Así, en las oraciones EN *Italia me encuentro muy bien;* DE *tus compañe-*

ras, la más inteligente es Elisa; A *ti se te ve poco,* los sustantivos con preposición *en Italia, de tus compañeras* y *a ti,* complementos respectivos de *me encuentro muy bien, la más inteligente* y *ve,* aparecen al comienzo de sus oraciones correspondientes y no a continuación de los términos a los que se enlazan. No obstante, lo normal es que, exceptuados los casos de complemento de verbo, los complementos con preposición sigan al término al que se refieren.

He aquí la lista de las preposiciones simples, esto es, las constituidas por una sola palabra: *a, ante, bajo, con, contra, de, desde, durante, en, entre, hacia, hasta, mediante, para, por, pro, según, sin, sobre, tras.* En la lengua literaria se emplean todavía, raramente, algunas preposiciones anticuadas: *allende* («al otro lado de»: *allende el Océano), aquende* («a este lado de»: *aquende los Pirineos), cabe* («junto a»: *se sentaron cabe el fuego), so* («bajo»: *so pretexto de salvarla).* Todas las preposiciones son átonas, menos *según,* que tiene además la particularidad de que, cuando la sigue un pronombre personal, este no toma la forma especial que se usa con preposición, sino la forma de sujeto; esto es, no se dice *según mí, según ti,* sino *según yo, según tú* [1]. *Pro* tiene la particularidad de que solo puede

---

[1] *Según* también puede ser adverbio relativo: SEGÚN *llegaban, los hacía pasar a la sala.* Otra preposición que igualmente puede ser adverbio (con el sentido de «inclusive») es *hasta:* HASTA *hemos pasado frío. Entre,* en frases como ENTRE *los dos han organizado una fiesta,* ENTRE *todos la mataron,* no es preposición, sino un adverbio que significa «en cooperación» (claro que conserva de preposición la pronunciación átona y la posición ante sustantivo; nótese que también *hasta* se mantiene átono cuando es adverbio). De modo inverso, funcionan parcialmente como preposiciones —pronunciándose átonos— los adverbios *salvo, excepto, menos, más, incluso, aun,* cuando preceden a sustantivos con los que forman complementos adverbiales: *Todos,* SALVO (O MENOS, O EXCEPTO) *yo, estaban conformes; Todos,* INCLUSO (O AUN) *tú, estabais conformes;*

emplearse ante nombres sin artículo: *cupón pro ciegos; suscripción pro damnificados; jornadas pro amnistía.*

Los complementos introducidos por las preposiciones son, en general, complementos adverbiales del verbo o complementos de sustantivos o de adjetivos. La preposición *a* introduce también complementos directos e indirectos del verbo (v. §§ 8.5 y 8.6), y, al igual que la preposición *de,* complementos de adverbios. De este caso concreto hablaremos después.

13.1.3. *Preposiciones «vacías» o de puro enlace*

Las preposiciones más importantes, son *de, a, en, con.* Estas preposiciones, como las restantes, realizan su función de enlace indicando al mismo tiempo el sentido de la relación: *Vivimos* EN *un paraíso* (lugar de estancia), *Vamos* A *Cádiz* (destino), *Vengo* DE *trabajar* (procedencia), *Cógelo* CON *el tenedor* (instrumento); y, al igual que en las demás, estos sentidos pueden ser diferentes, según los casos. Lo que las distingue de las otras preposiciones es su capacidad de funcionar como puro enlace, sin expresar otra cosa que la mera relación, vacía de contenido. Esto es lo que ocurre ante los complementos de ciertos verbos que exigen el empleo de una determinada preposición: *Me arrepiento* DE *mis errores; Se lamentaba* DE *lo ocurrido; No abuses* DE *su amabilidad; Me alegro* DE *verte aquí; Me acuerdo* DE *que lo prometiste; No te olvides* DE *que estamos*

Vinieron Juan y Paco, MÁS («además de») *cuatro amigos suyos* (en casos como este, la tilde de *más* es puramente ortográfica, pues la voz se pronuncia átona). Al margen de estos casos de traslación entre adverbios y preposiciones, debemos recordar la palabra *vía,* tónica, cuya primera función es de sustantivo, pero que se usa como preposición antepuesta a nombres de lugar, con el sentido de «pasando por»: *Proyectó hacer el viaje* VÍA *Valencia.*

esperando; Vamos A *empezar otra vez; Volvamos* A *entrar; Se decidieron* A *comprar un piso; Insisto* EN *que no es verdad; Confiemos* EN *que sea así; Pienso* EN *ella y sueño* CON *ella*. Este empleo puramente «formal» de la preposición explica que a menudo, sobre todo en el hablar descuidado, se omita esta en algunos de los casos anteriores: *Me acuerdo que...*, *Me alegro que...* (o que, inversamente, por reacción, se intercale donde no es normal: *Le dijeron* DE *que...*).

13.1.4. Locuciones prepositivas

En este uso como palabra de enlace «vacía», la preposición más destacada, según puede verse en los anteriores ejemplos, es *de*. Esta preposición es la que normalmente se emplea como introductora de complementos de adverbios: *antes, después, encima, debajo, delante, detrás, dentro, fuera, cerca, lejos, en medio*. El «significado» encerrado en el adverbio se suma entonces a la «función» enlazadora aportada por la preposición, y la unión de las dos palabras, concurriendo sus respectivos ingredientes, se convierte en una nueva preposición: *antes de, después de, encima de*, etc. Algunas de estas uniones (llamadas *locuciones prepositivas)* son casi del todo equivalentes a preposiciones simples, y en ocasiones más usadas que estas: *delante de = ante; encima de = sobre; debajo de = bajo; detrás de = tras*. A estas locuciones prepositivas hay que añadir una formada con *a: junto a*.

Se forman también numerosas locuciones prepositivas añadiendo una de las preposiciones «vacías» *(de, a, en, con)* a sustantivos ya precedidos de otra preposición: *con arreglo a, de acuerdo con, en virtud de, en cuanto a;* o, alguna vez, a adjetivos: *debido a, referente a, conforme a*. En estas locuciones, los sustantivos y adjetivos que las componen son siempre invariables.

13.1.5.   *Adjetivo* + de + *sustantivo*

La preposición «vacía» se presenta igualmente interpuesta entre un adjetivo de cualidad (del tipo *triste, pobre,
desgraciado, infeliz, tonto, necio, estúpido, cobarde, bruto...)*
y el sustantivo designador de la persona a quien tal cualidad se atribuye: *¡Triste* DE *mí!; ¡Pobres* DE *vosotros
si lo hacéis!; El cobarde* DE *su marido no quiere saber
nada.* El primer elemento puede ser también un nombre
usado con intención calificadora: *Este demonio* DE *niño
no da más que disgustos.* La misma preposición aparece
en las construcciones con interjección *¡Ay* DE *mí!, ¡Ay*
DEL *que caiga en sus manos!,* y en la anticuada *¡Ah* DE *la
casa!*

13.1.6.   Estuvo DE cónsul, *etc.*

Otro uso de las preposiciones «vacías» aparece ante
nombres o adjetivos que indican la función que desempeña la persona (o la cosa) de la que se habla: *Estuvo* DE
cónsul en Burdeos; Trabaja DE *contable en una empresa;
Teodoro va* DE *director a Burgos; Pon esta silla* DE *soporte;*
o la consideración en que está dicha persona o cosa: *Te
tengo* POR *discreto; Le tenían* POR *hijo suyo.* En estos casos,
la preposición es sustituible por el adverbio *como.* La
función gramatical del nombre o adjetivo que sigue a la
preposición es la de predicativo.

13.1.7.   *Suma de preposiciones*

A veces un complemento formado por preposición +
sustantivo *(por el premio, a diez pesetas, entre los muertos)*
recibe delante otra preposición que suma su sentido al de

la que ya estaba, haciendo más precisa la expresión: *Vamos* A POR *el premio*[2]; *Compramos dos* DE A *diez pesetas; Resucitó* DE ENTRE *los muertos.*

13.1.8. *Conjunciones subordinantes*

Pasemos ahora a otros elementos de enlace: las *conjunciones.* Las conjunciones realizan dos tipos de enlace diferentes. Por una parte están las conjunciones *subordinantes,* cuya misión es introducir una proposición en la oración: *Te agradeceré* QUE *me lo envíes;* AUNQUE *lo sabía, se presentó en la fábrica.* Estas conjunciones coinciden con las preposiciones en que marcan una dependencia del término precedido por la palabra de enlace, despojando a ese término de su función normal para convertirlo en satélite de otro. Pero, así como las preposiciones actúan precediendo a un sustantivo, las conjunciones subordinantes preceden a una oración, a la que degradan, convirtiéndola en simple elemento de oración, esto es, en una proposición.

Las conjunciones subordinantes propiamente dichas apenas son tres o cuatro –*que, si, pues*–; pero su número se incrementa por la combinación de *que* con diversas preposiciones –*porque, para que, hasta que, a fin de que, aparte de que*– o con otras palabras –*aunque, así que, con tal que*–, o bien por la suma de otras voces distintas –*si bien, en cuanto...*–. Pueden verse ejemplos de todas estas conjunciones en § 9.3.3.

---

[2] Los gramáticos tachan tradicionalmente de incorrecta la combinación *a por,* sin mucho fundamento.

13.1.9. *Relativos*

Al lado de las conjunciones subordinantes hay que situar los *relativos* —pronombres, adjetivos y adverbios—, que coinciden con ellas en su papel de introductores de proposiciones; pero que tienen la particularidad de que, al lado de ese papel, desempeñan otro, el propio de pronombre, de adjetivo o de adverbio. En los pronombres y adjetivos, este segundo papel es claro y visible (v. §§ 9.1.2 y 9.1.3); no así en los adverbios, cuyo carácter de complemento adverbial dentro de la proposición resulta borroso y bastante eclipsado por la función de enlace. Esta es la razón por la que, en la práctica —salvo aquellos casos en que el adverbio relativo tiene un término antecedente en la oración (§ 9.1.4)—, estos adverbios suelen considerarse incluidos entre las conjunciones subordinantes [3].

13.1.10. *Interrogativos*

Los *interrogativos* no son por naturaleza palabras de enlace, pero asumen la función de tales cuando inician una proposición sustantiva: *Le preguntaron* QUÉ *le habían dado; No sabes* DÓNDE *te has metido.* En estos casos, el interrogativo, que puede ser (como sabemos, § 9.2.5) pronombre, adjetivo o adverbio, no deja de funcionar plenamente como le corresponde dentro de su proposición (así, *qué,* en la proposición *qué le habían dado,* hace de complemento directo; *dónde,* en la proposición *dónde te has metido,* hace de complemento adverbial).

---

[3] Así hemos hecho también nosotros en § 9.3.3.

13.1.11. *Conjunciones coordinantes*

Las conjunciones *coordinantes* son muy diferentes de las subordinantes. Su papel es unir entre sí dos elementos de la oración que desempeñan en ella una misma función: *Pilar es enfermera* Y *telefonista; Pilar* Y *su hermana fueron a dar un paseo; Me han pedido que vaya* Y *que vuelva en seguida.* O bien unir dos oraciones que mantienen ambas su independencia como tales oraciones: *Entramos por una puerta lateral* Y *no nos vio nadie.* Por medio de esa unión, la conjunción puede expresar que las cosas significadas por esos términos se añaden una a otra; así ocurre en todos los ejemplos que preceden. O que una (no sabemos cuál) excluye a la otra: *Iré esta tarde* O *mañana.* O que una se opone a otra: *Vino cansado,* PERO *contento.* O que, negada una, se afirma la otra: *No lo hice yo,* SINO *él.* O que la segunda es consecuencia o deducción de la primera: *Ha llovido,* LUEGO *estará mojada la calle.* O que, por el contrario, la segunda es causa de la primera: *No insistas,* PUES *es muy testarudo.*

Véanse más detalles sobre las conjunciones coordinantes en los §§ 10.1 y 10.2.

13.2. La interjección

13.2.1. *La interjección*

La interjección, que coincide con los adverbios y con las palabras de enlace en no estar sometida a ninguna concordancia, se distingue de ellos en no pertenecer al entramado de la oración. Tiene entonación independiente de la de esta y se separa con comas del resto de la frase: *No esperaba esto,* CARAMBA. (V. § 6.3.)

Hay interjecciones que —como la del ejemplo anterior— expresan sensaciones o emociones de la persona que habla; otras que actúan como llamada a la persona a quien se habla: ¡EH!, *venga usted para acá;* y otras que tratan de dar una imagen viva de una acción: ¡ZAS!, *se cortó la luz.*

13.2.2. *Papel de la interjección*

En todos los ejemplos anteriores vemos que la interjección, aunque no desempeña ningún papel *en* la oración, está agregada a ella y le añade sus contenidos expresivos. Pero en otros casos la interjección se presenta desempeñando ella misma, por sí sola, el papel de una oración —que, por ser imposible diferenciar en ella un sujeto y un predicado, será una oración unimembre—: *¡ay!, ¡oh!* En otros casos, por último, es simple transcripción de un ruido cualquiera por medio de fonemas (tal como se ve, por ejemplo, en las historietas de los tebeos): *¡guau!, ¡crac!, ¡glub!*

Algunas interjecciones, en casos muy poco frecuentes, pueden llevar un complemento, sin que por ello se integren en la oración: ¡AH *de la casa!* Pero cuando constituyen una oración unimembre pueden contener —igual que una oración normal— una proposición, como ocurre en ¡AY *de vosotros, como no cumpláis!*

13.2.3. *Interjecciones por traslación*

Por traslación, pueden convertirse en interjecciones palabras o grupos de palabras de otras clases: *¡vaya!, ¡hombre!, ¡demonio!, ¡bueno!, ¡Dios mío!, ¡maldita sea!, ¡pues sí!, ¡buenos días!*

14.   ESTRUCTURA DE LAS PALABRAS

14.1.   Elementos de la palabra

14.1.1.   *Base y formante*

Al hablar de los verbos (§ 12.1.6) decíamos que en cada forma verbal es posible separar un grupo de fonemas que, normalmente, es constante en todas las demás formas del mismo verbo, y que encierra la significación general de este; así, en las formas *cantar, canto, canté, cantando,* hallamos como elemento común el conjunto de fonemas *cant-.* Llamábamos *base* a esta parte constante. El segundo elemento, que varía para indicar la persona, el tiempo y el modo, se llama *formante.*

Estos dos elementos, base y formante, no solo pueden distinguirse en los verbos. En la serie de formas *ancho, ancha, anchos, anchas,* hay una parte fija, *anch-,* y otra que varía según el género y el número, *-o, -a, -os, -as.* Diremos aquí también que la primera parte es la *base* y la segunda el *formante.*

14.1.2.   *Los formantes. Los indicadores*

Vemos, pues, que los formantes, a diferencia de la base —que es la parte «fija» de una palabra y que contiene la significación general de esta—, son elementos «variables», que alternan unos con otros, añadidos a una misma base sin que la palabra deje de ser la misma. En los verbos indican la persona, el tiempo y el modo, y en las restantes palabras, el género y el número.

El formante puede dividirse, a su vez, en otros dos elementos. En la palabra *anchas,* por ejemplo, el formante *-as* está constituido por *-a,* indicador de género («femenino»), y *-s,* indicador de número («plural»). En la palabra *cantemos,* el formante *-emos* se parte en *-e-,* indicador de tiempo y modo («presente de subjuntivo»), y *-mos,* indicador de persona («primera de plural»). Hay que observar que la ausencia de uno de estos indicadores también es significativa: *ancho,* por ejemplo, tiene indicador de género, *-o,* pero no de número; precisamente el no tenerlo significa que el adjetivo está en «singular». Lo mismo ocurre en la forma verbal *cante:* hay un formante *-e,* constituido solamente por el indicador de tiempo y modo («presente de subjuntivo»), sin que aparezca el indicador de persona; en realidad, es esta ausencia de indicador la que significa «primera o tercera persona de singular». En estos casos se habla de *indicador cero.* Pueden ser *cero* los dos indicadores, como en *leonés* —masculino singular, frente al femenino singular *leones-a,* o al femenino plural *leones-a-s—,* y entonces decimos que hay un *formante* cero.

14.1.3. *Formantes iguales de contenidos diferentes*

A veces coinciden con una misma forma dos formantes de contenidos diferentes. Uno de los ejemplos anteriores, *cante,* tiene el formante *-e,* que denota, según el texto en que aparezca, primera o tercera persona de singular (compárese *Sus padres no quieren que* [él] *cante / Mis padres no* *quieren que* [yo] *cante); llegamos* tiene el formante *-amos,* que corresponde a la persona «yo» del presente del indicativo o a la del pretérito (compárese *Hoy llegamos puntuales / Ayer llegamos puntuales).*

14.1.4. *Amalgama de indicadores*

La distinción de los indicadores que constituyen un formante no siempre es posible. Esto ocurre especialmente en los verbos. En *canto,* por ejemplo, el formante *-o* reúne, sin posible separación, las indicaciones de tiempo-modo y de persona.

14.1.5. *Formantes en adjetivos y nombres*

Por otra parte, en los adjetivos no siempre existen las indicaciones de género y número. Muchos adjetivos solo tienen la de número: *valiente, grande, natural, fiel, optimista, salvaje, miserable, alegre, triste,* etc., admiten solo un formante *cero* para indicar «singular» (masculino o femenino, indistintamente), alternando con un formante *-s* (o *-es)* para indicar «plural» (masculino o femenino, también indistintamente). Lo mismo ocurre, en general, con los nombres, los cuales reciben un formante de número, no de género. Así, *mármol, pie, plan, mes, calle, jardín, pez, sillón* tienen, para la indicación de «singular», un formante cero, y para la de «plural», un formante *-s* (o *-es).* El género no tiene manifestación en estas palabras (aunque sí la puede tener «fuera» de ellas, en los adjuntos). El hecho de que muchos nombres masculinos terminen en *-o* (como *libro, hueso, plato, camino)* y muchos femeninos en *-a* (como *rosa, copa, piedra, montaña)* no significa que estos fonemas sean, en esos nombres, formantes de género, puesto que los formantes, según hemos dicho, son elementos que alternan unos con otros (cosa que aquí no ocurre, pues no decimos *libra* frente a *libro*, ni *piedro* frente a *piedra*, ni *roso* frente a *rosa*). Por otro lado, la terminación *-o* se puede presentar en nombres femeninos *(mano, dinamo)*, así como la terminación *-a* puede darse en nombres masculinos *(día, mapa)*.

Hay una serie de nombres, sin embargo, que tienen formante no solo de número, sino de género. Todos ellos designan personas o animales, y en ellos el género es expresión del sexo del ser nombrado: *hermano, tío, primo, hijo, abuelo, nieto, cuñado, niño, amigo, compañero, presidente, director, secretario, empleado, portero, taquillero, señor, vendedor, escritor, alumno, gato, perro, lobo, burro, ciervo, león, cerdo,* etc. Pero esto no es lo general; solo ocurre con *algunos* nombres de personas y de animales. Muchos nombres de persona, en efecto, solo llevan la expresión del sexo del ser nombrado en el género de los adjuntos: *el espía* y *la espía, el accionista* y *la accionista, el dentista* y *la dentista, el artista* y *la artista, el testigo* y *la testigo, el mártir* y *la mártir.* Algunos nombres de animales no expresan el sexo de estos de ningún modo, puesto que el género de tales nombres es siempre el mismo: *águila, hiena, ratón, avestruz, topo;* lo mismo sucede con determinados nombres de humanos, como *persona, criatura, vejestorio* (v. § 11.1.4). En algunos casos la expresión del sexo se hace por medio de palabras distintas: *hombre / mujer, marido / mujer, yerno / nuera, padre / madre, caballo / yegua, toro / vaca, carnero / oveja.* En este último grupo debemos incluir parejas en que los nombres femeninos nacieron de formaciones latinas (o por analogía con ellas) sobre la misma base del masculino, con formantes que no fueron heredados como tales por nuestro idioma: *emperador / emperatriz, actor / actriz, héroe /heroína, rey / reina, gallo / gallina, jabalí / jabalina, príncipe / princesa, duque /*

duquesa, conde / condesa, barón / baronesa, abad / abadesa, poeta / poetisa, profeta / profetisa, papa / papisa, sacerdote / sacerdotisa. En esta serie, la semejanza que los nombres femeninos presentan con los masculinos no autoriza a considerarlos como «formaciones» de femenino; se trata de palabras que en nuestra lengua son distintas.

Vemos, pues, que en los adjetivos y sobre todo en los nombres es más frecuente el formante que denota solo número que el formante que indica a la vez género y número. Pero existe aún otra posibilidad, y es la del nombre que no tiene formante alguno: *dosis, crisis, martes.* En estos casos, la base se confunde con la palabra.

14.1.6. *Casos especiales*

Si en los nombres y en la mayoría de los adjetivos la aplicación del formante a la base se hace de una manera simple, no ocurre así en algunos pronombres, adjetivos y artículos. Así, en los demostrativos *este* y *ese,* las formas de masculino singular tienen un formante *-e* anormal (debería ser *-o,* correspondiendo al de masculino plural *-os;* pero *-o* está reservado a las formas «neutras»). El artículo *el,* el demostrativo *aquel* y el pronombre personal *él* tienen una base para el masculino y otra para el femenino y los plurales: *el, aquel, él,* frente a *l-a, aquell-a, ell-a, l-os, aquell--os, ell-os,* etc. En cuanto a los pronombres *yo* y *tú,* sería inexacto decir que tienen bases diferentes en singular y plural; *nosotros* y *vosotros* son palabras diferentes de *yo* y *tú* porque, sencillamente, no son sus plurales: *nosotros* no es «yo y yo», sino «yo y tú», o «yo y él» o «yo y ellos», etc.; *vosotros* no es «tú y tú», sino «tú y él» o «tú y ellos», etc. (v. § 7.2.4 y su cuadro). Es decir, se trata de otras palabras con otros significados.

14.2. Elementos de la base. Los afijos

14.2.1. *Raíz y afijos*

Si comparamos el infinitivo *cantar* con otro infinitivo, *canturrear,* o con el nombre *cantante,* encontramos que hay un elemento común, *cant-,* que en la primera palabra actúa como base, pero que en las otras dos es solo una parte de la base, formada esta por aquel elemento común y unos fonemas añadidos *(-urre, -ante).* Llamamos *raíz* al elemento común, y *afijo* al grupo de fonemas que, añadidos a la raíz, forma con ella la *base.*

Dentro de la base, la raíz es la parte que encierra la idea general de la palabra, y el afijo es un factor que modifica y concreta, en un determinado sentido, esa idea general. El afijo no se puede confundir con el formante: este último no responde, como aquel, al «sentido» de la palabra, sino a su «funcionamiento» en la frase. Comparemos nuevamente los ejemplos anteriores: frente a la idea simple de la acción, encerrada en *cantar,* tenemos modificada esa idea en *canturrear* en un sentido de «cantar a media voz y distraídamente», y en *cantante,* en el sentido de «persona que canta por profesión».

14.2.2. *Prefijos y sufijos*

Esos modificadores no solo se presentan en la base después de la raíz, como en los ejemplos vistos; también aparecen antes. En *obtener, contener, retener,* la raíz *ten-* (que actúa como base en el simple *tener)* está modificada por los afijos *ob-, con-, re-.* Se llaman *prefijos* los afijos que se presentan delante de la raíz, y *sufijos* los que se presentan detrás.

14.2.3. *Afijación*

Una raíz puede ir acompañada a la vez por prefijo y
sufijo, pero normalmente no se suman los dos a la raíz al
mismo tiempo, sino que uno de ellos se agrega a una base
previamente formada por la raíz y el otro afijo. Por ejemplo, *extracción,* palabra constituida por una raíz *trac-* (variante de *tra-,* que vemos en *traer)* y por dos afijos, *ex-*
(prefijo) y *-ción* (sufijo), se ha formado añadiendo a una
base primaria *extrac-* (variante de *extra-,* que vemos en
extraer) un sufijo *-ción,* y no añadiendo de primera intención los dos afijos a la raíz. Algo semejante ocurre cuando
a la raíz van agregados más de un prefijo o más de un
sufijo: siempre es uno de ellos —el que ocupa posición
extrema, el prefijo que va al principio o el último sufijo—
el que se ha sobreañadido a una base primaria formada
por la raíz y el otro afijo. Ejemplos:

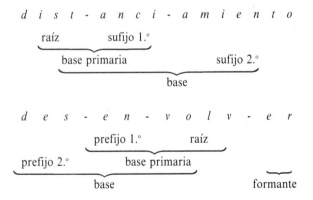

En un ejemplo anterior hemos visto cómo una raíz *(tra-*
o *trac-)* tomaba forma distinta según fuese o no acompañada de un sufijo. Estas variaciones en la raíz no son una

novedad para nosotros, pues ya las hemos encontrado con frecuencia al tratar de la conjugación de los verbos. También los afijos están sometidos a pequeñas variaciones en su juntura con las raíces o con las bases primarias. Así, el sufijo *-amiento* que hemos señalado en *distanciamiento* toma la forma *-imiento* en *mantenimiento* y en *sufrimiento* (el sufijo es, en realidad, *-miento,* siendo *-amiento* e *-imiento* meras variantes suyas); el sufijo *-ción,* que hemos visto en *extracción,* toma la forma *-ación* en *iluminación,* e *-ición* en *expedición;* el sufijo *-ito,* que aparece en *barquito,* toma la forma *-cito* en *jardincito,* *-ecito* en *pececito,* *-cecito* en *piececito;* el prefijo *ob-,* que figura en *obtener,* toma la forma *o-* en *oponer.* En unos casos la elección de una u otra forma (como en el caso de la alternativa *-amiento/-imiento, -ación/-ición* y otras semejantes) obedece a la relación con un verbo en *-ar* o con un verbo en *-er* o *-ir;* en otros casos (como el de *-ito/-cito/-cecito* o el del prefijo *ob-/o-*) depende de razones puramente fonéticas; por último, otras veces (como en *extracción)* la explicación es solo de tipo histórico.

14.2.4.   *Sufijos significativos y apreciativos*

Aunque, según hemos dicho, todos los afijos modifican y concretan en un determinado sentido la idea general contenida en la raíz, esta modificación puede efectuarse en dos dimensiones diferentes. Comparemos, por ejemplo, el contenido de los sufijos que hay en las palabras *cantante* y *jardincito.* El sufijo *-ante* significa «el que hace [lo que la raíz expresa]», esto es, expone una noción que se añade a la noción expuesta en la raíz; en cambio, el sufijo *-cito* denota una idea cuantitativa (cantidad, intensidad o tamaño) de lo significado por la raíz, o una actitud afectiva del que habla ante el objeto significado. En sufijos como *-ante* se modifica el significado de la raíz de una

manera muy precisa: lo que era solo «la acción de cantar»
se convierte en «el que hace la acción de cantar». Con
sufijos como -*cito* la modificación es superficial, no afecta
sustancialmente a lo significado por la raíz: lo que era un
«jardín» sigue siendo un «jardín», sólo que ahora decimos
que es «pequeño» *(El colegio tiene un jardincito)* o que es
«querido» *(Echo de menos mi jardincito)*. Llamaremos *significativos* a los sufijos del primer tipo, y *apreciativos* a los
del segundo. Los primeros convierten una palabra en otra
distinta, incluso en una palabra de distinta clase; con los
segundos la palabra sigue siendo la misma, y el empleo de
ellos obedece a la voluntad libre del que habla *en ese
momento*.

14.2.5. *Apreciativos: diminutivos, aumentativos,
despectivos, superlativos*

Los sufijos apreciativos denotan unas veces tamaño (en
los nombres) o intensidad (en los adjetivos y adverbios):
piedrecita, «piedra pequeña»; *poquito,* «bastante poco».
Otras veces, unida o no a las ideas anteriores, expresan
una actitud personal del hablante con respecto a lo que
menciona: *suavecito,* «gratamente suave»; *grandón,* «des-
garbadamente grande». Según los conceptos de tamaño y
de intensidad, sin duda más «palpables» que las impresio-
nes subjetivas, los sufijos apreciativos suelen dividirse en
diminutivos y *aumentativos*. Los primeros aportan a la
base la idea de «pequeño» o «escaso», y con esta idea
suele ir unida la expresión del afecto o del interés del
hablante: *mi hermanito* puede significar no solo «mi hermano pequeño», sino al mismo tiempo «mi hermano, a
quien tengo cariño»; y a menudo esta expresión puede
dominar y borrar la otra: *mi mujercita* no es ya «mi pequeña mujer», sino «mi querida mujer». Otras veces el sentimiento acompañante es el desprecio; así, -*ete,* que en

amiguete denota una actitud entrañable, resulta despectivo en *vejete; -illo,* que suele ser cariñoso en *chiquillo,* manifiesta desprecio en *abogadillo.* Hay sufijos en que es esta noción de desprecio o de burla la única que cuenta, por lo cual suelen ser llamados *despectivos: libr-aco, bod-orrio.* En algunos casos el sufijo diminutivo, pese a su nombre, es intensificador: *me levanté tempranito* significa que «me levanté bien temprano» [1].

En cuanto a los aumentativos, la idea que aportan a la base es la de «grande» o «excesivo», habitualmente unida a la expresión de escasa simpatía —repulsa o burla— por parte del hablante hacia lo que menciona. Por eso a estos sufijos también les cuadra la denominación de *despectivos* que acabamos de citar para algunos usos de los diminutivos.

Dentro de los apreciativos hay que incluir el sufijo *-ísimo,* propio de adjetivos, que expresa intensidad: *facilísimo,* «muy fácil»; *utilísimo,* «muy útil»; *violentísimo,* «muy violento». También es aplicable a algunos adverbios: *muchísimo, poquísimo, tardísimo, prontísimo, lejísimos, cerquísima;* y, naturalmente, a buena parte de los adverbios compuestos de adjetivo + *-mente: facilísimamente, malísimamente* (como se ve, el sufijo se aplica en estos casos al componente adjetivo en su forma femenina). Estos adjetivos y adverbios se dice que están en forma *superlativa.* Los adjetivos terminados en *-ble* sufren una ligera transformación al recibir este sufijo, y es la intercalación de *-i-* entre las dos consonantes *-bl-: amabilísimo, sensibilísimo.* Unos

---

[1] Algunas regiones muestran preferencia por un determinado sufijo diminutivo: *-in* es típico de Asturias; *-ino,* de Extremadura; *-iño,* de Galicia; *-uco,* de Santander; *-illo,* de Sevilla; *-ico,* de Granada, Aragón y Navarra. En las Antillas, Colombia y Venezuela, *-ico* sustituye a *-ito* cuando precede *-t-: gatico, zapatico.*

pocos adjetivos —*acre, pulcro, célebre, pobre, íntegro, míse-ro, libre*— tienen su forma superlativa en -*érrimo: acérrimo, pulquérrimo, celebérrimo, paupérrimo, integérrimo, misérri-mo, libérrimo;* pero el uso de estas formas es exclusivo de la lengua culta.

Conviene observar que muchas veces el sufijo apreciativo deja de ser empleado como tal, es decir, como expresión libre del punto de vista del hablante, y se convierte en un sufijo significativo, que aporta un elemento de significado por el cual una palabra se hace diferente de otra. Así como *casita* y *casa* designan un mismo objeto, *caseta* ya es algo diferente de una «casa»; designa un objeto distinto y es una palabra distinta. Lo mismo vemos en *mesa* y *mesi-lla, torno* y *tornillo, libro* y *libreta, silla* y *sillón, camisa, camiseta* y *camisón, cama* y *camilla, caja* y *cajón.* El carácter significativo de estos sufijos no impide que se añadan a ellos, después, sufijos verdaderamente apreciativos: *ca-setita, tornillín, silloncito.*

14.2.6. *Prefijos significativos y apreciativos*

También existen prefijos significativos y apreciativos. Ejemplos de los primeros tenemos en *extra-ordinario, des--montar, ante-poner;* de los segundos, en *super-famoso, archi-conocido, requete-guapa.* Puede ocurrir que en distintos casos un mismo prefijo actúe de una u otra manera, como *extra-,* que es significativo en *extraoficial* («fuera de lo oficial») y apreciativo en *extraplano* («sumamente plano»); en la palabra *superproducción* el prefijo *super-* es significativo en unas ocasiones («producción excesiva», en términos económicos), y en otras es apreciativo («producción importante», refiriéndose a una película).

1. Principales prefijos

a) Significativos

A-, «aproximación, unión»: *atraer;* «asimilación de una cualidad o estado»: *agitanar.*

A-, AN-, «privación, negación»: *asimétrico, anovulatorio.*

ANTE-, «anterioridad»: *anteponer.*

ANTI-, «oposición»: *anticlerical.*

CIRCUN-, CIRCUM-, «posición o movimiento alrededor»: *circunvecino, circumpolar.*

CON-, COM-, CO-, «compañía, asociación»: *consocio, compadre, coautor.*

CONTRA-, «oposición»: *contraataque.*

DES-, DE-, «privación, negación»: *deshacer, devaluar.*

DIS-, «privación, negación»: *disconforme.*

EN-, EM-, «interioridad»: *encestar;* «adquisición de un objeto, una cualidad o un estado»: *enflaquecer, empapelar.*

ENTRE-, «situación intermedia»: *entreplanta.*

EX-, «dirección hacia fuera»: *extraer;* «cesación» (suele escribirse separado del segundo elemento): *ex ministro.*

EXTRA-, «situación exterior»: *extraoficial.*

HIPER-, «superioridad, exceso»: *hipersensible.*

HIPO-, «inferioridad, defecto»: *hipotensión.*

IN-, IM-, I-, «negación»: *intocable, impago, irregular;* «lugar en donde»: *imponer.*

INFRA-, «inferioridad, defecto»: *infradotado.*

INTER-, «situación intermedia, interioridad»: *internacionalidad.*

INTRA-, «interioridad»: *intramuscular.*

POS-, POST-, «posterioridad»: *posponer, postventa.*

PRE-, «anterioridad»: *preconciliar.*

PRO-, «situación anterior»: *prohombre;* «tendencia»: *prochino.*

RE-, «repetición»: *reconsiderar.*

RETRO-, «dirección hacia atrás»: *retropropulsión.*

SOBRE-, «superioridad, exceso»: *sobrecarga.*

SUB-, «inferioridad, defecto»: *subdesarrollado.*

SUPER-, «superioridad, exceso»: *superponer.*

SUPRA-, «situación más arriba»: *supranacional.*

TRANS-, TRAS-, «situación al otro lado»: *transatlántico, trasponer.*

ULTRA-, «situación más allá»: *ultraderechista.*

b) Apreciativos

ARCHI-: *archifamoso.*

EXTRA-: *extraplano.*

RE-, REQUETE-: *rebonita, requeteguapa.*

SUPER-: *superbarato.*

2. Principales sufijos

Van entre corchetes las variantes de los sufijos. En los sufijos de adjetivos (o de nombres) y de verbos van entre paréntesis los formantes de género y de conjugación, respectivamente.

a) Significativos

I. DE NOMBRES

Significado fundamental: «cualidad».

-ANZA: *templanza.*
-DAD [-EDAD, -IDAD]: *crueldad, zafiedad, curiosidad.*
-ERÍA: *tontería.*
-EZ: *brillantez.*
-EZA: *bajeza.*
-ÍA: *valentía.*
-ISMO: *oportunismo.*
-NCIA [-ANCIA, -ENCIA]: *repugnancia, clemencia.*
-OR: *dulzor.*
-URA: *locura.*

Significado fundamental: «acción».

-A: *muda.*
-AJE: *aterrizaje.*
-ANZA: *cobranza.*
-ATORIA: *eliminatoria.*
-AZO: *cabezazo.*
-CIÓN [-ACIÓN, -ICIÓN]: *oración, perdición.*
-DA [-ADA, -IDA]: *sentada, palmada, salida.*
-DO [-ADO, -IDO]: *planchado, pedido, chillido.*
-DURA [-ADURA, -EDURA, -IDURA]: *chifladura, barredura, añadidura.*
-E: *empuje.*
-ERA: *llorera.*
-MIENTO [-AMIENTO, -IMIENTO]: *pensamiento, sentimiento.*
-NCIA [-ANCIA, -ENCIA]: *vagancia, asistencia.*
-O: *canto.*
-ÓN: *tirón.*
-OR: *temblor.*
-URA: *rotura.*

→

Significado fundamental: «el que hace la acción».

-ADERA: *regadera.*

-ANDER(O): *curandero, lavandera.*

-DOR [-ADOR, -EDOR, -IDOR]: *fiador, lavadora, proveedor, encendedor, oidor.*

-NTE [-ANTE, -IENTE]: *amante, escribiente.*

-ÓN: *mirón.*

Significado fundamental: «persona relacionada con».

-ARI(O): *secretario.*

-ER(O): *librero.*

-ISTA: *estuquista, falangista.*

Significado fundamental: «lugar».

-ARIO: *campanario.*

-DERO [-ADERO, -EDERO, -IDERO]: *fregadero, comedero, hervidero.*

-DOR [-ADOR, -EDOR, -IDOR]: *cenador, comedor, recibidor.*

-DURÍA [-ADURÍA, -EDURÍA, -IDURÍA]: *pagaduría, expendeduría, freiduría.*

-ERÍA: *zapatería.*

-ERA: *papelera.*

-ERO: *cenicero.*

-TORIO [-ATORIO, -ITORIO]: *sanatorio, dormitorio.*

Significado fundamental: «conjunto».

-ADA: *muchachada.*

-ADO: *alumnado.*

-AJE: *cortinaje.*

-AMEN: *maderamen.*

-AR, -AL: *pinar, arenal, centenar.*

-EDA: *alameda.*

-EDO: *robledo.*

-ENA: *docena.*

-ERÍO: *caserío.*

-ÍO: *mujerío.*

-MENTA [-AMENTA, -IMENTA]: *cornamenta, impedimenta.*

Significado fundamental: «ciencia o técnica».

-ICA (átono): *poética, astronáutica.*

-ÍSTICA: *estilística, balística.*

→

II. DE ADJETIVOS.

Significado fundamental: «relativo a».

-AL, -AR: *ministerial, familiar.*

-AN(O), -IAN(O): *americano, urbano, machadiano.*

-ARI(O): *fraccionario.*

-ENSE: *melillense.*

-EÑ(O): *velazqueño.*

-ER(O): *faldero.*

-ÉS: *irlandés.*

-ESC(O): *novelesco.*

-Í: *israelí.*

-IC(O) (átono): *volcánico.*

-IL: *concejil.*

-IN(O): *isabelino.*

-ISTA: *partidista.*

-OS(O): *seboso.*

-TIV(O) [-ATIV(O), -ITIV(O)]: *comparativo, competitivo.*

-TORI(O) [-ATORI(O), -ETORI(O), -ITORI(O)]: *compensatorio, supletorio, inhibitorio.*

-UN(O): *perruno.*

Significado fundamental: «que posee una cosa o tiene semejanza con ella».

-D(O) [-AD(O), -ID(O), -IDIZ(O)]: *anaranjado, dolorido.*

-IENT(O): *hambriento.*

-IZ(O): *enfermizo.*

-ÓN: *barrigón, cincuentón.*

-UD(O): *barrigudo.*

Significado fundamental: «que hace la acción».

-DIZO [-ADIZ(O), -IDIZ(O)]: *resbaladizo, movedizo, huidizo.*

-DOR [-ADOR, -EDOR, -IDOR]: *madrugador, cumplidor.*

-NTE [-ANTE, -ENTE, -IENTE]: *estimulante, sorprendente, perteneciente.*

-ÓN: *llorón.*

-OS(O): *estudioso.*

Significado fundamental: «que puede sufrir la acción».

-BLE [-ABLE, -IBLE]: *deseable, creíble.*

-DERO [-ADER(O), -EDER(O), -IDER(O)]: *pasadero, hacedero, venidero.*

→

III. DE VERBOS

-E(AR): *bromear.*
-EC(ER): *entontecer.*
-IFIC(AR): *electrificar.*
-IZ(AR): *sovietizar.*

b) Apreciativos

I. DE NOMBRES Y ADJETIVOS.

1. Diminutivos. (Pueden denotar pequeño tamaño o intensidad, o aprecio, o desprecio, hacia lo mencionado.)

-IT(O), -CIT(O), -ECIT(O), -CECIT(O): *calentito, jovencito, pe-
cecito, piececito.*
-ILL(O), -CILL(O), -ECILL(O), -CECILL(O): *papelillo.*
-IC(O), -CIC(O), -ECIC(O), -CECIC(O): *apuradico.*
-UEL(O), -ZUEL(O), -EZUEL(O), -CEZUEL(O): *pequeñuelo.*
-ÍN, -CÍN, -ECÍN, -CECÍN: *estupidín.*
-ETE: *vejete.*
-ATO: *lebrato, niñato.*
-EZNO: *osezno.*
-AC(O), -AJ(O): *libraco, pequeñajo.*
-EJ(O): *malejo.*
-UC(O), -UJ(O), -US(O), -UZ(O), -UCH(O), -USC(O), -UZC(O):
*mujeruca, pequeñuso, gentuza, papelucho, aguilucho,
parduzco.*
-ORRO, -ORRIO: *ventorro, bodorrio.*

-ito, -illo, -ico pueden unirse también a algunos adverbios
y gerundios: *despacito, callandico, poquillo, mismito, an-
dandito,* etc.

2. Aumentativos. (Pueden denotar gran tamaño o intensidad, o repulsa o burla hacia lo mencionado.)

-ÓN: *grandón, novelón.*
-AZ(O): *animalazo.*
-OTE: *amigote, bobote.*

II. DE ADJETIVOS Y ADVERBIOS. (Denotan intensidad.)

-ÍSIM(O): *altísimo, tardísimo.*

III. DE VERBOS. (Denotan desprecio o burla.)

-ORRE(AR), -URRE(AR): *chismorrear, canturrear.*
-OTE(AR): *gimotear, bailotear.*
-UQUE(AR): *besuquear.*

14.3. Palabras compuestas

14.3.1.

Una palabra puede estar constituida, seg..
hasta ahora, por una simple base (p. ej., *bien)* ..
base seguida de un formante (p. ej., *bueno, salimos,*
base puede consistir solo en una raíz (p. ej., *hombre)* o en
una raíz acompañada de uno o más afijos (p. ej., *volador,
antirreumátic-o).*

Pero también puede ocurrir que la base esté formada
por la suma de dos o más raíces, bases o palabras: *sacacorchos, boquiabierto, correveidile.* En este caso se habla de
palabras compuestas. La suma de los significados de los
componentes da lugar entonces a un significado nuevo, el
de la palabra compuesta, distinto de los anteriores. Naturalmente, una palabra compuesta puede tomarse como
base primaria para aplicarle un sufijo; por ejemplo, de
Hispanoamérica, hispanoamericano.

Son dos los principales procedimientos por los que se
forman palabras compuestas. Uno es la simple suma de
los componentes: *pasodoble (paso + doble), sacacorchos
(saca + corchos), motocarro (moto + carro).* No siempre
estas palabras compuestas están escritas como una sola
palabra; con frecuencia se intercala un guión entre los
componentes: *casa-cuna, hombre-rana, mueble-cama.* Son
casos en que la unión no está consolidada, como lo demuestra, en los plurales, la presencia del formante en
el primer elemento: *casas-cuna, hombres-rana, muebles-
cama.* Lo mismo en otros ejemplos en que la escritura vacila entre el guión y la separación: *coche-cama* o *coche
cama, café-teatro* o *café teatro* (plurales: *coches(-)cama(s),
cafés(-)teatros).* Hay casos, sin embargo, en que, a pesar
de la conservación del formante para el primer elemento,
se escribe el compuesto como una sola palabra: *guardia-*

...arina (pl. *guardiasmarinas*), *medianoche* («emparedado»: plural *mediasnoches*), *hijodalgo* (pl. *hijosdalgo*), *gentilhombre* (pl. *gentileshombres*). En los nombres propios de lugar es muy corriente mantener separada la escritura de los dos componentes: *Ciudad Real, Costa Rica, Santa Cruz;* pero esta separación deja de existir en los derivados: *ciudadrealeño, costarricense, santacruceño / santacrucero / santacruzano.*

14.3.2.   *Raíces prefijas*

El otro procedimiento por el que se forman palabras compuestas es la adaptación del primer componente a una forma especial para esta clase de combinaciones: *agrio* se convierte en *agr- (agridulce); blanco,* en *blanqui- (blanquiazul); rojo,* en *roji- (rojiblanco); rostro,* en *rostri- (rostrituerto); mano,* en *mani- (manirroto),* etc. Estas formas especialmente previstas para actuar como primer elemento en una composición son las *raíces prefijas.* Es muy frecuente que estas se formen, no mediante la adaptación de una palabra viva del idioma, sino recurriendo a palabras desusadas de origen grecolatino o a verdaderas palabras griegas y latinas; así, la raíz prefija correspondiente a «español» es *hispano- (hispanofrancés);* la de «alemán», *germano- (germanosoviético);* la de inglés», *anglo- (angloamericano);* la de «nuevo», *neo- (neofascista);* la de «falso», *seudo- (seudoliberal),* etc.

14.3.3.   *Raíces sufijas*

También las palabras griegas y latinas, dotadas de terminación adecuada, son utilizadas como componente final de las palabras compuestas; en este caso se llaman *raíces sufijas.* Igual que las palabras formadas con raíces prefijas, son innumerables en la lengua moderna las formadas con raíces sufijas. Entre las más usuales de estas figuran

-filo («amigo»: *hispanófilo, rusófilo), -fobo* («enemigo»: *hidrófobo), -logía* («tratado» o «estudio»: *geología), -grafía* («descripción»: *biografía), -dromo* («pista»: *velódromo), -forme* («que tiene forma»: *filiforme), -voro* («que come»: *carnívoro).* Por medio de una raíz sufija de origen latino *-mente,* que significa «de manera», se han formado, y se forman a diario, numerosísimos adverbios: *absolutamente, primeramente, completamente, fríamente, anteriormente, posiblemente,* etc. [2]

14.3.4. *Raíces afijas por corte*

A veces la lengua crea raíces afijas al margen del arsenal clásico. Puede hacerlo tomando, mediante un corte arbitrario, un par de sílabas del comienzo o del fin de aquella palabra que, por su significado, se toma como germen de toda una familia de compuestos. Esto ocurre con *mellizos,* de donde se ha desgajado una artificial raíz sufija *-llizos* con la que se ha montado toda la serie *trillizos, cuatrillizos, quintillizos, sextillizos, septillizos, octillizos* (nótese, por otra parte, que no son muy homogéneos en esta serie los elementos prefijos). A menudo el procedimiento está apoyado por la existencia previa de una apócope (v. apartado

---

[2] En su origen fueron locuciones adverbiales formadas por un adjetivo que se unía al nombre femenino *mente;* por esta razón todos estos adverbios tienen como primer componente un adjetivo en forma femenina. La constitución «adjetivo + nombre» de tales adverbios no está totalmente olvidada en la lengua actual, pues cuando aparecen en la frase dos de estos adverbios seguidos, el elemento *-mente* solo se enuncia una vez, unido al segundo adjetivo: *Lo redactaron rápida y correctamente* (como solo se enuncia una vez el nombre *modo* si decimos *Lo redactaron de modo rápido y correcto).* Recordemos también, como prueba de lo mismo, que estos adverbios tienen dos acentos, uno en el adjetivo y otro en el nombre: *primeramente* /priméra-ménte/.

1. Principales raíces prefijas

AERO-, «aire»: *aeropuerto.*

ANFI-, «ambos»: *anfibio.*

ANTROPO-, «hombre»: *antropología.*

AUTO-, «mismo»: *automóvil.*

BI-, «dos»: *birreactor.*

BIO-, «vida»: *biología.*

CARDIO-, «corazón»: *cardiopatía.*

CEFALO-, «cabeza»: *cefalópodo.*

CENTI-, «centésima parte»: *centímetro.*

CINEMATO-, «movimiento»: *cinematógrafo.*

COSMO-, «universo»: *cosmonave.*

CRONO-, «tiempo»: *cronómetro.*

CUATRI-, «cuatro»: *cuatrimestre.*

DECA-, «diez»: *decámetro.*

DECI-, «décima parte»: *decímetro.*

DEMO-, «pueblo»: *democracia.*

DODECA-, «doce»: *dodecaedro.*

ENDECA-, «once»: *endecasílabo.*

ENEA-, «nueve»: *eneágono.*

FONO-, «sonido»: *fonología.*

FOTO-, «luz»: *fotografía.*

GASTRO-, «estómago»: *gastronomía.*

GEO-, *«tierra»: geología.*

HECTO-, «ciento»: *hectómetro.*

HELIO-, «sol»: *helioterapia.*

HEMATO-, HEMO-, «sangre»: *hemorragia.*

HEMI-, «medio»: *hemiciclo.*

HEPATO-, HEPAT-, «hígado»: *hepatitis.*

HEPTA-, «siete»: *heptágono.*

HETERO-, «otro»: *heterodoxo.*

HEXA-, «seis»: *hexágono.*

HIDRO-, «agua»: *hidroterapia.*

HISTO-, «tejido»: *histología.*

HOMEO-, HOMO-, «semejante»: *homólogo.*

ISO-, «igual»: *isotermo.*

KILO-, «mil»: *kilómetro.*

MACRO-, «grande»: *macrocéfalo.*

MAXI-, «grande»: *maxifalda.*

MEGALO-, MEGA-, «grande»: *megáfono;* «un millón»: *megavatio.*

MICRO-, «pequeño»: *microscopio;* «millonésima parte»: *microfaradio.*

MILI-, «milésima parte»: *milímetro.*

MINI-, «pequeño»: *minifundio.*

MINUS-, «menos»: *minusválido.*

MIRIA-, «diez mil»: *miriámetro.*

MONO-, MON-, «uno»: *monoplaza, monarca.*

MULTI-, «muchos»: *multirreincidencia.*

NECRO-, «muerto»: *necrópolis.*

NEO-, «nuevo»: *neofascista.*

NEURO-, «nervio»: *neurología.*

OCTA-, OCTO-, «ocho»: *octaedro.*

OFTALMO-, «ojo»: *oftalmología.*

OLIGO-, OLIG-, «poco»: *oligarquía.*

OMNI-, «todo»: *omnipotente.*

OTO-, «oído»: *otosclerosis.*

PANTO-, PAN-, «todo»: *paneuropeo.*

PENTA-, «cinco»: *pentágono.*

PLURI-, «varios»: *pluriempleo.*

PLUS-, «más»: *plusvalía.*

POLI-, «muchos»: *polifonía.*

PROTO-, «primero»: *protohistoria.*

PSICO-, «mente»: *psicología.*

SEMA-, «signo»: *semáforo.*

SEMI-, «medio»: *semiautomático.*

SEUDO-, «falso»: *seudoprofeta.*

TELE-, «lejos»: *teléfono.*

TERMO-, «calor»: *termómetro.*

TETRA-, «cuatro»: *tetramotor.*

TOPO-, «lugar»: *topografía.*

TRI-, «tres»: *trípode.*

UNI-, «uno»: *unicelular.*

XENO-, «extranjero»: *xenofobia.*

ZOO-, «animal»: *zoología.*

2. Principales raíces sufijas

En los casos en que aparecen juntas dos formas, seguidas de la significación, la primera de estas formas expresa el «fenómeno» y la segunda el «agente» o el «poseedor» de ese fenómeno.

-ALGIA, «dolor»: *neuralgia.*
-ARQUÍA, -ARCA, «gobierno»: *monarquía, monarca.*
-CEFALIA, -CÉFALO, «cabeza»: *acefalia, acéfalo.*
-CIDIO, -CIDA, «acción de matar»: *homicidio, homicida.*
-CRACIA, -CRATA, «gobierno»: *democracia, demócrata.*
-CRONÍA, -CRONO, «tiempo»: *isocronía, isócrono.*
-EDRO, «plano»: *diedro.*
-EMIA, «sangre»: *leucemia.*
-FAGIA, -FAGO, «acción de comer»: *antropofagia, antropófago.*
-FERO, «que produce»: *petrolífero.*
-FILIA, -FILO, «amistad»: *hispanofilia, hispanófilo.*
-FOBIA, -FOBO, «enemistad»: *claustrofobia, claustrófobo.*
-FONÍA, -FONO, «sonido»: *telefonía, teléfono.*
-FORME, «que tiene forma»: *filiforme.*
-GAMIA, -GAMO, «matrimonio»: *poligamia, polígamo.*
-GENIA, -GENO, «origen»: *orogenia, patógeno.*
-GONO, «ángulo»: *polígono.*
-GRAFÍA, -GRAFO, «trazado, escritura»: *tipografía, tipógrafo.*
-IATRÍA, -IATRA, «medicina»: *psiquiatría, psiquiatra.*
-LATRÍA, -LATRA, «adoración»: *egolatría,ególatra.*
-LOGÍA, -LOGO, «estudio»: *teología, teólogo.*
-MANÍA, -MANO, «locura»: *dipsomanía, dipsómano.*
-METRÍA, -METRO, «medida»: *termometría, termómetro.*
-MORFO, «que tiene forma»: *amorfo.*
-NOMÍA, -NOMO, «ley»: *autonomía, autónomo.*
-ONIMIA, -ÓNIMO, «nombre»: *toponimia, topónimo.*
-PATÍA, -PATA, «enfermedad»: *cardiopatía, cardiópata.*
-PODE, «que tiene pies»: *trípode.*
-PODO, «que tiene pies»: *miriápodo.*
-PTERO, «que tiene alas»: *díptero.*
-RAGIA, «derrame»: *hemorragia.*
-SCLEROSIS, «endurecimiento»: *arteriosclerosis.*
-SCOPIO, «instrumento para ver»: *telescopio.*
-TERAPIA, «curación»: *balneoterapia.*
-TOMÍA, «división»: *anatomía.*
-VORO, «que come»: *hervíboro.*
-ZOO, «animal»: *protozoo.*

siguiente), como vemos en *auto-* (de *automóvil),* *cine-* o *cinema-* (de *cinematógrafo), radio-* (de *radiotelefonía), tele-* (de *televisión),* que crean compuestos como *autotaller, autopista, autoescuela, cineclub, cinemateca, radiopatrulla, radioaficionado, telediario, telespectador.* Se forma así un grupo de raíces prefijas idénticas a otras tradicionales, y nacidas de palabras que se habían construido con estas; por ello no debe confundirse el *auto-* («mismo») que figura en *autoservicio* con el *auto-* («automóvil») de *autopista,* ni el *tele-* («lejos») que aparece en *teléfono* con el *tele-* («televisión») de *telecomedia,* etc. En el caso de *-bus,* la conversión de la última sílaba de *autobús* en raíz sufija —ejemplos: *microbús, bibliobús, aerobús*— está favorecida por la existencia de la aféresis *bus* (préstamo del inglés) que se usa sobre todo en señalizaciones de tráfico como *Solo bus,* aparte del decisivo influjo del modelo *trolebús* (calcado del inglés *trolley-bus).*

14.4. Acortamientos

14.4.1. *Apócope*

Al tratar de los adjetivos (§ 11.3.5) vimos cómo hay algunos que, en determinada posición, pierden uno o más fonemas al final: *un* GRAN *espectáculo, el* BUEN *samaritano, el* TERCER *hombre, en* NINGÚN *sitio.* Esta pérdida —*apócope*— es «obligatoria», se realiza siempre que se dan las circunstancias que en cada adjetivo señalábamos; no es normal decir NINGUNO *sitio,* TERCERO *hombre,* BUENO *samaritano,* GRANDE *espectáculo* (aunque en otros tiempos esta última forma sí era posible). Lo mismo ocurre con ciertos adverbios (§ 12.2.2).

La apócope existe también en los nombres, pero con un carácter distinto, pues no está condicionada por la posición. Lo que con más frecuencia la favorece es la longitud de la palabra. Las palabras de cuatro, cinco o más sílabas son las más sometidas a este acortamiento: *cinematógrafo* se reduce a *cine; fotografía*, a *foto; metropolitano*, a *metro; taxímetro*, a *taxi; motocicleta*, a *moto; radiotelefonía*, a *radio; kilogramo*, a *kilo; endocrinólogo*, a *endocrino; otorrinolaringólogo*, a *otorrino*. Lo corriente es oír estas palabras en la forma apocopada, no en la plena, la cual, para algunas de ellas *(metropolitano, taxímetro, radiotelefonía)*, solo se usa en el solemne lenguaje administrativo. En otros casos, la apócope es menos general, ya que se da solo en el habla informal, familiar, más o menos íntima: *micro* por *microbús* (o por *micrófono), tele* por *televisión, bachiller* por *bachillerato, vice* por *vicepresidente, secre* por *secretario, poli* por *policía, ridi* por *ridículo, mili* por *milicia*. A menudo se produce también la apócope, como forma de confianza, en nombres propios de persona: *Asun* por *Asunción, Fede* por *Federico, Feli* por *Felicidad, Rafa* por *Rafael, Tere* por *Teresa*.

14.4.2. *Aféresis*

También al habla familiar pertenece otra forma de acortamiento, mucho más rara, que consiste en la supresión de fonemas iniciales *(aféresis): chacha* por *muchacha, Tina* por *Martina* o *Agustina, Nando* por *Fernando*.

14.5. Locuciones y perífrasis

14.5.1. *Locuciones*

Decíamos al principio del capítulo 6 que la frase es una cadena constituida por una serie de eslabones recambiables todos, que se pueden desmontar y combinar de otra manera, entre sí o con otros eslabones, para formar una cadena nueva; y que esos eslabones, caracterizado cada uno por una forma, un significado y un funcionamiento determinados, se llaman *palabras*. Al decir «funciona-miento» nos referíamos a una función en la frase, es decir, al papel de núcleo del sujeto, núcleo del predicado, com-plemento del sujeto, complemento del predicado, enlace; o también a una función al margen de la frase, como es la de la interjección.

Las palabras compuestas, que hemos visto en § 14.3, se ajustan perfectamente a los caracteres señalados y son, por tanto, «palabras» con todo derecho. Hay un sector de ellas —las constituidas por una raíz prefija y una raíz sufija, como *psiquiatra, hemorragia, megáfono*— cuyos componentes pueden separarse y combinarse con otros distintos —p. ej., en *psicastenia, megavatio, otorragia*—, pero normalmente no pueden «funcionar» en la oración (no puede decirse un *psic,* ni un *iatra,* ni una *ragia...*). En otro grupo de palabras compuestas —el de aquellas cuyo primer componente es una raíz prefija, pero el segundo no es raíz sufija, como *filosoviético, neurocirugía*—, además de poder separarse sus componentes y combinarse con otros distintos —p. ej., en *filosofía, neurólogo*—, el segundo de ellos es capaz de «funcionar» por sí solo en la oración (se puede decir, p. ej., *el equipo* SOVIÉTICO, CIRUGÍA *estética).* Por último, en otro sector de palabras compuestas —las constituidas por simple suma de otras dos, p. ej., *pasodo-ble, gentilhombre*—, los dos componentes son perfectamen-te separables y capaces de «funcionar» en la frase (se puede decir *dar un* PASO, *distancia* DOBLE, *la* GENTIL *figura, todo un* HOMBRE). Y dentro de este último grupo no es rara la grafía con guión intermedio *(hombre-rana)* o incluso con separación *(hombre rana).*

Pues bien, con esta serie de palabras compuestas presentan indudable parentesco ciertos grupos habituales de palabras, escritas separadamente, pero cuya agrupación tiene unidad de significado: *el* HOMBRE DE LA CALLE, *el* AYUDA DE CÁMARA, *un* POBRE DIABLO, *un* MUERTO DE HAMBRE, *el* PIE DE REY (instrumento para medir), son muestras de estas secuencias, llamadas *locuciones,* que tienen derecho a ser consideradas como una modalidad especial de palabras compuestas, ya que poseen una forma fija (no podría decirse, sin alterar el significado, *el hombre de calle,* o *de las calles,* o *de esta calle),* un significado preciso (que habitualmente no es la suma de los significados de los componentes) y una determinada función en la oración (que, en los ejemplos citados, es la de sustantivo); y, al mismo tiempo, cada uno de sus componentes es separable y, una vez separado, capaz de funcionar por su cuenta en la oración.

Las locuciones pueden desempeñar diferentes funciones. Las que hemos puesto como ejemplos tienen función de sustantivos, por lo que se denominarán *locuciones sustantivas.* Ya hemos hablado en otros capítulos —8 y 13— de *locuciones adverbiales* (p. ej., *tal vez, de veras, sin embargo)* y de *locuciones prepositivas* (p. ej., *antes de, delante de, junto a, en cuanto a),* y, aunque sin darles nombre, también hemos visto —capítulos 9 y 13— *locuciones conjuntivas* (p. ej., *con tal que, tan pronto como, a fin de que, si bien)* y *locuciones interjectivas* (p. ej., *¡maldita sea!, ¡Dios mío!).* Hay que añadir las *locuciones adjetivas* (p. ej., *Un vestido* AZUL CELESTE, *Es un médico* DE PEGA, *Gana un sueldo* DE MIEDO, *Un hombre* PARA ECHARSE A TEMBLAR) y las *verbales (no tener dónde caerse muerto, no fiarse ni de su sombra, echar una cana al aire, pasar por carros y carretas).*

14.5.2.   *Perífrasis verbales*

Al lado de las locuciones verbales, pero sin identificar-
las con ellas, debemos recordar las *perífrasis verbales,*
construcciones formadas por dos verbos con o sin palabra
de enlace interpuesta, de los cuales el primero está normalmente en una forma personal (esto es, con formante
de persona) y el segundo está necesariamente en una forma no personal (infinitivo, gerundio o participio); p. ej.,
tengo que salir. La diferencia entre perífrasis y locuciones
verbales está: 1.°, en que, mientras cada locución tiene una
constitución fija e inalterable, las perífrasis tienen siempre
un elemento recambiable, que es la forma no personal; así,
la perífrasis puede ser *tengo que* SALIR, o *tengo que* ESTU-
DIAR, o *tengo que* ESPERAR, o *tengo que* DECIR..., esto es,
tengo que + cualquier infinitivo; 2.°, en que, así como una
locución «crea» un significado nuevo propio de la combinación de los elementos que la componen (en lo cual se
asemeja a las palabras compuestas), una perífrasis no crea
nada, «modifica», tan solo, el significado de uno de los
componentes, que es la forma no personal (en lo cual se
asemeja a las palabras con afijos apreciativos). En efecto,
en *tengo que salir,* o en *tengo que esperar,* los significados
«salir» y «esperar» se mantienen intactos; lo único que
ocurre es que no se enuncia el «hecho» de esos significados (que sería *salgo, espero),* sino la «necesidad» o la
«obligación» de tal hecho. La modificación del significado
del segundo verbo es lo que en las perífrasis aporta el
verbo primero.

He aquí otros ejemplos de perífrasis verbales:

> VOY A DEJAR *este trabajo. (Ir a* + infinitivo expresa «in-
> tención» o «acción futura».)
>
> SE PUSO A CONTAR *chistes sin parar. (Ponerse a* + infiniti-
> vo, «comienzo».)

Los admitidos VENÍAN A SER *una docena. (Venir a +* infinitivo, «aproximación».)

HAS DE SABER *que te buscan. (Haber de +* infinitivo, «obligación» o «necesidad».)

HAY QUE ESPERAR *unos días. (Haber* [impersonal] *que +* infinitivo, «necesidad».)

El lunes TENGO QUE IR *al dentista. (Tener que +* infinitivo, «obligación» o «necesidad».)

Esto DEBE DE SER *cosa de Felipe. (Deber de +* infinitivo, «probabilidad».) [3]

Las Cortes ESTÁN DISCUTIENDO *una nueva ley. (Estar +* gerundio, «acción continuada».)

Es característico de muchas perífrasis verbales ser en ellas el verbo personal un verbo de significación «débil» (o «vacía», dicen los gramáticos), como *ser, estar, haber;* o de significación «debilitada», como *ir, venir, tener, ponerse, deber* —los cuales conservan aquí solo una vaga idea de su significado normal—. Hay un segundo tipo en el que el verbo personal conserva prácticamente su significado habitual, pero el verbo no personal va precedido de preposición, cosa que no ocurre cuando el verbo primero lleva un complemento sustantivo: HEMOS EMPEZADO A

---

[3] La construcción *deber de +* infinitivo se sustituye a menudo —cada vez más— por *deber +* infinitivo *(Esto* DEBE SER *cosa de Felipe),* con lo cual esta última construcción toma dos sentidos («obligación o necesidad», que es el suyo primitivo, y «probabilidad», que es el usurpado a *deber de +* infinitivo) y en ocasiones puede resultar ambigua: *Luis* DEBE ESTAR *en la oficina* tanto significaría «tiene que estar» como «probablemente está». La intromisión de *deber +* inf. en el terreno de *deber de +* inf. está favorecida por el hecho de que, con frecuencia, la expresión enfática de la probabilidad —o sea, la probabilidad «muy segura»— echa mano de la idea de necesidad, y así se dice, p. ej., *Esto* TIENE QUE SER *cosa de Felipe.*

ARREGLAR *la casa;* ACABAMOS DE COMER; *El gobernador
no* ALCANZÓ A VER *terminada su obra*[4].

14.5.3.   *Función y uso de las perífrasis*

Las perífrasis, igual que las locuciones verbales, tienen
naturalmente en la oración la misma función que un simple verbo. Todas las perífrasis que figuran en los ejemplos
tienen mucho uso en el habla por la riqueza de matices
que añaden a la expresión de la acción verbal; *ir a* +
infinitivo, por ejemplo, indica una acción futura que se ve
más inmediata al presente, o más viva, o más voluntaria,
que la expresada por el tiempo llamado futuro: tal es la
diferencia entre VAMOS A HACER *una excursión* y HARE-
MOS *una excursión; estar* + gerundio expone una acción
durativa (presente, pasada o futura) haciendo más patente
su «actualidad» y su vigencia que el simple tiempo verbal
durativo (presente, copretérito o futuro): compárese *No
me molestes, que* ESTOY ESTUDIANDO, con el frío (e inusitado en el hablar coloquial) *No me molestes, que* ESTUDIO.
Las dos construcciones citadas desplazan en muchísimos
casos, sobre todo en la lengua hablada, al «futuro» y al
«presente» puros, respectivamente, los cuales, por su parte, tienden a su empleo secundario con valor de presente
probable, el primero, y de futuro, el segundo (v. § 12.1.3).

Pero las perífrasis verbales más importantes son las
constituidas por *haber* + participio y *ser/estar* + participio. Las primeras son las que conocemos en la conjugación del verbo como «tiempos compuestos», y tienen la

---

[4] Suelen darse como perífrasis también las construcciones formadas
por *deber, poder, querer, saber* (llamados «verbos modales») + infinitivo.
Se trata solamente de verbos que tienen como complemento directo
habitual un infinitivo.

particularidad de que en ellas el participio es invariable: *he cantado, hemos cantado, había cantado, habréis cantado,* etc. (v. § 12.1.5). Las segundas forman las «construcciones pasivas»: *fue vencido, serán aceptadas,* etc. (v. § 8.8.5). A estas dos perífrasis podemos añadir *soler* + infinitivo *(Solíamos coincidir en la parada del autobús),* en que *soler,* en forma personal, es un verbo auxiliar que aporta al auxiliado, en infinitivo, un sentido de iteración, expresable también por medio de adverbios como *a menudo* o *frecuentemente (Coincidíamos a menudo en la parada del autobús).*

15. VIDA DE LAS PALABRAS

15.1. El léxico español

Es opinión muy extendida que la riqueza de una lengua consiste en el número de palabras de que dispone, entendiendo por tales las que son recogidas en los diccionarios. Con esto se da por supuesto, o bien que todos los diccionarios de una lengua contienen igual número de palabras, o bien que existe para cada lengua un diccionario «oficial» del cual serían adaptaciones o resúmenes todos los demás.

Un diccionario de una lengua es una recopilación y explicación —normalmente por orden alfabético— de las palabras de esa lengua. Pero la recopilación nunca puede ser total, pues para ello sería preciso que abarcase todos los vocablos que se han usado en dicha lengua desde que esta nació hasta el mismo momento en que se publica el diccionario; tendría que recoger la totalidad de las voces que se han usado y se usan en todas las regiones, hasta el último rincón, pertenecientes al área de esa lengua; habría de incluir todos los términos empleados por cada uno de los individuos considerados como hablantes de tal lengua, desde los científicos y los profesionales —con toda la extensa terminología empleada en cada rama del saber— hasta los maleantes —con sus variadas y cambiantes jergas—, pasando por los zapateros, los impresores, los pescadores, los deportistas, los poetas, los mecánicos, los artistas, los soldados, los toreros, los políticos, los cultivadores de las mil actividades en que pueden entretenerse los miembros de una sociedad. Hacer un registro completo de todo eso sería absolutamente imposible, no ya para una persona, sino para un equipo de especialistas, por muy nutrido que fuese y por muy dotado de medios que se encontrase. Un diccionario es siempre, forzosamente, una recopilación *parcial* de las voces de un idioma, y el acopio que de estas realiza se somete siempre a criterios restrictivos más o menos rigurosos.

La mayoría de los diccionarios tratan de recoger el vocabulario «general» de la lengua, es decir, todas aquellas voces que son de uso común para la generalidad de los hablantes (aunque cada uno de estos, por su particular ignorancia, desconozca muchas de ellas), incluyendo las voces que, aunque pertenecientes a distintas ciencias y actividades, no son de uso exclusivo de los cultivadores de estas. (Solo los diccionarios enciclopédicos incluyen también —aunque sea en forma muy reducida— los términos propios de cada especialidad.) No es nada fácil, de suyo, discriminar cuáles son las palabras que constituyen ese vocabulario «general» y cuáles son las que no. Pero además los diccionarios suelen interpretar de una manera algo libre este principio, y acogen multitud de palabras que son «generales» en unas determinadas regiones y solo en ellas; y dan cabida a abundantes vocablos que fueron (o se supone que fueron) «generales» hace quinientos o seiscientos años. En cambio, excluyen muchas palabras que son demasiado «plebeyas», aunque todo el mundo las conozca, y muchas otras que «no son correctas» por ser de circulación todavía reciente.

En definitiva, la manera de interpretar el ideal de recoger el vocabulario general, todo el vocabulario general y nada más que el vocabulario general es diferente en los distintos diccionarios; y si a ello se añade la finalidad concreta con que cada uno se redacta, resulta que podemos encontrarnos con una gama de diccionarios que oscila entre las treinta mil palabras —que contiene un diccionario de bolsillo— y las trescientas mil —que llegará a abarcar el *Diccionario histórico* de la Academia [1]—.

Pero, si no es posible llegar a saber exactamente de cuántas palabras dispone un idioma, sí podríamos establecer, apoyándonos en el contenido de los repertorios más extensos, que «no tiene menos» de un determinado número de palabras. Así, en el caso de nuestra lengua podríamos asegurar sin duda que sus voces no son menos de trescientas mil, de acuerdo con los datos que hemos visto.

---

[1] 30.000 voces son las que, según su portada, contiene el *Diccionario Iter,* de bolsillo; algo más de 300.000 puede estimarse que serán las registradas por el *Diccionario histórico de la lengua española* cuando termine su publicación en fascículos, que inició en 1960 la Real Academia Española. El más conocido de los diccionarios españoles, y también el más importante en cuanto que sirve de base a todos los existentes, el *Diccionario* «común» de la Academia, registra en su edición de 1984 unas 100.000 palabras. Conviene tener en cuenta que ninguno de los diccionarios extensos, ni aun el *Histórico,* registra el vocabulario especial (exclusivo) de cada ciencia y cada técnica; se ha calculado que solo la terminología de la química rebasa las 300.000 palabras.

15.1.2. *La «riqueza»*

Ahora bien, es pueril dar a estos recuentos alguna significación en orden a determinar la riqueza de un idioma. Ante todo, el concepto de «riqueza» no puede incluir, junto a lo que se tiene, lo que se ha tenido; como el concepto de «población» de un país no puede comprender juntamente los habitantes que pueblan sus ciudades y campos y los que yacen en sus cementerios. Habría que descontar del total de voces contenidas en los diccionarios las que han muerto, las que ya no usa nadie. Por otra parte, tampoco la riqueza de una lengua consiste en el número de palabras vivas que se pueden censar en un diccionario; la idea sería tan errada como, en economía, suponer que la riqueza de un país se cifra en la cantidad de oro que atesora. Es, sí, un factor de riqueza del idioma; pero no es «la riqueza». Donde esta se encuentra de verdad es en la capacidad de sus hablantes de hacer un uso eficaz de todos los recursos que les ofrece la lengua, cuyo número es indefinidamente grande y no tiene más limitaciones que las impuestas por la incompetencia de sus usuarios.

En principio, cualquier idioma sirve para comunicarlo todo, pues al caudal de palabras heredado de sus mayores pueden los hablantes incorporar, en caso de necesidad, palabras prestadas por otros idiomas o creadas según diversos procedimientos; de manera que nunca debe hablarse en rigor de pobreza o riqueza de una lengua, sino de pobreza o riqueza intelectual de cada uno de sus hablantes.

15.1.3. *La vida del léxico*

El léxico de un idioma, el conjunto de las palabras que están a disposición de sus hablantes, no es permanente e inmutable. Las palabras no tienen ganada su plaza por oposición. En una forma más imperceptible, pero no menos intensa que los seres humanos, están sometidas a un movimiento demográfico constante. En cada momento de la vida del idioma hay palabras que entran en circulación, palabras que están «en rodaje», palabras que se ponen de moda, palabras que cambian de forma, palabras que cambian de contenido, palabras que caen en desuso y que acaban por ser olvidadas. La vitalidad de las voces es muy diversa: unas existen en el idioma «desde siempre»; otras se incorporaron a él en distintas épocas, en la Edad Media, en los siglos modernos, en nuestro tiempo; otras nacieron, también en distintos momentos, de aquellas primeras palabras o de las adoptadas después; otras, en fin, son libre invención de los hablantes. Por otra parte, las hay muy usadas, que forman parte de la expresión de todo el mundo, junto a otras de empleo escaso, que rara vez se oyen o se leen. Unas, sobre todo las más antiguas, han visto alterados sus fonemas –a veces profundamente– con el paso del tiempo; otras han estrechado, ensanchado o transformado su significado; otras han evolucionado a la vez en uno y otro aspecto; son relativamente pocas las que no han sufrido cambio de una manera o de otra.

15.2. El léxico heredado

15.2.1. *La herencia latina*

Nuestra lengua, como ya vimos en el capítulo 3, es una lengua románica, es decir, una forma moderna del latín. De aquel latín hablado en la Península Ibérica durante el dominio de los visigodos, se mantiene vivo en el español de hoy, aparte de las líneas generales de su gramática, un contingente importante del léxico. Infinidad de palabras

fundamentales de nuestro idioma pertenecen a estos contingente: numerosísimos verbos, entre ellos los principales
*(haber, ser, estar, tener, poner, ir, dar, querer, saber, hacer,
decir, comer, beber, nacer, vivir, morir...)*; muchos de los
adjetivos más usuales *(bueno, malo, grande, alto, fuerte,
vivo, feo, viejo, sabio, feliz, triste, pobre, ancho, negro...)*;
todos los artículos y pronombres *(el, un, yo, tú, él, ella,
este, quien, todo, mucho, poco...)*; todos los adverbios fundamentales *(aquí, ahí, allí, entonces, ahora, ayer, hoy, mañana, bien, mal, más, menos, sí, no...)*; casi todas las preposiciones; las conjunciones más importantes *(y, ni, o,
pero, mas, que, si, pues, cuando...)*, y, sobre todo una gran
cantidad de nombres designadores de las más variadas
realidades: el mundo físico *(sol, luna, tierra, mar, río, valle,
monte, cielo, campo, mundo, agua, aire, fuego, luz...)*, la
fauna y la flora *(bestia, caballo, gato, asno, mulo, toro,
puerco, mosca, ave, pájaro, gallo, pez, árbol, fruto, hoja,
flor, semilla, hierba, trigo...)*, la agricultura y los oficios
*(arado, trillo, yunta, cosecha, barbecho, martillo, pala, cu-
chilla...)*, los materiales *(madera, hierro, piedra, tela, lana,
cuero...)*, los alimentos *(pan, vino, carne, harina, leche,
queso,, sal...)*, la vivienda *(casa, pueblo, puerta, techo, teja,
ladrillo, pared, lecho, mesa, silla...)*, la familia *(padre, madre, hijo, hermano, abuelo, nieto, cuñado, suegro...)*, el cuerpo *(cuerpo, hueso, pellejo, cabeza, nariz, boca, ojo, brazo,
mano, dedo, pie...)*, etc.

15.2.2.   *Elementos incorporados al latín*

El caudal léxico español en que hoy se perpetúa, sin
solución de continuidad, el léxico latino hispanogodo contiene elementos procedentes de otras lenguas, los cuales
habían sido incorporados a aquel idioma y por tanto
corresponden plenamente al mismo legado. Muchas de

esas palabras que no eran latinas originariamente, pero que fueron adoptadas por el latín, venían del griego, como *palabra, cada, tío, baño, bodega, limosna, iglesia, obispo;* otras procedían del celta, como *camisa, cargo, legua, cerveza.*

Muchas palabras de origen germánico habían sido tomadas por el latín general a través de los contactos entre el Imperio romano y los germanos en los siglos I al IV, y otras de la misma procedencia pasaron solo al latín de algunas regiones a partir del siglo V, como consecuencia de las invasiones germánicas (recordemos que en Hispania la dominación visigoda duró hasta comienzos del siglo VIII). Muestras de las dos oleadas de palabras germánicas son, en el español de hoy, numerosas voces, algunas tan comunes como *blanco, rico, guardar, guerra, tregua, espuela, falda, guisar, gana, ropa.* (V. § 3.3.3.)

A todos estos elementos hay que añadir algunos escasos términos supervivientes de las viejas lenguas indígenas de la Península, que también fueron asimilados por el latín hablado en ella, como *gordo, páramo, arroyo.*

15.2.3. *Evolución formal*

Todo este léxico que está en la base de nuestro idioma, y que es el primer vocabulario de la lengua cuando esta surge como dialecto con rasgos propios en medio de otros dialectos hermanos (fenómeno que ocurre, como dijimos, a lo largo de los siglos VII a IX), ha tenido que sufrir, en sus formas y en sus contenidos, no pocos cambios motivados por el paso del tiempo. Así, en estas voces, las vocales latinas /e/ y /o/ abiertas, en posición tónica, se convirtieron en los diptongos /ie/, /ue/ *(terram* pasó a ser *tierra, bonum* pasó a ser *bueno);* las vocales interiores átonas a menudo desaparecieron *(dominum* se hizo *dueño);* las consonantes sordas entre vocales se hicieron sonoras *(apothe-cam* se convirtió en *bodega); los* grupos de consonantes se simplificaron *(septem* pasó a *siete)* o se transformaron en una nueva consonante única *(octo* pasó a *ocho, lignum* pasó a *leño)* o en un nuevo grupo de consonantes *(homi-nem,* pasando por *omne,* se convirtió en /ómbre/ *hombre);* la /f/ inicial se hizo una [h] aspirada que luego desapareció *(ferrum* pasó a *hierro,* hoy /iérro/; *factum* pasó a *hecho,* hoy /éĉo/), etc.

Estos cambios, naturalmente, no se produjeron de gol-pe, ni al mismo tiempo. No llegó un buen día en que todo el mundo dejó de decir *bonum, terram, dominum* y *octo* para decir *bueno, tierra, dueño* y *ocho.* Las alteraciones de las viejas palabras fueron naciendo aquí y allá, en lugares distintos y de forma distinta: mientras las pocas personas cultas escribían y tal vez pronunciaban *octo,* había otros que decían *ojto, oito, ueito, oicho, ocho...;* frente a la forma latina pura *bonum,* que se seguía usando al escribir, las gentes decían, según los sitios, *bono, buono, buano, bue-no...* Además, en un mismo lugar había quien decía *bono* y quien decía *buono* o *bueno,* e incluso un mismo individuo usaría alternativamente una u otra forma. Al paso de las generaciones fueron marcándose las preferencias en cada comarca, y fueron consolidándose las nuevas formas y olvidándose las viejas, con lo cual la antigua unidad latina se quebraba en multitud de dialectos locales. Solo la ex-pansión política y cultural de algunos de estos dialectos, a partir del siglo X (v. §§ 3.3.6 y 3.4), acortó o liquidó dife-rencias y restauró parcialmente la antigua uniformidad lingüística.

En lo que al castellano se refiere, la ascensión y afian-zamiento de una lengua literaria y «oficial» desde el si-glo XIII, y el paralelo apagamiento de las variedades loca-les en los territorios absorbidos política y culturalmente por Castilla, no significan que la lengua ya esté desde entonces «hecha» de una vez para siempre. Todavía a finales del siglo XV, en *La Celestina*, encontramos formas como *complir* «cumplir», *sospiro* «suspiro», *mill* «mil», *levar* «llevar», al lado de grafías que atestiguaban pronunciaciones ya retiradas o en retirada: *dubda* «duda», *absencia* «ausencia», *cibdad* «ciudad», *cient* «cien», *sant* «san», *e* «y», *fablar* «hablar». Y Juan de Valdés en 1535 aún registraba la existencia de *escrebir* junto a *escribir*, *abondar* junto a *abundar*, *cobrir* junto a *cubrir*, *roído* junto a *ruido;* y él mismo emplea *sallir* por *salir*, *mesmo* por *mismo*, *labirinto* por *laberinto*. En general puede afirmarse que solo desde mediados del siglo XVII, consumada la evolución de una serie de fonemas del idioma, tienen las palabras del español la misma fisonomía que hoy.

15.2.4. *Evolución detenida: cultismos y semicultismos*

No todas las palabras heredadas han sufrido un desgaste como el que hemos expuesto más arriba. Algunas fueron preservadas de él total o parcialmente, por presiones conservadoras, tales como el ejemplo de las personas cultas o el influjo del latín constantemente usado por la Iglesia en ceremonias a que asistía todo el pueblo. Ejemplos de estas palabras de evolución detenida —que se llaman *cultismos* o *semicultismos*, según el menor o mayor avance alcanzado por esa evolución— son *Dios* (de *Deus*), *gloria* (de *gloriam*), *espíritu* (de *spiritum*), *virgen* (de *virginem*), *caridad* (de *caritatem*), *medio* (de *medium*), *milagro* (de *miraculum*), *peligro* (de *periculum*), *siglo* (de *saeculum*), *cabildo* (de *capitulum*), *víspera* (de *vesperam*).

15.3. El léxico adquirido

15.3.1. *El préstamo*

En ningún momento el léxico de una lengua es perfecto, en ningún momento está «terminado de hacer», pues constantemente se presenta por lo menos la necesidad de dar una palabra a una cosa nueva, o de dar una palabra nueva a una cosa vieja. Para atender a esta perpetua demanda funcionan varios sistemas, uno de los cuales es tomar prestada la palabra de otra lengua.

15.3.2. *Préstamos de las lenguas hermanas*

De este procedimiento, que es universal (y ya hemos visto que fue usado en el latín), se ha beneficiado el castellano desde siempre, y todos los contactos culturales que ha tenido su comunidad hablante han dejado abundantes huellas en su vocabulario. Al hablar de la etapa inicial de nuestro idioma dijimos cómo iba asimilando a su propia sustancia elementos de los dialectos vecinos cuyos territorios invadía. Por haber ocurrido en época tan remota y entre dialectos de estrecho parentesco, estos primeros préstamos son hoy casi imposibles de detectar. Más fácil resulta descubrir las adopciones posteriores de términos de otras lenguas peninsulares: *chubasco, carabela, mermelada, mejillón, vigía, tanque, corpiño,* por ejemplo, han venido del gallego-portugués; *faena, nao, seo, turrón, esmalte, clavel, papel,* proceden del catalán; *izquierdo, ascua, pizarra, cencerro, boina, chabola,* se toman del vascuence (v. § 3.1.4).

15.3.3. *Arabismos*

Durante muchos siglos —del VIII al XV— fue también una de las lenguas peninsulares el árabe. Idioma «oficial» de toda la España musulmana y vehículo de una cultura superior, hubo de dar abundantes préstamos a las lenguas de la España cristiana, particularmente al castellano: la preposición *hasta,* interjecciones como *hala* y *ojalá,* adjetivos como *gandul, mezquino, azul,* verbos como *halagar,* e infinidad de nombres, como *acelga, alubia, alcachofa, zanahoria, bellota, naranja, azúcar, algodón, acequia, noria, badana, jarra, alfiler, marfil, almohada, alfombra, ajedrez, ajuar, laúd, tambor, alcohol, azufre, cifra, álgebra, aduana, almacén, aldea, tarifa, alférez, alcalde* (v. § 3.4.4).

15.3.4. *Occitanismos*

Del occitano o provenzal, conjunto de lenguas o dialectos de la Francia meridional, región que tuvo estrecho contacto con los reinos de la Península, adquirió durante la Edad Media nuestro idioma bastantes voces (si bien no suele ser fácil distinguiuir una procedencia occitana de una catalana o francesa), entre las cuales figuran *cascabel, antorcha, hostal, burdel, mensaje, balada, desdén, lisonja, vergel, laurel, ruiseñor, faisán, bacalao, batalla, desastre, monje, fraile, hereje.*

15.3.5. *Galicismos*

No solo en la Edad Media —como el árabe y el occitano—, sino en todos los tiempos, el francés ha sido fuente abundante de la que se ha nutrido el léxico español. De esa lengua tomó la nuestra ya en la época medieval palabras hoy tan corrientes como *flecha, emplear, desmayar, ligero, jardín, gala, chimenea, cable, maleta, jamón, bachiller, duque,* etc.; en los siglos XVI y XVII, *asamblea, barri-*

cada, moda, parque, fresa, crema, placa, servilleta, paquete, carpeta, billete, hucha, conserje y muchas otras; en los tres últimos siglos, *pantalón, chaqueta, blusa, babucha, pana, franela, edredón, bucle, marrón, flan, galleta, croqueta, bisturí, esternón, ducha, cupón, ficha, etiqueta, botella, vitrina, bloque, lote, hulla, avión, desertar, engranar, adosar, jefe, patriota, cretino, macabro, altruismo...* Los préstamos franceses (o *galicismos)* más recientes conservan aún, en general, la grafía y a veces la pronunciación originales: *boîte, foie-gras, bouquet, gourmet, chalet, affaire, maillot, élite, chic, boutique;* pero, en cambio, tenemos casos de plena adaptación, como *chófer* (en América *chofer), garaje, chantaje, tricotar, masacre, contestatario.*

Suele distinguirse, a este respecto, entre las voces extranjeras (no solo francesas) que nuestro idioma ha asimilado totalmente a su sistema, voces ya «digeridas» por él —que son los *préstamos* propiamente dichos—, y aquellas otras que en su grafía y en su fonética acusan una conciencia, en los hablantes, de que emplean una palabra extranjera, voces que todavía se sienten «enquistadas» en el idioma: son los *extranjerismos.* En realidad, se trata solo de dos fases distintas, más y menos avanzada, consumada y no consumada, de un mismo fenómeno de adopción.

15.3.6. *Italianismos*

Menor importancia que los franceses tienen los préstamos italianos, como consecuencia de un contacto cultural menos constante. Son italianismos *avería, corsario, piloto, brújula, centinela, escopeta, cartucho, parapeto, escolta, escaramuza, asaltar, saquear, marchar, embajada, boletín, pasquín, folleto, póliza, cartulina, sotana, capuchino, carnaval, piñata, tute...* y muchos términos pertenecientes a las distintas artes, como *novela, soneto, madrigal, diseño, boceto, modelo, capricho, grotesco, pintoresco, fachada, balcón, escalinata, terraza, ópera, batuta, partitura, libreto, piano, romanza, serenata, trémolo.*

15.3.7. *Indigenismos americanos*

Del descubrimiento y colonización del continente americano por los españoles y del consiguiente contacto del idioma de estos con los idiomas indígenas del Nuevo Mundo vino la adquisición, por la nuestra, de una serie numerosa de voces de aquellas lenguas, principalmente del arahuaco y el caribe (hablados en la zona del mar Caribe), del nahua (hablado en el imperio azteca), del quechua (hablado en el imperio incaico), del aimara (hablado en la región andina) y del guaraní (hablado en la cuenca del Paraná-Paraguay). Naturalmente, el mayor contingente de tales voces se encuentra en el español de los países americanos. Entre los indigenismos americanos que han pasado a la lengua general están *cacique, tabaco, maíz, cacao, cacahuete, tomate, chocolate, patata, batata, tapioca, canoa, piragua, huracán, enagua, hule, caucho, petate, tiza, caníbal, tiburón.*

15.3.8. *Anglicismos*

En los últimos tiempos la inmigración más importante de palabras es la que viene del inglés. La mayor parte de los anglicismos antiguos entraron a través del francés, por lo que son realmente galicismos. Los modernos, aunque algunos han venido por el mismo camino, son en su mayoría de importación directa. Son relativamente pocos los que han adoptado una forma española: *túnel, yate, mitin, tranvía, líder, turista, apartamento, fútbol* (también *futbol,* en América), *béisbol, boxeo, tenis, gol.* En ciertos casos nuestra pronunciación delata al intermediario francés: *vagón, confort, comité*. Algunos —muy escasos— se pronuncian según una lectura española, como *water, club, trust, bungalow, duplex*. Lo más corriente es que se mantengan la grafía y —más o menos— la pronunciación nativas: *dandy, hockey, rugby, golf, crawl, ring, penalty, corner, sandwich, lunch, bar, barman, cup, gangster, snob, stand, ticket, slogan, bluff, hall, shock, relax, boom, christmas, single, jeep, spray, slip, short, sketch, film, western, flash, zoom, spot, show, pop, in, out, camp, comic;* la larga serie de los terminados en *-ing* (desde los veteranos *smoking* y *dancing* hasta el reciente *marketing*, pasando por *travelling, living, camping, standing, building, parking, holding, dumping...; meeting* ya se españolizó en la forma *mitin*, que hemos visto antes); numerosos compuestos, como *lock-out, week-end, play-back, long-play, strip-tease, playboy*, etcétera. Algunos de estos compuestos no son verdaderos anglicismos, sino términos forjados con voces inglesas por los franceses; es el caso de *auto-stop* (cuyo nombre inglés es *hitchhiking* o *hitching*).

15.3.9.   *Gitanismos*

Un elemento que ha tenido algún peso en el léxico español popular, sobre todo del sur, es el gitano, que ha traspasado a nuestra lengua palabras como *menda, gachó, chaval, achares, calé, camelo, camelar, endiñar, lacha, mangar, pirárselas, diñarla, guripa, guillarse, chipén, fetén, postín, chalado, canguelo, fila* («animadversión»).

15.3.10.   *Préstamos de otras lenguas*

De otras lenguas es escasísima la representación en palabras dentro de la nuestra. Casi todas las voces que proceden de esas lenguas son importaciones de segunda (y a veces de tercera) mano, por intermedio del francés o del inglés, lo que hace que en último término deban considerarse galicismos o anglicismos. Tal es, por ejemplo, el caso de *sable,* que el español tomó del francés, el cual a su vez lo había tomado del alemán, que lo había tomado del húngaro. Palabras como *brindis* (del alemán) o *escaparate* (del holandés), en que se puede afirmar que ha habido préstamo directo, son muy contadas. De otras muchas palabras es segura o probable la mediación de una tercera lengua; esto ocurre en *feldespato, cuarzo, níquel, blocao,* de origen alemán; *esquí,* de origen noruego; *tungsteno,* de origen sueco; *yogur,* de origen búlgaro; *estepa,* de origen ruso; *robot,* de origen checo; *pijama,* de origen indostaní; *quiosco,* de origen turco; *quimono,* de origen japonés, etc.

15.3.11. *Latinismos y helenismos*

Pero no solo de lenguas vivas, habladas por hombres con los que nuestros hablantes tenían o tienen un contacto directo, se ha nutrido y se nutre el léxico de nuestro idioma. El latín culto, que había sido la lengua de los escritores del mundo romano, desde Plauto hasta San Agustín, se conservó embalsamado, desde los comienzos de la Edad Media, en libros que solo una pequeña minoría de letrados era capaz de leer, y también, en un nivel más bajo, en los textos religiosos fijados en la liturgia cristiana. Oralmente solo se mantuvo, durante siglos, en el ambiente minoritario de la enseñanza universitaria. De ese latín que prácticamente ya solo existía en forma escrita y del que nadie se servía para la comunicación normal, sus conocedores fueron introduciendo en la lengua viva diversas palabras que consideraban necesarias en esta. Los préstamos que el latín vivo (esto es, el romance castellano) tomó del latín muerto (el petrificado en los libros y en la liturgia) son muy numerosos y han entrado en épocas muy diversas [2]. Ya los hay en los primeros siglos de nuestra literatura; por ejemplo, *laudar, vigilia, monumento, exilio, malicia, prólogo, licencia, septentrión, diversificar*. Pero la gran oleada de los latinismos se inicia con la época de los humanistas, los grandes estudiosos del saber antiguo (de entonces datan palabras como *exhortar, disolver, describir, subsidio, obtuso)*, y se mantiene, con alternativas, hasta nuestros días.

Se ha dado a veces el caso de haberse incorporado al idioma por esta vía artificial palabras latinas que se conservaban en vivo dentro de él, como palabras heredadas. Se diferencian en este caso la voz heredada y el latinismo, no solo en la forma, ya que la primera ha sufrido un desgaste fonético del que el segundo ha quedado exento, sino también, de modo más o menos profundo, en el significado. Compárense *lleno* y *pleno, llano* y *plano, raudo* y *rápido, entero* e *íntegro, alma* y *ánima, codo* y *cúbito, sobrar* y *superar, siesta* y *sexta, cadera* y *cátedra, rezar* y *recitar, colmo* y *cúmulo, santiguar* y *santificar, primero* y *primario, llave* y *clave, madera* y *materia*... Estas parejas originadas por la adquisición repetida, una vez como he-

---

[2] Conviene establecer una distinción entre *cultismo* y *latinismo*. *Cultismo*, como hemos visto en el apartado anterior, es la voz que, heredada del latín, ha conservado una forma más puramente latina por haber quedado sometida a una presión culta; por ejemplo, *Dios, gloria*, que, seguramente por el apoyo constante del latín eclesiástico *(Deus, gloria)*, no evolucionaron a un posible *Dío* (como *meus > mío*) y a un posible *luera* (como *glandula > landre* y *corium > cuero*). *Latinismo* es la voz que tiene en común con el cultismo la conservación de una forma latina bastante pura, pero se diferencia de él en que no es «heredada», sino «adquirida», es decir, tomada del latín escrito como de una lengua ya extranjera. Naturalmente, no es fácil determinar si una palabra es cultismo o latinismo si no se tienen datos históricos sobre ella.

rencia y otra como préstamo, de una misma voz latina, se llaman *dobletes* (también se llama *doblete* cada uno de los elementos). Puede ocurrir, aunque es raro, que no haya simple pareja, sino tríptico: *lindo, limpio, límpido.*

Una vía importante de entrada para los latinismos es el lenguaje técnico —es decir, el propio de las actividades particulares, en especial de las intelectuales y científicas—, constantemente necesitado de palabras nuevas para designar nuevas realidades. Desde el Renacimiento, otra ilustre lengua antigua se unió al latín en la aportación de vocabulario: el griego, del cual ya habían entrado en nuestra lengua numerosas palabras, bien a través de la herencia latina —como vimos en el apartado anterior—, bien en forma de latinismos adquiridos más tarde —como en el caso de *prólogo,* antes citado—, y que a partir de este momento se convertía en una segunda cantera para la terminología técnica y científica. Como el lenguaje de las ciencias tiende a ser internacional —igual que, por naturaleza, lo son las mismas ciencias—, la mayoría de los términos técnicos de origen latino y griego que los científicos modernos han puesto en circulación no son exclusivos de una determinada lengua, sino que pertenecen a muchas a la vez, aunque hayan hecho su primera aparición, naturalmente, en una sola. Pocas veces es nuestra lengua el escenario de estos estrenos de términos técnicos, pues los pueblos hispanohablantes suelen gastar sus energías en empresas muy ajenas al progreso científico; pero la captación de nuevos términos latinos y griegos a través del francés o del inglés no convierte tales términos en galicismos o anglicismos, sino que su nivel científico, que los internacionaliza, permite que se llamen precisamente latinismos y helenismos.

Naturalmente, estos términos universales se adaptan a las particularidades fonológicas, ortográficas y morfológicas de cada lengua; así, lo que es en inglés *psychology* es en francés y alemán *psychologie* y en español *psicología;* el francés e inglés *fission* es en italiano *fissione* y en español *fisión.* Por eso, no está justificado, y es solo explicable por la ignorancia general, que en español se usen, por ejemplo, formas como *symposium* y *missile* —tal como las usan los ingleses y franceses— en lugar de *simposio* y *mísil* (o *misil,* en la errónea acentuación generalizada).

Los latinismos y helenismos técnicos —que, en parte, acaban por pasar a la lengua general— no siempre son «auténticos», es decir, no siempre son verdaderas voces latinas y griegas trasplantadas al mundo moderno. Muy a menudo son productos nuevos montados con elementos latinos o griegos por el procedimiento de la prefijación o el de la composición. Ejemplos: el ya citado *psicología, hipertrofia, hemorragia, teléfono, televisión, sociología...* En el capítulo anterior ya vimos, con el nombre de raíces prefijas y sufijas (§ 14.3), una serie de estos elementos usados para formar palabras compuestas.

15.3.12.   *La invención. Onomatopeyas*

Un sistema de adquisición de palabras distinto del préstamo y con un desarrollo infinitamente menor es la *invención.* Es rarísimo que se ponga en circulación en el caudal de una lengua una palabra inventada caprichosamente por una persona, aunque ella responda a una necesidad real de la expresión. Lo normal es que una palabra nueva «venga» de algún sitio, tenga su fundamento en otra palabra indígena o extranjera. No es difícil «crear» (literalmente) una palabra; lo difícil es que esta sea aceptada por la comunidad hablante. Es frecuente, sin embargo, que logre una vida más o menos efímera en ámbitos reducidos (en una pareja de enamorados, en un grupo de amigos, en un taller); rara vez en círculos más amplios, como ocurrió con *lipori* «vergüenza ajena», término inventado, según parece, por el escritor Eugenio d'Ors.

Al lado de estas creaciones totalmente arbitrarias existen otras que tienen una motivación no lingüística, pero sí real; son las que convierten en palabra un ruido *(onomatopeyas)*, como *chasquido, zumbar, traqueteo, paco* («francotirador»).

15.4.   El léxico multiplicado

15.4.1.   *Composición*

Para la obtención de nuevas palabras cuya necesidad se siente, no solo se puede recurrir al hallazgo o a la importación; también la industria interior tiene una capacidad de producción prácticamente ilimitada. Uno de sus recursos es la combinación de palabras ya existentes *(composición:* v. § 14.3): *espantapájaros, cazadotes, matamoscas, guardameta, friegaplatos, limpiametales, portaequipajes, compraventa, motocarro.* Dentro de la composición hacen un papel muy importante las raíces prefijas y sufijas: *pluriempleo, monocultivo, microtaxi, neofascista, macroeconómico;* también en formaciones humorísticas como *mundología, chismografía, yernocracia, dedocracia.* Es verdad que, de la misma manera que no pocas veces la industria nacional trabaja sobre patentes extranjeras, en el idioma ocurre a menudo que estas nuevas formaciones son calcos de formaciones análogas en otras lenguas; así, *minifalda,* sobre el francés *minijupe* y el inglés *miniskirt; fotonovela,* sobre el italiano *fotoromanzo* y el francés *photo-roman; microsurco,* sobre el francés *microsillon,* el italiano *microsolco,* el inglés *microgroove.* Por ignorancia, estas adaptaciones algunas veces se hacen a medias, como ocurre en *montacargas, montaplatos* (sobre los franceses *monte-char-ge, monte-plats*), donde no se pensó que el español *montar* no es el equivalente del francés *monter*.

15.4.2.   *Locuciones*

También se multiplica el léxico en el terreno de las locuciones: *de acuerdo, a base de, a nivel de, hombre de paja*, etc. (v. § 14.5.1). Algunas locuciones son de importación: *de bote en bote* (francés de *bout en bout*).

15.4.3.   *Afijación*

El procedimiento más fecundo para la producción de nuevas palabras partiendo del caudal ya existente es el empleo de los afijos (v. § 14.2): *empacadora* (sobre *empacar*), *hormigonera* (sobre *hormigón*), *playera* (sobre *playa*), *asociacionismo* (sobre *asociación*), *coyuntural* (sobre *coyuntura*), *contraespionaje* (sobre *espionaje*), *posconciliar* (sobre *conciliar*), *reestructurar* (sobre *estructurar*), *preguerra* (sobre *guerra*), *antirrobo* (sobre *robo*). Las posibilidades que el almacén de prefijos y sufijos del idioma ofrece al hablante para expresar significados nuevos, o para dar nuevas funciones gramaticales a significados que ya disponen de su palabra, son muy variadas; así, sobre un nombre *coque* se crean un verbo *coquizar*, un nombre *coquización* y un adjetivo *coquizable;* sobre *política*, un verbo *politizar*, un nombre *politización*, con sus opuestos *despolitizar, despolitización*, etc. Otra misión de la afijación es la de dar vestidura española a préstamos extranjeros; así, *boxear* corresponde al inglés *box* (de donde *boxeo* = ing. *boxing; boxeador* = ing. *boxer; boxístico*); *chequear* corresponde al inglés *check* (de donde *chequeo*); *craquear* corresponde al inglés *crack* (de donde *craqueo*); *aparcar* corresponde al inglés *park* (de donde *aparcamiento* = ing. *parking);* pero no siempre se aprovecha esta posibilidad.

Con frecuencia, las nuevas formaciones con afijo, en vez de crearse en nuestro idioma, entran en él ya hechas de otro; así, *televisar* y *televisor* no se formaron en español sobre *televisión,* sino que se tomaron, ya formadas, del francés *(téléviser, téléviseur).* A veces el traspaso se efectúa sin tener en cuenta otros términos de la serie que ya son veteranos en el idioma, como ocurre en *espionaje,* importado del francés *(espionnage,* que en aquella lengua se forma sobre *espion* «espía») sin considerar la existencia previa de *espía* y *espiar,* que hubieran permitido fácilmente la creación de *espiamiento* o *espiaje;* o como ocurre en el caso de *tricotosa,* que se tomó, con los ojos cerrados, del francés *(tricoteuse),* sin pensar que, usado ya en castellano el galicismo *tricotar,* se debía haber aplicado a este el sufijo *-(a)dora,* equivalente español del francés *-euse.* El mismo fenómeno se ha dado numerosísimas veces en la adopción de latinismos; así, *paterno, paternal, paternidad, patria* entraron en español de espaldas a la forma heredada *padre* (y sus compañeras de serie *padrastro, padrino, apadrinar, padrinazgo, compadre, padrear); filial, afiliar, filiación* se incorporaron desligadas de la forma heredada *hijo* (y de sus compañeras *ahijar, ahijado, ahijamiento, prohijar, hijastro, hijuelo); lectura, lector, legible, lección* fueron adquiridos del latín al margen de la serie heredada *leer, leedor, leíble.*

Es necesario advertir que el empleo de sufijos para la formación de palabras nuevas, aunque teóricamente ofrece perspectivas indefinidas, en la práctica está sometido a muchas limitaciones. De todas las posibilidades de unión que ofrece una raíz con los sufijos existentes, la lengua solo ha escogido algunas. Por ejemplo, para la «acción de cortar», la raíz *cort-* solo forma nombres con los sufijos *-e,*

-a, -(a)da y *-(a)dura (corte, corta, cortada, cortadura),* y rechaza *-(a)ción, -aje* y *-(a)miento,* que también hubieran sido posibles para expresar la misma idea; para la «acción de soplar», la raíz *sopl-* se combina con los sufijos *-o, -(a)dura, -(i)do (soplo, sopladura, soplido),* dejando a un lado otros sufijos de igual valor, como *-e, -(a)da, -(a)ción, (a)miento.* Por otra parte, el hecho de que un sufijo se repita con un determinado valor en muchas palabras de una serie no supone que pueda usarse con el mismo valor en toda las de la serie. Así, si *librero* es «el que vende libros», *sombrerero* «el que vende sombreros», *zapatero* «el que vende zapatos», *pastelero* «el que vende pasteles», etcétera, no decimos que «el que vende flores» es *florero,* sino *florista (florero,* en cambio es una «vasija para flores»); si *hambriento* es «el que padece hambre», *sediento* «el que padece sed» y *calenturiento* «el que padece calentura», en cambio «el que padece dolor» y «el que padece fatiga» son *dolorido* y no *doloriento, fatigado* y no *fatiguiento.* Con frecuencia el puesto que parecería corresponder a un determinado derivado está ocupado por otro, con un sufijo equivalente pero distinto del que cabría esperar (como en los casos anteriores), o con una raíz distinta de la normal, como ocurre en *panadero* (no *panero)* y en los abundantes casos en que uno o más latinismos se han agregado a una familia de palabras heredada (recordemos los ejemplos de *padre / paterno* y *leer / lectura).*

15.5. Los significados

15.5.1. *El significado*

Las palabras son piezas que juntamos unas con otras, según ciertas reglas de juego, para componer nuestros mensajes, con los cuales establecemos comunicación con otros humanos. El mensaje se produce, no por la suma de los fonemas que constituyen las palabras, sino por la combinación de los «contenidos» que los hablantes han convenido en atribuir a cada una de las palabras mensajeras. Si una frase como *Vamos al Polo Norte* tiene valor de mensaje es porque cada una de las palabras que la constituyen —*vamos, a, el, Polo Norte*— tiene su propio contenido, conectado con el de las restantes para construir el del conjunto.

El contenido de una palabra tiene una capa exterior, que es su *categoría* gramatical (sustantivo, verbo, conjunción, etc.), la cual le permite estar en la oración y desempeñar en ella determinadas funciones (núcleo del sujeto o del predicado, complemento, enlace, etc.) y la excluye de otras. Debajo de esa capa transparente está el *significado,* que es la capacidad que la palabra tiene de «representar» un concepto que está dentro de mi cerebro, de tal manera que el mismo concepto se reproduzca en el cerebro del que me está escuchando. El estudio de los significados de las palabras se llama *semántica.*

15.5.2. *Polisemia y monosemia*

En cada uso que hacemos de una palabra, esta tiene siempre un solo significado. En la oración que citábamos antes, *polo* significa «zona próxima a uno de los extremos del eje de la Tierra». Pero en distintas ocasiones en que empleemos la misma palabra, esta puede presentar significados diferentes. Así, si hablamos de *el polo positivo,* el nombre *polo* significa «uno de los extremos de un circuito eléctrico»; y si mencionamos *un polo industrial,* el mismo nombre significará «localidad que desempeña un papel particular en la transformación económica de una zona». Esta posibilidad de actuar con distinto significado según el caso *(polisemia)* es común a la mayoría de las palabras del idioma, y es mayor cuanto más cotidianas sean estas; véase, por ejemplo, la cantidad de significados o *acepciones* que presentan las palabras *mano, poner, paso, hacer.* Solo el *contexto,* es decir, el texto en que está inserta la palabra, permite identificar la acepción de la misma en cada ocasión en que tal palabra es empleada. Frente a la polisemia, la *monosemia,* o posesión de un significado constante, es solo característica de un sector de la terminología científica: *tórax, laringectomía, trapezoide, sodio, oxalato* son muestras de estas palabras sin acepciones.

Si, como las científicas, todas las palabras del idioma tuvieran un solo significado, nos veríamos obligados a utilizar muchísimas más palabras que las que normalmente utilizamos. La limitación de nuestra memoria, unida a nuestra habitual concepción de las cosas a través de su analogía o conexión con otras, hace que nos veamos impulsados a designar un objeto cuyo nombre desconocemos por medio del nombre de otro objeto en el que nos parece ver alguna semejanza con el primero. En el caso de la palabra *polo,* tenemos un primer significado: «extremo del eje de la Tierra»; por la «proximidad al Polo Norte», damos nombre al *polo* magnético; de aquí, por la idea de «atracción», el *polo* de un imán; de nuevo por la idea de «atracción», el *polo* industrial; por la idea de «extremo», el *polo* de un generador eléctrico; por la idea del «frío» de los polos de la Tierra, el *polo,* caramelo helado. La polisemia de las palabras no es ningún inconveniente para la correcta comprensión del mensaje, pues siempre el contexto, como hemos dicho, precisa suficientemente en cuál de sus acepciones está empleada la palabra. Por otra parte, la polisemia, recargando de sentidos nuevos las palabras ya existentes, es una vía muy importante para enriquecer las posibilidades de significación de la lengua al margen de la adquisición o de la creación de nuevas palabras.

15.5.3. *Homonimia*

No debe confundirse con la polisemia —pluralidad de significados en una palabra— la *homonimia,* que es la igualdad de forma de dos palabras distintas. Hay homonimia, por ejemplo, entre la palabra *polo* (con todos los significados que hemos visto antes), de origen latino, y la palabra *polo* «cierto deporte a caballo», la cual es de origen inglés. No es necesario, para hablar de homonimia y no de polisemia, que exista una segura diferencia de origen en las dos palabras; basta que sus significados sean tan distantes uno de otro que no se vea un punto de contacto entre ellos. En el caso de los dos *polos,* aunque no hubiésemos conocido la procedencia de uno y otro, la divergencia de sus significados hubiera bastado para que los considerásemos palabras diferentes.

15.5.4. *Sinonimia*

Al lado de la polisemia, que les multiplica los significados a las palabras, actúa la *sinonimia,* que, inversamente, les multiplica las palabras a los significados. Son sinónimas dos o más palabras que en un mismo texto son intercambiables sin que se altere el sentido de este: *tener, poseer, atesorar* son sinónimos en TIENE *grandes riquezas* = POSEE *grandes riquezas* = ATESORA *grandes riquezas.* Pero no es frecuente la sinonimia absoluta, es decir, la posibilidad de sustitución de un sinónimo por otro en todos los casos; así, TIENE *veinte años* no podríamos convertirlo en POSEE *veinte años,* ni en ATESORA *veinte años.* La sinonimia, como vemos en estos ejemplos, se produce normalmente, no entre palabras, sino solo entre determinadas acepciones de las palabras. Por otra parte, lo más corriente es que los sinónimos no lleguen a tener significados enteramente exactos: siempre hay un detalle de sentido, un matiz expresivo o una diferencia de nivel que hace que no sea indistinto el empleo de uno u otro. En el ejemplo *Tiene* (= *posee* = *atesora) grandes riquezas, tiene* es la palabra común; *posee* corresponde a un estilo más elevado; *atesora,* aparte de ofrecer un sabor más literario, implica una posesión cuantiosa (solo irónicamente podríamos decir *atesora diez pesetas).* Obsérvese también la gama de niveles que presenta la serie de sinónimos *borrachera* (común), *embriaguez* (elevado), *intoxicación etílica* (técnico), *turca, trompa, curda, cogorza, toña* (familiares), *pea* (vulgar); o la serie *sirvienta* (común), *doméstica* (elevado), *empleada de hogar* (afectado), *chica* (familiar), *chacha* y *tata* (familiares e infantiles), *criada* (ligeramente despectivo), *marmota* (fuertemente despectivo).

15.6. Los cambios de significado

15.6.1. *Los cambios de significado*

En cualquiera momento de la lengua, y por tanto en el momento presente, el cuerpo y el alma de cada palabra, su «significante» y su «significado», están en una relación prácticamente fija. La generalidad de los hablantes está conforme en atribuir, por ejemplo, a la palabra *gato* dos, tres o más sentidos determinados y en negarle todos los demás. Pero esa relación significante / significado no es inmutable, y su estabilidad es pura apariencia. Del mismo modo que en cada momento entra en el juego del idioma alguna nueva palabra o desaparece alguna vieja, también en cada momento, de manera mucho más imperceptible pero en mucha más abundancia, se desarrollan nuevos sentidos en las palabras del idioma o se apagan sentidos que hasta entonces eran reconocidos en ellas por «todo el mundo». Naturalmente, estas alteraciones en la relación entre significante y significado no se producen nunca en una forma rápida, y solo al cabo de años, cuando ya están totalmente consumadas, resultan perceptibles para el observador. La palabra *embarazar,* por ejemplo, tiene todavía, según los diccionarios, dos sentidos: «impedir, estorbar, retardar una cosa» y «poner encinta a una mujer»; en realidad, el primero se ha borrado del uso corriente. En las palabras *publicista* y *publicitario,* a sus sentidos tradicionales («persona que escribe para el público» y «relativo a la publicidad», respectivamente) se ha agregado en los últimos tiempos uno nuevo, el de «agente de publicidad», a la vez que cae en desuso el sentido primero de *publicista. Atómico* era solamente, hasta 1945, «relativo al átomo» *(peso atómico, estructura atómica);* hoy es también «relativo a la energía producida por la desintegración del átomo» *(bomba atómica)* o «relativo a la bomba atómica» *(guerra atómica, amenaza atómica, espía atómico).* Otro ejemplo: *discoteca* ha añadido recientemente a su sentido básico de «colección de discos» uno nuevo, el de «sala de baile sin orquesta».

Por supuesto, estas alteraciones en el contenido de las palabras, vistas con perspectiva de siglos, resultan mucho más hondas. Por ejemplo, *puesto que,* conjunción que en el *Quijote* significaba «aunque» *(«La víbora no merece ser culpada por la ponzoña que tiene,* PUESTO QUE *con ella mata»),* hoy significa algo muy distinto: «porque». El latín *adducere* equivalía a «llevar», y así seguía siendo bajo la forma española *aducir* durante la Edad Media («ADÚZEN*le los comeres»* —esto es, «le llevan los alimentos»— se lee en el *Poema del Cid,* siglo XII); pero modernamente

aducir solo se usa como «presentar, aportar», hablando de
razones, argumentos o pruebas. *Caput* en latín era «cabeza» y también «parte principal de una cosa» y «extremo»;
en la Edad Media, ya bajo la forma *cabo,* había perdido el
primer sentido[3] y conservaba los otros dos; hoy conserva
el de «extremo» y presenta además los de «punta de tierra
que se interna en el mar», «individuo de tropa con categoría inmediatamente superior a la del soldado» y «cuerda»; es decir, solo sobrevive uno de los sentidos antiguos,
que además no era el básico, y ha cobrado varios nuevos
nacidos de aquellos. Como se ve, los estragos del tiempo han sido para estas palabras —y lo son para todas—
más graves en el contenido que en el caparazón.

15.6.2.   *Causas*

¿A qué se debe que, mientras la forma de las palabras
apenas se modifica con el paso de los siglos, su significado
esté siempre expuesto al cambio? Hay una explicación
general: la forma de la palabra es una realidad física,
perceptible por los sentidos, fácil de conservar; en cambio,
el significado es una imagen mental, que por su propia
naturaleza tiene unos límites imprecisos y que por tanto
es fácil que no coincida exactamente en unos y otros
individuos, o en distintos momentos de uno mismo. Por
otra parte, las realidades externas —las cosas, los ambientes, las situaciones— se van sustituyendo con el tiempo, y
los hablantes tienden a dar a lo nuevo el lugar que ocupa-
ba lo viejo, no solo en la vida, sino en el lenguaje. Las
palabras son vehículos que de vez en cuando cambian su

---

[3] Un vestigio del sentido «cabeza» se descubre todavía, sin embargo,
en la locución *de cabo a rabo,* que primitivamente significó «de la cabeza
al rabo».

pasajero, o alguno de sus pasajeros, y continúan rodando
indefinidamente.

Veamos el ejemplo de la palabra *siesta.* Empezó siendo
la *hora sexta,* que en la medida romana del tiempo era el
«mediodía». Por ser esta en verano una hora calurosa,
pasó a significar «el calor del mediodía» *(«A cazar va don
Rodrigo, / y aun don Rodrigo de Lara; / con la gran* SIESTA
que hace / arrimado se ha a una haya» —dice un romance
viejo). Se llamó también *siesta* el «tiempo que sigue al
mediodía», y de ahí «el descanso que se tomaba en ese
tiempo». Como el mediodía era la hora en que se comía,
siesta vino a relacionarse con la idea de «después de comer» y no ya con la de «después de mediodía», y hoy se
llama *siesta* solamente «el sueño que se toma después de
la comida», aunque esta la efectúan los españoles unas
tres horas después del verdadero mediodía. Vemos, pues,
cómo el contenido de una palabra ha cambiado, pasando
de designar un tiempo a lo que ocurre en ese tiempo o a
continuación de él, y acabando por designar un hecho que
ya nadie relaciona con aquella primitiva idea temporal;
nadie llama hoy *siesta* al «mediodía».

No siempre hay un abandono total del significado antiguo, si bien este queda relegado a un segundo término,
como podemos observar en la misma palabra *mediodía*
que nos ha servido de referencia para el concepto de
siesta. El *mediodía* es una hora muy precisa del día, las
doce de la mañana; como esa era antiguamente la hora de
la comida, al desplazarse esta se aplicó el nombre de
mediodía también a la hora de comer; y así, para un
español de hoy, la palabra significa las dos cosas: bien «las
doce de la mañana», bien «la hora de comer»; y, sin
embargo, cuando un amigo me dice *Te llamaré a* MEDIO-
DÍA, automáticamente pienso (como él) en las dos o tres
de la tarde, y no en las doce.

Otras veces coexisten con plena vigencia el sentido antiguo y el nuevo, como ocurre en la palabra *grúa,* a cuyo significado primero, «máquina que sirve para izar pesos y transportarlos», se unió después el de «automóvil dotado de una grúa y que se utiliza para remolcar otro automóvil averiado», y por último el de «automóvil (sin grúa) que arrastra una plataforma rodante sobre la que se retira de la vía pública un vehículo mal estacionado». Es el mismo caso de *pluma,* que significa primeramente «pluma de ave», después «pluma de ave utilizada para escribir con tinta» y por último «cualquier instrumento (no pluma de ave) que, mojado en tinta, sirve para escribir».

Observamos, a través de estos ejemplos, cómo la palabra designadora de una cosa puede extenderse a significar lo que está en contacto con esa cosa, las circunstancias o los actos que la acompañan; y de este segundo significado puede pasar a designar, a su vez, una nueva cosa que sentimos asociada a tales acompañantes, pero que ya no tiene verdadera conexión con el objeto primero. Por este camino muchas veces llega a borrarse el sentido primero de la palabra. Puede suceder también que la existencia de un sinónimo al lado de una determinada palabra obligue a que uno de ellos cambie su sentido en una dirección más concreta o más general que el que tenía: *lidiar* y *litigar* son originariamente sinónimos, pero, mientras el primero conserva el primitivo sentido de «pelear» en general, el segundo se ha especializado como «contender en juicio».

15.6.3. *Cambio semántico consciente. Metáforas*

Estas adquisiciones de nuevos sentidos y pérdidas de sentidos antiguos son desplazamientos naturales en la significación y suelen ocurrir de manera insensible para los

VIDA DE LAS PALABRAS

hablantes. Pero en otros casos el cambio de sentido es más consciente, motivado, no solo por la necesidad de dar nombre a algo que no lo tiene aún, sino también por la de denominar de manera más expresiva algo que ya está identificado. Es frecuente, para ello, designar una cosa aprovechando el nombre de otra que tiene con ella alguna semejanza —procedimiento llamado *metáfora*—; por ejemplo, *tortuga* «persona lenta», por el parecido con la lentitud del animal «tortuga»; *alas* de un avión, por la semejanza con las de un ave. Muchas veces la semejanza se traslada de lo material a lo inmaterial, como cuando llamamos *puñalada* a una «pesadumbre causada repentinamente», o hablamos de un gesto *sombrío* «triste». El uso del nombre de una cosa para otra se produce también cuando ambas están en contacto o en relación muy estrecha, como cuando llamamos *vaso* al «líquido contenido en el vaso» *(Se bebió dos* VASOS), o *cerebro* al «intelectual o científico de relieve» *(Aumenta la emigración de* CEREBROS).

Las metáforas que hemos presentado como ejemplos están todas instaladas en el uso y pertenecen a la comprensión y a la disponibilidad del común de los hablantes. Son usos que normalmente han de figurar en los diccionarios; son metáforas *lexicalizadas.* Otras veces el hablante individual crea, en un momento dado, un empleo metafórico aplicado a una realidad concreta en una circunstancia concreta, llamando, por ejemplo, *papagayo* a un aparato de radio, o *rayo láser* a una idea brillante. Aunque son expresiones fáciles de comprender, no están, como las otras, en el arsenal de usos de la generalidad de los hablantes; se trata de metáforas *ocasionales.* La relación entre unas y otras es muy estrecha: todas las metáforas lexicalizadas empezaron siendo ocasionales.

15.6.4. *Eufemismos*

Muchas veces se presenta la necesidad de dar nuevo nombre a una cosa por el deseo de no pronunciar el suyo habitual, sentido como demasiado evocador de realidades sexuales, fisiológicas o tristes, que la delicadeza o la «buena educación» prohíben mencionar crudamente. Para ello se utiliza el nombre de algo que tiene cierta semejanza o proximidad con lo designado, o un nombre cuyo sentido propio es más vago. Estos sustitutos se llaman *eufemismos,* y se suelen llamar *tabús* o *tabúes* las palabras sustituidas [4]. Son eufemismos corrientes hoy, por ejemplo, *servicios, aseos, lavabo, baño,* por «retrete»; *ir al lavabo, al baño,* etc., por «evacuar el vientre»; *devolver,* por «vomitar»; *novio, novia,* por «amante»; *intimidad,* por «órganos sexuales»; *faltar,* por «morir»; en el lenguaje administrativo, *reajuste* o *revisión* de precios, por «subida». Es característico de los eufemismos el ser palabras equívocas, es decir, que junto al sentido postizo con que son usadas para eludir la voz tabú, conservan perfectamente vivo su sentido normal, el cual sirve precisamente de pantalla para disimular de algún modo la realidad. Desde el momento en que uno de tales términos empieza a quedarse principalmente, o solo, con el uso eufemístico, y a designar por tanto ya demasiado descaradamente la realidad que se quiere velar, deja de ser eufemismo y se convierte en tabú, y se hace necesario empezar a usar otra palabra

---

[4] En rigor, *tabú* es solamente la palabra que es impronunciable porque sobre ella recae una prohibición de tipo religioso, supersticioso o moral. Es tabú en este sentido, por ejemplo, la palabra *culebra,* que las personas supersticiosas sustituyen por *bicha.* En un sentido más amplio se puede llamar tabú (como aquí hacemos) cualquier palabra que, ya en todas las circunstancias, ya en determinadas situaciones, considera conveniente no pronunciar un hablante, o un grupo, o la generalidad de los hablantes.

que ocupe la plaza del eufemismo agotado. El «aposento dotado de instalaciones necesarias para orinar y evacuar el vientre» (definición de la Academia) ha recibido a lo largo del tiempo diversos nombres con los que se intentaba esquivar la mención directa de lo designado y que, al hacerse demasiado específicos, eran sustituidos por otros, que a su vez acababan sustituidos: *letrina* (latín *lavatrina,* esto es, «lavabo»), *necesarias, común, excusado, retrete* (originariamente solo «habitación retirada»), *cuarto de baño* (o simplemente *baño), lavabo, aseo, servicios* —aparte de otros nombres menos difundidos, como *los lugares, el sitio, el cuartito*—... Los términos aún vigentes de esta serie correrán, naturalmente, la misma suerte que los caducados. En otros casos no es tan rápido ni tan seguro el proceso; por ejemplo, en *amancebado,* que fue sustituido por *amante* (originariamente solo «enamorado»), que a su vez se sustituye hoy por *novio* y por *amigo,* términos cuyo verdadero significado es muy distinto. Para *morir* se buscó un eufemismo en *fallecer,* que significaba solo «faltar» *(«Como façie grant gasto,* FALLEÇIÓ *la pecunia»* [«como hacía mucho gasto, faltó el dinero»], escribía Gonzalo de Berceo en el siglo XIII); cuando *fallecer* se redujo al sentido único de «morir», dejó de funcionar como eufemismo para quedar como simple sinónimo; los eufemismos usados hoy son *faltar* y *desaparecer.*

A veces, para eludir la palabra tabú, en lugar de verdaderos eufemismos —es decir, voces que tienen propiamente otro sentido— se usan sinónimos tomados de otras lenguas: *water-closet* (generalmente reducido a *water), cocotte.* O, como ocurre a menudo en el lenguaje administrativo, se recurre a complicados circunloquios: *económicamente débil* por «pobre», *empleada de hogar* por «sirvienta», *empleado de finca urbana* por «portero», *profesor de Educación General Básica* por «maestro», *responsabilidad personal subsidiaria* por «arresto». Es un tipo de sustitución este motivado, no solo por la obsesión de la solemnidad de la jerga legisladora, sino también por un exceso de delicadeza que sin fundamento imagina, por ejemplo, que el maestro o el portero se avergüenzan de llamarse por su propio nombre y prefieren otro más aparatoso; más o menos, el mismo fenómeno que se da en niveles populares, donde, por urbanidad, se llama *madre política* o *la mamá de mi señora* a la «suegra».

Tanto estos sustitutos eufemísticos como el eufemismo propiamente dicho pueden llegar a borrar la palabra sustituida; pero lo más frecuente es que se limiten a reemplazarla parcialmente —en determinadas capas sociales, en determinados ambientes, en determinadas situaciones—, de manera que no dejan de coexistir en la lengua el sustituyente y el sustituido.

15.6.5. *Voces prestigiosas*

Se ve claramente que el hecho de que existan voces-tabú, voces más o menos proscritas o desprestigiadas socialmente, es causa de cambios de sentido en las palabras no proscritas que las suplen. Pero con frecuencia basta que una palabra sea «prestigiosa» para que, sin sustituir a otra, sea usada a menudo con adición de contenidos y matices que no se ajustan a su primer significado e incluso, en ocasiones, lo deforman profundamente. Sirva de ejemplo el uso que los políticos hacen de palabras como *democracia, libertad, progreso, justicia, pueblo, revolución, paz,* o el que los publicitarios hacen de *señorial, distinción, funcional, especial, extra, técnica, vanguardia,* etc. Se trata en estos casos de halagar la imaginación, recubriendo con envoltura sugestiva realidades que solo en parte corresponden a ella. Este abuso de la palabra acaba por desgastar su brillo y también su contenido, y al cabo del tiempo

—como ocurre con los eufemismos— se siente la necesidad
de sustituirlas. (Del desgaste semántico, aunque no del de
la sugestión externa, se libra naturalmente otro tipo de
voces «prestigiosas», ciertos extranjerismos que disfrutan
del favor de los anunciantes: *water-proof, stick, brandy,
export, de luxe.)*

15.6.6.   *Hipérbole*

En la misma línea de impresionar la imaginación del
oyente está la exageración expresiva *–hipérbole–* que lleva
a emplear términos de violencia, de magnitud, de cantidad
extremadas para ponderar lo que se comunica. *Una chica
bárbara* no es una chica salvaje, sino «una chica muy
atractiva»; decir de alguien que *tiene una gracia brutal* no
significa que tenga un sentido demasiado tosco del humor,
sino que «es sumamente gracioso»; *un negocio de miedo* o
de espanto, una juerga de pánico nunca hacen pensar en
algo terrorífico, sino en algo muy notable en su género;
morirse de risa o *de vergüenza* no es un acontecimiento
luctuoso, sino solo una experiencia intensa (aunque *morirse,* con otros complementos *–de hambre, de frío, de
pena–,* puede tener los dos sentidos).

En las hipérboles, la eficacia expresiva se conserva solo
mientras se mantiene, evocado, el sentido primitivo de la
palabra; cuando el uso reiterado hace que esta evocación
se borre, se hace pálido el colorido que al principio llamaba la atención, y la palabra tomará plenamente, en estos
contextos, el nuevo significado, que se sentirá tan normal
como el primitivo (el cual, por otra parte, seguirá usándo-
se en sus contextos clásicos: *los pueblos bárbaros, un com-
portamiento brutal, una película de miedo, morir de un
infarto).* Otras veces el empleo favorito de una palabra
como hipérbole ha apagado totalmente su sentido primitivo, como ha ocurrido con *tremendo* (originariamente

«que hace temblar»), *inmenso* (originariamente «sin medida»), *formidable* (originariamente «que causa pavor»), *espeluznante* y *horripilante* (originariamente «que pone los pelos de punta»), *escalofriante, aplastante...*

Vemos, pues, cómo el humano deseo de expresarse con más intensidad para herir la imaginación del oyente es otro de los hechos que modifican el contenido de las palabras.

15.6.7. *Confusión*

Otro factor de cambio semántico está en la confusión que la semejanza de forma entre dos palabras tiende a producir en los hablantes respecto al sentido de las mismas. *Inconsútil,* que significa realmente «sin costura», aparece a veces usado como «sutil»; *nimio,* cuyo sentido propio es «excesivo», suele usarse como «mínimo» (y así lo recogen ya los diccionarios); *cerúleo,* «del color del cielo», es empleado por muchos como «de aspecto de cera».

15.6.8. *Calco semántico*

Relacionado con este fenómeno está el *calco semántico,* que también es una manera de confusión, consistente en inyectar a una palabra el sentido que otra igual o parecida tiene en otra lengua. Tenemos ejemplos de calcos semánticos en el uso moderno de *planta* como «fábrica» o «instalación industrial» (del inglés *plant);* polución como «contaminación» (del inglés *pollution); ingenio* como «arma autopropulsada» (del inglés *engine); servicio de inteligencia* como «servicio de espionaje» (del inglés *intelligence service); agenda* como «orden del día» (del inglés *agenda).*

15.6.9. *Cambio de las cosas*

A veces el sentido de las palabras cambia sencillamente porque evolucionan y se transforman los objetos que con ellas eran designados. Es lo que pasó, en cierto modo, en el caso ya visto de *pluma;* también en el de *coche,* que para un español de hoy designa una cosa muy distinta que para un español de hace noventa años. O bien lo que cambia no son las cosas, sino nuestro conocimiento de ellas; así, *átomo* significa para nosotros algo diferente de lo que significaba para los hombres del siglo XVIII.

15.6.10. *Elipsis*

La economía de esfuerzo, que trae como consecuencia la economía de palabras, hace que la denominación formada por un grupo se reduzca a su término más característico. Este fenómeno se llama *elipsis.* El adjetivo *capital* significa «que es el más importante», y ese sentido tenía en *la ciudad capital de una nación;* al eliminar, por economía, el elemento *ciudad (la* CAPITAL *de una nación),* el adjetivo *capital* asumió la categoría de nombre y el sentido de «ciudad capital» que no tenía antes. El adjetivo *postal* significa «relativo al correo», y de ahí *tarjeta postal* «tarjeta para ser enviada por correo»; pero cuando decimos, con elipsis, *una postal,* el adjetivo, ya hecho nombre, ha adquirido el sentido del grupo «tarjeta postal». A veces la elipsis es parcial: no se omite gramaticalmente el nombre, sino que se le sustituye por una alusión en forma de pronombre. Así, el gitano *diñarla,* que significa exactamente «darla», ha pasado a ser en la lengua popular «morir» a través de la omisión del nombre aludido por el pronombre *la* («el alma» o «la vida»). Tenemos, pues, en estos casos un nuevo factor que contribuye a los cambios de significado.

15.6.11.   *Humor*

Mencionemos, por fin, el factor humorístico, que hace abundante uso de la metáfora para caricaturizar las cosas, llamando *coco, melón, calabaza* a la «cabeza», *remos* a las «extremidades», *disco* a un «párrafo largo prefabricado», *fantasma* al «hombre fanfarrón», etc. La caricatura tiene vitalidad característica en el hablar informal, pero no es raro que llegue a establecerse en la lengua general, donde acaba olvidando totalmente su humorístico origen; así, *pierna* fue en un principio (en el latín *perna)* «pernil»; *casa* significó originariamente «choza».

15.7.   Muerte de las palabras

15.7.1.   *Muerte de las palabras*

Como las personas, como las cosas, como las instituciones, las palabras acaban por envejecer y morir. Pero la vejez de las palabras suele ser larguísima, y no es raro que pase un siglo, y más, desde que empiezan a decaer hasta que desaparecen. Y aun en este caso no es fácil extender el certificado de defunción de la palabra; muchas veces se trata solo de una muerte aparente, y lo único que ha ocurrido es que la palabra retirada de la lengua general ha quedado remansada al margen, en el uso literario, en el uso regional o en el uso restringido de ciertos grupos sociales o profesionales. Puede suceder, inversamente, que sea prolongada de manera artificial la vida de una palabra por el capricho arcaizante de un escritor (recordemos cómo Eugenio d'Ors llamaba *paje* al botones); o que su vigencia sea puramente pasiva, es decir, reducida a su comprensión «histórica» por nosotros, sin que tengan ningún eco en nuestra habla real (podemos saber, por ejemplo, qué es una *adarga,* pero prácticamente nunca tendremos necesidad de usar esta voz). Incluso se da el caso de que sea resucitada una palabra ya muerta, para hacerla servir de vehículo a un nuevo sentido (así ha ocurrido con *azafata,* término que antiguamente designaba a una «criada de la reina» y que no hace mucho fue desenterrado para dar nombre a la «empleada que, en aviones u otros medios de transporte, o en algunas oficinas, atiende al público»).

15.7.2. *Tabú y voces desprestigiadas*

El envejecimiento y la muerte de las palabras están muy relacionados con los cambios semánticos. Algunos de los factores que motivan los cambios de sentido son causa también de que las palabras decaigan y desaparezcan. El hecho de que una palabra sea «señalada con el dedo» puede acarrear su destrucción; en el § 15.6.4 vimos cómo un eufemismo, *retrete,* había desplazado a otros términos —hoy totalmente retirados del uso—; a su vez, *retrete* y su sustituto *water* están hoy siendo barridos por *aseo, lavabo* o *baño.* A veces basta la preferencia de los hablantes urbanos por un término más culto, científico o aséptico que su sinónimo normal para que empiece a marcarse una tendencia al arrinconamiento de este, como parece ocurrir con *sobaco,* en baja frente a *axila,* o con *mascar* frente a *masticar,* o con *dentista* frente a *odontólogo;* el proceso está más avanzado en *botica,* casi totalmente eliminado por *farmacia;* y está desde hace mucho definitivamente resuelto en el caso de *albéitar,* sepultado por *veterinario.*

15.7.3. *Sinonimia*

Muchas veces es la simple concurrencia con un sinónimo lo que motiva la decadencia o el desuso de una palabra, pues la economía, que es una de las exigencias de la lengua usual, enemiga de superfluidades, obliga a los hablantes a decidirse por una de las voces equivalentes. Así desaparecieron, en épocas ya lejanas, *maguer,* vencido por *aunque,* y *exir,* vencido por *salir;* así quedó casi olvidada la preposición *so* (reducida actualmente a unas pocas locuciones: *so capa, so pretexto,* etc.) frente a su rival *bajo;* así hoy los verbos *placer* y *amar,* el adjetivo *raudo,* la conjunción *mas* han quedado confinados a la lengua literaria, mientras *gustar, querer, rápido* y *pero* acaparan el uso general; así se dibujan preferencias —todavía poco firmes— como la de *habitación* sobre *alcoba,* la de *terraza* sobre *azotea,* la de *lubrificar* sobre *lubricar,* etc. Este hecho explica, sin duda, el olvido de muchas palabras que tuvieron plena vigencia en tiempos no demasiado lejanos: *badulaque, bribón, pisaverde, gomoso...*

15.7.4. *Homonimia*

Otras veces no es la sinonimia, sino la homonimia, coincidencia formal a veces enojosa, la causante del abandono de una palabra. En la Edad Media existía junto a *dezir* «decir» un verbo *deçir* «bajar», con pronunciación casi idéntica, que hubo de ser sacrificado. Probablemente también la desaparición de la locución *uebos es* «es necesario» fue motivado por la homonimia con *huevo.* En tiempos más recientes, el general seseo de los países americanos ha dado lugar a homonimias en parejas como *casa-caza, caso-cazo, cebo-sebo* (pronunciados uniformemente /kása/, /káso/, /sébo/), lo cual ha hecho sustituir *caza* por *cacería, cazo* por *perol, cebo* por *carnaza.*

15.7.5.   *Desuso de las cosas*

Naturalmente, una de las causas del desuso de las palabras es el desuso de las cosas designadas por aquellas. Si hoy la gente no emplea (y pocos entienden) voces como *aguador, azumbre, maravedí, tílburi, landó, greguescos, valona, chambergo, paletó, galop,* es porque designan oficios, medidas, objetos, costumbres que ya no existen.

15.7.6.   *Ignorancia*

Y queda, por último, la más importante de las causas de la muerte de las palabras: la ignorancia. No tanto la ignorancia individual como la colectiva, la instrucción general deficiente, hace que queden inservibles para muchos hablantes, prácticamente muertas, ingentes cantidades de palabras que la lengua tiene a disposición del que las necesita. Como, de todos modos, hay que decir las cosas de alguna manera, se recurre al préstamo extranjero o a una nueva formación, o también a la adopción de otra palabra que ya tenía otro sentido. Cuando el olvido de la palabra ya existente se hace general, se produce simplemente una sustitución: a palabra muerta, palabra puesta. Cuando el olvido no es general, se produce una sinonimia, la cual, con el tiempo, puede dar lugar a una diferenciación de matices o de sentidos entre los sinónimos, o bien a la desaparición de uno de ellos, que puede ser tanto el nuevo como el viejo.

IV. EL USO

16. EL HABLANTE ANTE LA LENGUA

16.1. Las lenguas españolas y la lengua común

16.1.1. *Lengua común y lenguas territoriales*

En algunos países de lengua española no es esta, como sabemos, la única lengua existente, sino que hay otra u otras que son nativas, o maternas, para una parte de la población. La relación entre la lengua española y las otras lenguas es distinta en cada país, ya que depende, entre otros factores, del número de hablantes de estas y del nivel cultural y social de los mismos, y, consiguientemente, del grado de reconocimiento oficial de tales lenguas.

Limitándonos a España, las lenguas no castellanas (catalán, vascuence, gallego, bables) son lenguas maternas de un sector nada despreciable de los habitantes de la nación. El hecho de que el castellano esté establecido como lengua oficial para todo el país no implica, naturalmente, la «opresión», ni mucho menos la supresión de las lenguas territoriales. Es un derecho indiscutible de la persona conservar y cultivar su lengua materna. Ahora bien, la organización de un país como tal necesita que todos sus hablantes dispongan de un instrumento de entendimiento mutuo, y es esta necesidad la que justifica la existencia de una *lengua común*. Al lado de esta lengua común, que es la *oficial* de toda España, está reconocida para determinadas comunidades autónomas la *cooficialidad,* dentro de su territorio, de la lengua propia de ellas; tal ocurre en Cataluña, Valencia, las islas Baleares, el País Vasco y Galicia. Decimos que estas zonas son *bilingües* en el sentido de que en ellas coexisten dos lenguas oficiales, la española y la del territorio en cuestión. Claro está que la proporción de uso de una y otra varía según los lugares, los medios, los niveles culturales y también la política lingüística de los respectivos gobiernos autonómicos.

No hay que olvidar un hecho con frecuencia ignorado o callado: la existencia, en las comunidades bilingües, de contingentes de población, considerables en algunos casos, cuya lengua materna no es la establecida como propia del territorio, sino el castellano. Estos núcleos, cuando no pertenecen a la minoría inmigrante (la cual conserva la variedad lingüística de su lugar de origen), hablan naturalmente el español con algunos contados rasgos propios de la zona; es el caso, por ejemplo, de buena parte de la población vasca y de la valenciana.

16.1.2. *El español en zonas bilingües*

El español hablado por los españoles de zonas bilingües presenta, por lo común, algunos rasgos peculiares debidos al influjo de la respectiva primera lengua. Los más perceptibles son los de tipo fonético, tanto en la articulación de determinados fonemas (por ejemplo, abertura o cierre de /e/ y /o/; relajación catalana de /a/ átona; caída gallega o tensión catalana de ciertas consonantes; /l/ velar y /s/ sonora catalanas; seseo, en los niveles inferiores, etc.) como, sobre todo, en la entonación, el rasgo fonético nativo que más difícilmente se abandona. En gramática se calcan algunos usos, como el pretérito *vine* con el valor de «he venido», *tengo visto* por «he visto», *saliera* por «había salido», en el castellano de gallegos; *Cuando llegaré, escribiré,* por «cuando llegue, escribiré», y *Fue por esta razón que lo hizo,* en lugar de «por esta razón lo hizo», en el castellano de catalanes. También hay calcos semánticos, como el *por esto* («por eso»), el *pedir* («preguntar») o el *venir* («ir») de los catalanes, o el *sacar* («quitar») de los gallegos. Y, naturalmente, no faltan los préstamos de palabras.

16.1.3. *El español en zonas no bilingües*

Pero, en realidad, el grado de peculiaridad que presenta el castellano en boca de españoles que tienen otra primera lengua no es más marcado —a pesar de la opinión vulgar— que el de los españoles de otras regiones no bilingües. La fonética andaluza, la canaria, la murciana, la extremeña, incluso la de Castilla la Nueva, ofrecen rasgos tan acusados como los del español de las áreas bilingües (y en algunos casos, mucho más); la entonación aragonesa tiene tanta personalidad como puedan tener la vasca, la gallega o la catalana; la caída de [d] en *acabado, llegado,* corriente en el castellano de Castilla, no se da en el de Cataluña ni el de Galicia. Ciertos rasgos gramaticales que aparecen en el castellano de zonas bilingües, como la neutralización de irregularidades *(andaste* «anduviste», en habla de catalanes), el uso de pospretérito [potencial] por pretérito de subjuntivo *(Me mandó que saldría* «me mandó que saliese», en habla de vascos), las confusiones de género *(un chinche, mucho hambre),* el empleo superfluo de la preposición *de (Me dijo de que saliese, Espero de que vendrá,* en habla de catalanes y de gallegos) se dan también fuera de

esas zonas [1]. Otros fenómenos se dan principalmente fuera
de ellas (por ejemplo, el yeísmo, o uso del fonema /y/ por
/ḷ/; el laísmo, o empleo del pronombre *la* como complemento indirecto femenino).

16.1.4. *Variedades geográficas de la lengua común*

Esas particularidades que tiñen el español hablado en
una determinada región constituyen en conjunto un dialecto o variedad geográfica del idioma común. El estudio
minucioso de estas modalidades permite observar que las
diferencias se producen, no ya de región a región, sino de
comarca a comarca y de aldea a aldea.

16.2. Niveles de la lengua y niveles del habla

16.2.1. *Niveles de la lengua*

Pero aún hay más: no todos los hablantes de cada lugar
hablan la lengua común de la misma manera. No todos los
barceloneses, cuando se expresan en castellano, usan un
mismo castellano; ni todos los bilbaínos, ni todos los sevi-
llanos, ni todos los madrileños, tienen una misma forma
local de usar la lengua. Cada persona emplea una variedad
de lengua que está marcada, no solo por la *circunstancia
geográfica* (el lugar donde aprendió a hablar y el lugar
donde vive), sino por la *circunstancia social* (la clase alta,

---

[1] *Me mandó que saldría* por «me mandó que saliese» se oye, además
de la región vascongada, en Navarra y en toda la zona septentrional de
Castilla la Vieja, de Logroño a Palencia. En cuanto al *de* superfluo, está
muy extendido en el castellano popular *(Estaba deseando* DE *acabar)* y
en el semiculto.

media o baja a que pertenece). Una y otra van inseparablemente unidas, de tal manera que para definir la lengua de un individuo es imprescindible determinar estas dos coordenadas, la horizontal (o geográfica) y la vertical (o social).

Ahora bien, aunque es cierto que son diferentes la lengua empleada por una persona de clase alta y la empleada por otra de clase baja, no es la clase social en sí misma la determinante de estas diferencias, sino el nivel cultural que habitualmente va asociado a aquella, pues sin duda alguna son muy desiguales las oportunidades educativas reales de que disponen unos y otros estratos de la sociedad. Por eso, cuando hablamos de factores sociales en materia de lengua nos referimos concretamente a los factores *socioculturales.* Claro está que la relación cultura / clase social no es matemática; de hecho no resulta difícil encontrar personas de clase alta con nivel cultural bajo.

De acuerdo con la coordenada social de la lengua, existen en esta muchos niveles, que vagamente suelen reducirse a dos: el *culto* y el *popular,* los cuales se diferencian por el uso o la preferencia de unas determinadas pronunciaciones, unas determinadas construcciones y unas determinadas palabras. Naturalmente, el hecho de que existan esas peculiaridades no impide que exista una gran masa de material común a los dos niveles, ni que, por otra parte, aparezcan esporádicamente rasgos de un nivel en hablantes de otro. Es la mayor densidad y fijeza de unos u otros rasgos lo que caracteriza a cada nivel. Este se encuentra en estrecha relación con la coordenada geográfica: cuanto más bajo es el nivel sociocultural del hablante, más acusados son sus particularismos locales; cuanto más alto, más exento se halla el hablante de tales particularismos.

Así como es perfectamente posible el encasillamiento geográfico de un hablante o un grupo de hablantes, es imposible su encasillamiento —en cuanto a la lengua— en niveles sociales precisos. Es evidente que estos existen: no cabe duda de que la frase. *Nos ha amolao* pertenece a un nivel particular, muy distante de aquel a que pertenece la frase *Ha sido un enojoso contratiempo;* pero el paso de uno a otro nivel no se hace por escalones, sino por una rampa donde no es posible señalar «hasta aquí es muy popular», «desde aquí es menos popular», etc. Se trata de una escala donde, como en el arco iris, el paso de uno a otro color se produce en una forma totalmente continua y gradual entre dos extremos, de manera que cualquier división que queramos hacer en la escala será —como en el propio arco iris— completamente convencional.

16.2.2. *Lenguas especiales*

Más arriba y más abajo de esa escala cuyos extremos aparecen marcados como *nivel culto* y *nivel popular,* existen otras formas que quedan al margen de la lengua común: son las *lenguas especiales.* Por un lado, como forma marginal del nivel culto, tenemos el *lenguaje científico;* por otro lado, como forma marginal del nivel popular, están las *jergas.* Cada una de estas «extralenguas», científica y jergal, se divide en muchas ramas. No hay un solo lenguaje científico, sino tantos como ciencias y técnicas; y en cuanto a las jergas, hay que distinguir las de los distintos oficios (impresores, canteros, pescadores, etc.) y las de los delincuentes, reducidas unas y otras, muchas veces, a localizaciones muy limitadas.

Coinciden todas las lenguas especiales en hacer uso del mismo sistema gramatical de la lengua común (del nivel culto, las científicas; del nivel popular, las jergas), caracterizándose tan solo por un vacabulario propio de sentido muy preciso. Como los usuarios de las lenguas especiales las emplean solo para una determinada parcela de su actividad, y fuera de esa parcela hacen uso de la lengua común, frecuentemente pasan a esta préstamos procedentes de aquellas, los cuales acaban fijándose en la lengua general, no raras veces con cambios de sentido.

16.2.3. *Niveles del habla*

Cada hablante, encuadrado social y geográficamente en un determinado nivel de lengua —lo que le hace hermano lingüístico de todos los demás hablantes que comparten con él el mismo marco—, puede usar de distintas maneras las posibilidades que la lengua, dentro de ese marco, le brinda. Dicho de otro modo: el uso individual, por el hablante, de la lengua que tiene a su disposición puede tomar un «registro» u otro, según las circunstancias en que se produzca su comunicación.

Dentro de su nivel de lengua, el hablante puede escoger, y *debe* escoger, el *nivel de habla* que convenga en cada momento. No se expresa de la misma manera cuando conversa con un compañero que cuando le escribe una carta; ni, al dirigirse a un amigo, su forma de hacerlo es la misma que cuando se dirige a un desconocido; ni sus palabras, sus frases ni aun su pronunciación son iguales cuando habla en la mesa familiar que cuando habla ante un público; ni se manifiesta de igual manera ante un ministro que en una tertulia; ni puede exponer su opinión sobre un partido de fútbol utilizando las mismas formas que para exponer otra sobre un problema religioso. El no emplear en cada caso el registro adecuado es un error semejante al de un músico que equivoca la nota, y, aunque ello no impide en modo alguno la comunicación, produce un efecto chocante y no pocas veces cómico. El acertar con el nivel de habla justo es una de las grandes dificultades que se le presentan al que estudia una lengua extranjera.

Los niveles de habla varían atendiendo a diferentes
factores, como se ve en los ejemplos que preceden. Uno
de estos factores es el *medio* de expresión utilizado, por el
cual es distinto lo que se habla de lo que se escribe, y es
distinto un artículo periodístico de un libro. Otro factor es
la *materia* sobre que versa la comunicación, que obliga a
exponer de forma diversa un comentario deportivo y un
comentario político, o las noticias sobre los progresos de
un niño pequeño y las noticias sobre un temporal de nieve.
Factor muy importante es la *atmósfera* en que la comunicación se produce, imprimiendo un tono «formal» al
enunciado (cuando se habla manteniendo distancias: res-
petándolas o imponiéndolas), o bien relajándolo a un tono
«informal» (cuando existe con el oyente algún lazo de
solidaridad, que puede ser más o menos permanente —por
ejemplo, entre padre e hijo, entre dos compañeros de
clase— o puramente momentáneo —por ejemplo, entre dos
personas que llevan veinte minutos esperando el autobús,
entre dos espectadores de un encuentro de fútbol—), adaptando en todo caso «simpáticamente» el enunciado al
interlocutor (cuando se habla a un anciano, a un niño, a
un enfermo; cuando el «señor de corbata» afecta campe-
chanía con el aldeano; cuando se habla «delante de seño-
ras», etc.). Como forma especial del factor atmósfera hay
que contar el factor *grupo:* el hecho de estar, o de sentirse,
o de querer ser reconocido, dentro de una determinada
colectividad impone al hablante la elección de unas formas
lingüísticas peculiares del grupo, que sirven al individuo
para identificarse como miembro de este. El llamado «lenguaje juvenil» es un ejemplo típico de habla de grupo [2].

---

[2] En el nivel de habla determinado por el grupo interviene también el
factor *sexo,* de caracterización poco marcada. Con arreglo a él, es típico
del habla femenina informal el uso abundante de diversos recursos de

Así como los factores anteriores influyen «desde fuera» en el nivel de habla elegido por el hablante, hay un cuarto factor, de naturaleza «interna», la propia *personalidad* del que habla, la cual elige según preferencias puramente individuales esta o la otra palabra, construcción o pronunciación, dentro de los límites que su propio nivel de lengua y los factores «externos» le consientan. Estos rasgos expresivos propios del individuo constituyen su *estilo personal* —distinto del estilo del enunciado, que está en función de los restantes factores—.

Todas estas variaciones se manifiestan principalmente en el terreno del vocabulario; de una manera secundaria, en la gramática (por ejemplo, elección del pronombre *tú* o *usted* para la persona segunda; presencia o ausencia de formas exclamativas, etc.), y, en último término, en la pronunciación.

En general, el hablante de nivel lingüístico alto dispone de más registros que el de nivel bajo, aunque no sea raro el caso del personaje importante que se expresa uniformemente en un tono envarado. La flexibilidad del habla, resultado de la sensibilidad ante la lengua, es una necesidad práctica para todo hablante, y por tanto una de las metas que debe proponerse la enseñanza del idioma.

---

ponderación (sufijos diminutivos y superlativos, hipérbole), así como el empleo, raro en boca de hombres, de adjetivos como *mono* «lindo» y *rico* «encantador» *(Llevaba un pañuelo muy mono; ¡Qué niño más rico!)* y de nombres calificadores como *monada, ricura, sol, cielo, encanto (Es una monada de piso; Tiene unos hijos que son una ricura; Mi jefe es un sol; Andrés, encanto, dame mil pesetas);* el uso, en las mujeres de clase burguesa, de determinados eufemismos, etc.

16.3. La norma

16.3.1. *La corrección*

Las múltiples variedades locales y regionales —no solo dentro de España, sino en cada uno de los países de lengua española—, los distintos niveles de lengua y los distintos niveles de habla que acabamos de considerar, dan una imagen multicolor del idioma, muy distinta de la uniformada que suelen presentar las gramáticas. Tal imagen responde a la realidad, y desconocerla o infravalorarla es tener una idea mutilada de la lengua. Sin duda, toda esta riqueza de variantes y matices geográficos, sociales o individuales, al mismo tiempo que son indicio de vida, denotan una tendencia a la diversificación. Pero esa tendencia está frenada y suficientemente compensada por una opuesta tendencia a la unidad, que está en el sentimiento general de los hablantes —consciente o inconsciente— de que es necesario conservar la comprensión mutua dentro de la comunidad mediante un sistema uniforme de comunicación.

La manifestación más visible de ese sentimiento es la noción de *corrección,* que presenta dos grados distintos. El primero se plantea la necesidad de que la comunicación sea perfecta, es decir, que el hablante componga su mensaje con la claridad suficiente para que lo perciba, sin error, el oyente. El segundo atiende, no ya a la «eficacia» de la comunicación, sino a su «calidad». Así, una frase como *Oyes, aquí está lo que pedistes,* se consideraría «correcta» en el primer aspecto, pero no en el segundo, ya que *oyes,* por «oye», y *pedistes,* por «pediste», son formas lingüísticamente poco prestigiosas.

El criterio que determina la calidad de una forma está exclusivamente en función del nivel de lengua. Cada nivel de lengua tiene su propia «corrección». El *oyes* del ejemplo anterior sería admitido tranquilamente por los hablantes de un determinado nivel, los cuales, en cambio, rechazarían por incorrecto *haiga* por «haya» o *puebro* por «pueblo». Ahora bien, el criterio de corrección que de manera general se aplica a la lengua común está referido al nivel culto. ¿A qué se debe este privilegio? La explicación no parece difícil. Como el hablante de este nivel suele estar más capacitado para la comunicación «eficaz» (primer grado de corrección), y al mismo tiempo, lógicamente, su comunicación está construida dentro de los moldes del nivel culto, de ahí que se señalen esos moldes como los «mejores» (segundo grado de corrección)[3]. Uno y otro grado de corrección suelen entrar en consideración de manera simultánea: el hablante que examina su propia habla o la de otro juzga a la vez, sin separarlas, su eficacia y su calidad.

Socialmente, la corrección del habla tiene una importancia comparable a la del aseo personal. La aceptación social de una persona está condicionada —entre otras cosas— por la corrección de su lenguaje, y la conciencia de esta realidad motiva que muchos hablantes traten de desprenderse de formas de expresión «mal vistas» (demasiado regionales, demasiado populares) y de adquirir otras que no desentonen en los medios donde desean ser admitidos.

16.3.2. *Los modelos y las autoridades*

Así como para la «eficacia» de su habla el individuo no necesita seguir otra norma que su sentido común adaptado a lo que oye a la generalidad de los hablantes, para la

---

[3] Es importante no olvidar lo apuntado en el § 16.2.1: la altura del nivel cultural de un hablante está en proporción inversa a la presencia de particularismos regionales y locales en su uso de la lengua.

«calidad» toma, de manera consciente o no, puntos de
referencia más concretos. En primer término, estos *modelos* son las formas de hablar de amigos o compañeros
admirados, de personajes prestigiosos, de actores, de locutores de radio y televisión; secundariamente, todo lo
que lee, anuncios, revistas, diarios, libros. Los modelos
actúan sobre el hablante de manera más o menos intensa,
según su receptividad, y muchas veces, como hemos dicho, sin intervención de un deseo deliberado. Cuando este
interviene, es frecuente que el hablante busque, más que
modelos, *autoridades* que le orienten, personas o libros
que le digan «cómo se debe decir».

16.3.3.   *La Academia y el purismo*

Para el hablante español medio, la autoridad máxima,
algo así como el tribunal supremo del idioma, es la Real
Academia Española. Esta institución oficial nació, en
1713, con un carácter exclusivamente técnico (diferente
del de hoy, que es en gran parte honorífico) y con una
finalidad muy definida, que está de manifiesto en su lema:
Limpia, fija y da esplendor. Es decir, su misión era, basándose en el uso de los mejores escritores, establecer una
forma precisa y bella de lengua, exenta de impurezas y de
elementos superfluos. Con tal objetivo compuso la Academia su célebre *Diccionario* en seis volúmenes, llamado «de
Autoridades» (1726-1739), y más tarde su *Ortografía*
(1741) y su *Gramática* (1771). La autoridad que desde el
principio se atribuyó oficialmente a la Academia en materia de lengua, unida a la alta calidad de la primera de sus
obras, hizo que se implantase en muchos hablantes —españoles y americanos—, hasta hoy, la creencia de que la
Academia «dictamina» lo que debe y lo que no debe
decirse. Incluso entre personas cultas es frecuente oír que

tal o cual palabra «no está admitida» por la Academia y que por tanto «no es correcta» o «no existe».

En esta actitud respecto a la Academia hay un error fundamental, el de considerar que alguien —sea una persona o una corporación— tiene autoridad para legislar sobre la lengua. La lengua es de la comunidad que la habla, y es lo que esta comunidad acepta lo que de verdad «existe», y es lo que el uso da por bueno lo único que en definitiva «es correcto». La propia Academia, cuando quiso imponer una determinada forma de lengua, no lo hizo a su capricho, sino presentando el *uso* de los buenos escritores. La validez de un diccionario o de una gramática en cuanto autoridades depende exclusivamente de la fidelidad con que se ajusten a la realidad de la lengua culta común; ninguna de tales obras ha de decirnos cómo *debe ser* la lengua, sino cómo *es,* y por tanto su finalidad es puramente informativa. Se puede buscar en ellas orientación, no preceptos.

La actitud de reverencia ciega a la Academia, unida a la adhesión literal a uno de los principios de la fundación de esta, da lugar a la posición *purista,* que rechaza cualquier palabra nueva por ser extranjera o simplemente por ser nueva. El punto de partida de esta postura es el suponer que una lengua es una realidad fija, inmutable, perfecta; ignorando que tiene que cambiar al paso que cambia la sociedad que la habla, y que, al ser un instrumento al servicio de los hablantes, estos la van adaptando siempre a la medida de sus necesidades. Pero no debe confundirse el purismo, tradicionalista y cerrado, desdeñable por absurdo, con una conciencia lingüística en los hablantes —realista y crítica a la vez— que con sentido práctico sepa preferir, entre las varias formas nuevas que en cada momento se insinúan, las más adecuadas a los moldes del idioma, y que, reconociendo la necesidad de adoptar extranjerismos, sepa acomodarlos a esos mismos moldes. El desarrollo de tal conciencia lingüística sería uno de los mejores logros de una buena enseñanza de la lengua.

16.3.4. *La norma*

Si la lengua es de todos; si nadie, ni Academia ni gramáticos, la gobiernan, ¿cómo se mantiene su unidad? Ya hemos dicho que el instinto general de conservar el medio de comunicación con los demás, necesidad de toda sociedad, es lo que frena y contrarresta la tendencia natural a la diversidad en el hablar. Este instinto es el que establece las normas que rigen el habla en cada comunidad.

Cada grupo humano, por pequeño que sea, tiene su norma lingüística. Los habitantes de una aldea se burlan de los de la aldea vecina porque hablan «peor que ellos», es decir, porque no siguen su propia norma; y el paisano que, después de haber vivido años en la capital, vuelve a la aldea, tiene que recuperar su lenguaje local por miedo a resultar ridículo o afectado, esto es, a quedar fuera de la norma. En el pueblo de al lado, la norma será distinta. Pero, naturalmente, la comunicación no solo es necesaria entre las personas dentro de cada aldea, sino de una aldea a otra, de una ciudad a otra, de una región a otra. Y entonces se hace necesario limar diferencias, seleccionar lo que todos entienden y aceptan. Esta necesidad es la creadora de la lengua común, la lengua idealmente exenta de particularismos locales.

Ahora bien, la comunicación cotidiana, *hablada,* no suele salir de un ámbito muy estrecho: la familia, el barrio, la ciudad. La comunicación de gran alcance, que es la que forma la lengua común, no es hablada, sino *escrita* —la carta, el periódico, el libro—, u *oral-leída* o *recitada,* por tanto también, en definitiva, escrita —la radio, la televisión, el teatro, el cine—. Como, por otra parte (según dijimos antes), es al nivel culto de la lengua al que se asocia generalmente el criterio de corrección, resulta que la norma de·la lengua común se basa ampliamente en la *forma escrita* del *nivel culto.*

En el sentido «universalista» que tiene todo lo que se escribe para el público radica la importancia, con respecto a la lengua, del libro y el periódico. Aquel es más duradero, y, aunque sus lectores son pocos, son los que más pesan en la sociedad. El periódico es sumamente efímero, pero es leído por muchos (incluidos los lectores de libros), por lo que su acción lingüística, aunque no más profunda, es mucho más extensa. Algo parecido cabría decir de los otros medios populares de comunicación.

16.3.5. *Norma general, norma local, norma social*

El hecho de que el ideal de la lengua común resida en la lengua escrita culta trae una consecuencia «externa»: que todos los hablantes de nuestro idioma —en España y América— aceptan unas normas ortográficas comunes; y una consecuencia «interna», y es que la lengua escrita, tanto en los países americanos como en España, salvo variantes insignificantes, es una misma. No ocurre lo mismo con la lengua hablada, que en cada país, y en cada región del país, se atiene a una forma ideal diferente, aunque esa forma sea siempre la propia del nivel culto. La lengua hablada común de Méjico, la de Montevideo, la de Bogotá, la de Sevilla, la de Zaragoza, son todas distintas entre sí en una serie de aspectos (fonético, sintáctico, léxico) que, de todos modos, no impiden la perfecta comprensión mutua.

Aparte de las variedades de tipo geográfico, cada nivel de la lengua tiene modalidades propias a las que el hablan-

te que a él pertenece debe acomodarse so pena de incurrir
en «afectación» o en «incorrección». Estas modalidades
tienden a nivelarse por la acción de la escuela y por el
ejemplo de la radio, la televisión y el cine. No hay que
olvidar tampoco la existencia de los niveles del habla, que,
según vimos, imponen la utilización de un determinado
registro para cada situación concreta de comunicación, a
los que ningún hablante puede sustraerse, y que marcan,
entre otras, una notable distinción entre la expresión hablada y la expresión escrita de una misma persona.

Por consiguiente —y resumiendo—, aunque es indudable
la existencia de norma en la lengua, también es innegable
que no existe «una» norma. La *supernorma,* la norma
general, es, desde luego, la lengua culta escrita, que presenta una clara uniformidad básica en todo el mundo
hispanohablante; pero el uso cotidiano se fragmenta en
normas menores, variables según la geografía y según los
niveles, que, sin romper la unidad general del idioma,
ofrecen matices a menudo muy peculiares. A esta variedad de normas, y no solo a una dogmática norma unitaria,
debe atender una enseñanza realista de la lengua, en be-
neficio de los hablantes y de la propia lengua.

BIBLIOGRAFÍA ESENCIAL

HISTORIA DEL ESPAÑOL

Rafael Lapesa, *Historia de la lengua española.* 9.ª ed. Madrid, 1981.

Rafael Cano, *El español a través de los tiempos.* Madrid, 1988.

EL ESPAÑOL EN ESPAÑA Y EN AMÉRICA

Gregorio Salvador y otros, *Mapa lingüístico de la España actual.* Madrid, 1986.

Emilio Lorenzo, *El español de hoy, lengua en ebullición.* 3.ª ed. Madrid, 1980.

José G. Moreno de Alba, *El español en América.* México, 1988.

M.ª Beatriz Fontanella de Weinberg, *El español de América.* Madrid, 1992.

FONÉTICA Y FONOLOGÍA

Tomás Navarro Tomás, *Manual de pronunciación española.* 4.ª ed. Madrid, 1932.

Emilio Alarcos Llorach, *Fonología española.* 4.ª ed. Madrid, 1971.

Antonio Quilis, *Tratado de fonología y fonética españolas.* Madrid, 1993.

GRAMÁTICA

Real Academia Española, *Gramática de la lengua española.* Nueva ed. Madrid, 1931.

Real Academia Española, *Esbozo de una nueva gramática de la lengua española.* Madrid, 1973.

Salvador Fernández Ramírez, *Gramática española.* 2.ª ed. 6 tomos. Madrid, 1985-1991.

Emilio Alarcos Llorach, *Estudios de gramática funcional del español.* 3.ª ed. Madrid, 1980.

Juan Alcina Franch / José Manuel Blecua, *Gramática española.* Barcelona, 1975.

DICCIONARIOS

Real Academia Española, *Diccionario de la lengua española.* 21.ª ed. Madrid, 1992.

Real Academia Española, *Diccionario manual e ilustrado de la lengua española.* 4.ª ed. Madrid, 1989.

María Moliner, *Diccionario de uso del español.* 2 tomos. Madrid, 1966-1967.

Manuel Alvar Ezquerra (director), *Vox, diccionario actual de la lengua española.* Barcelona, 1990.

Ramón García-Pelayo, *Pequeño Larousse ilustrado.* París, 1990.

Índice alfabético de materias

Los números remiten a las páginas